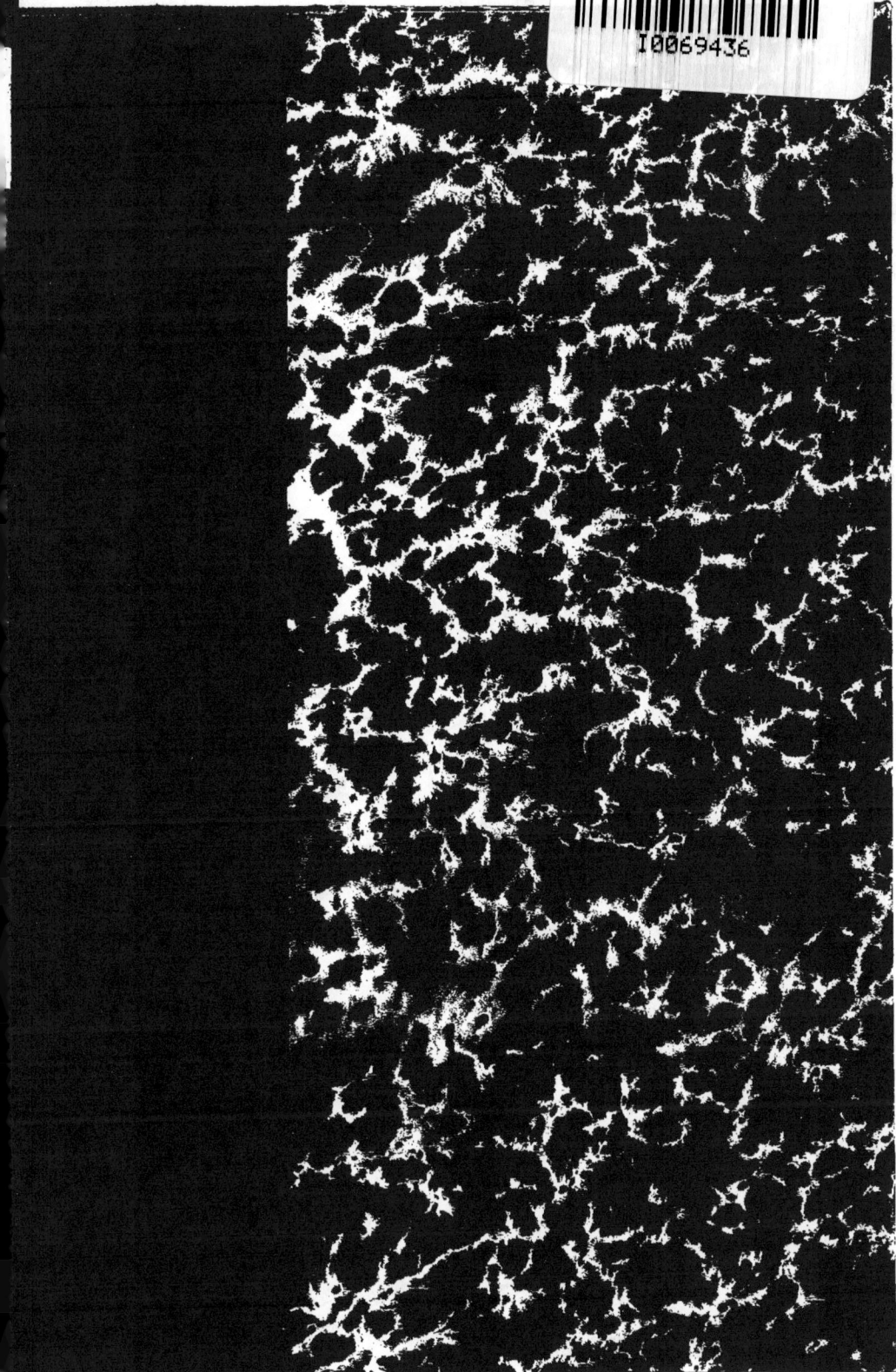

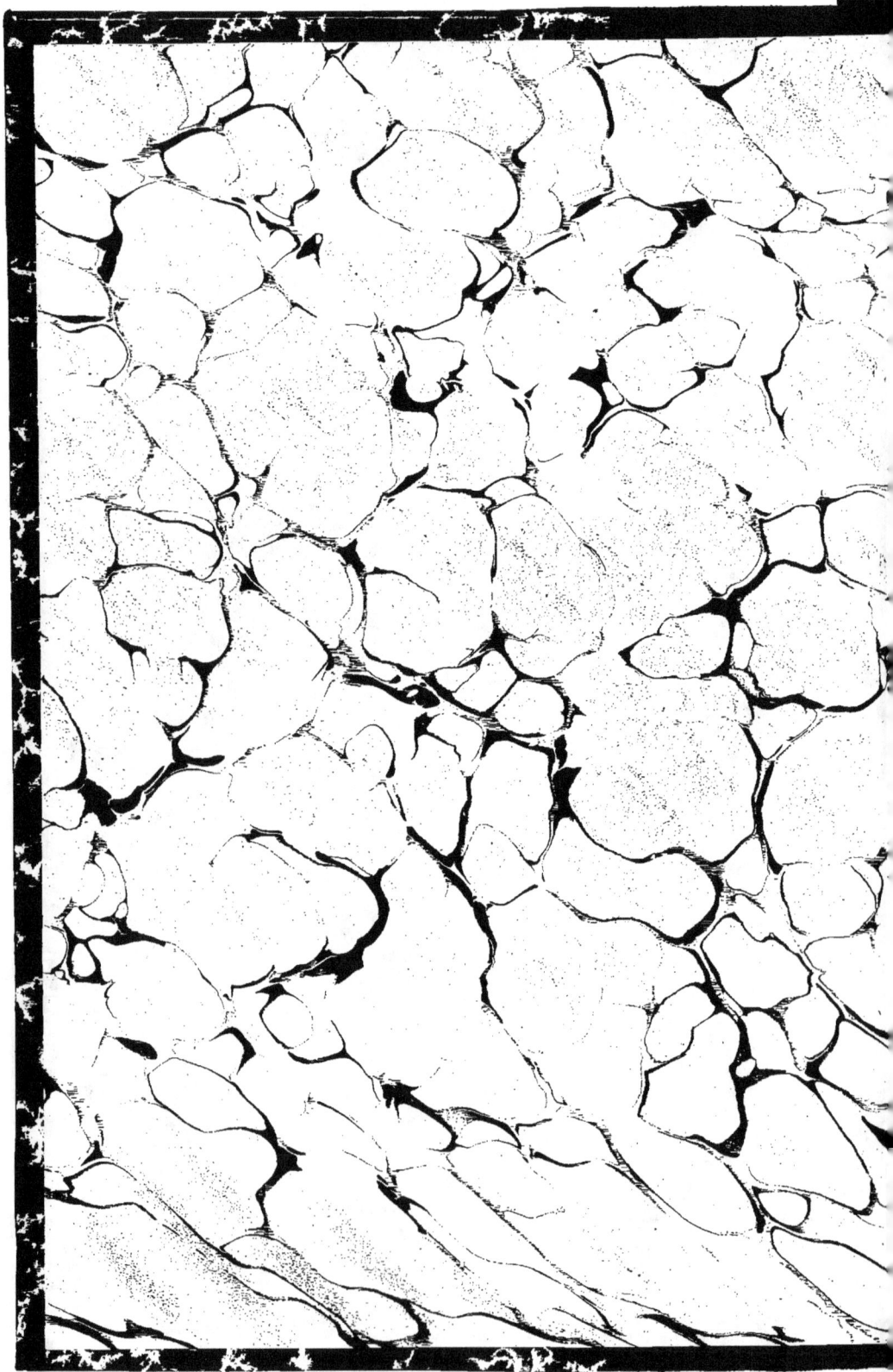

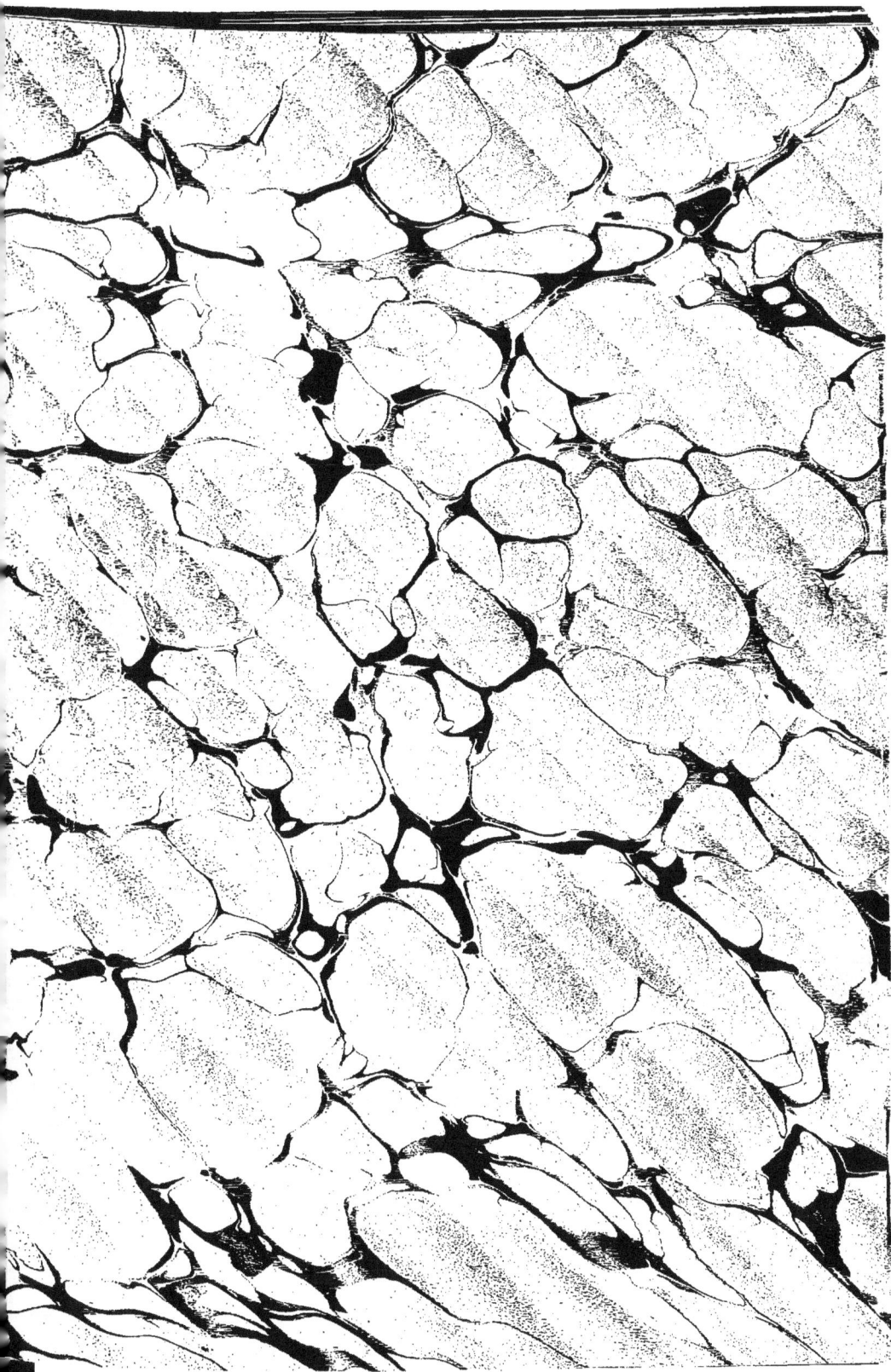

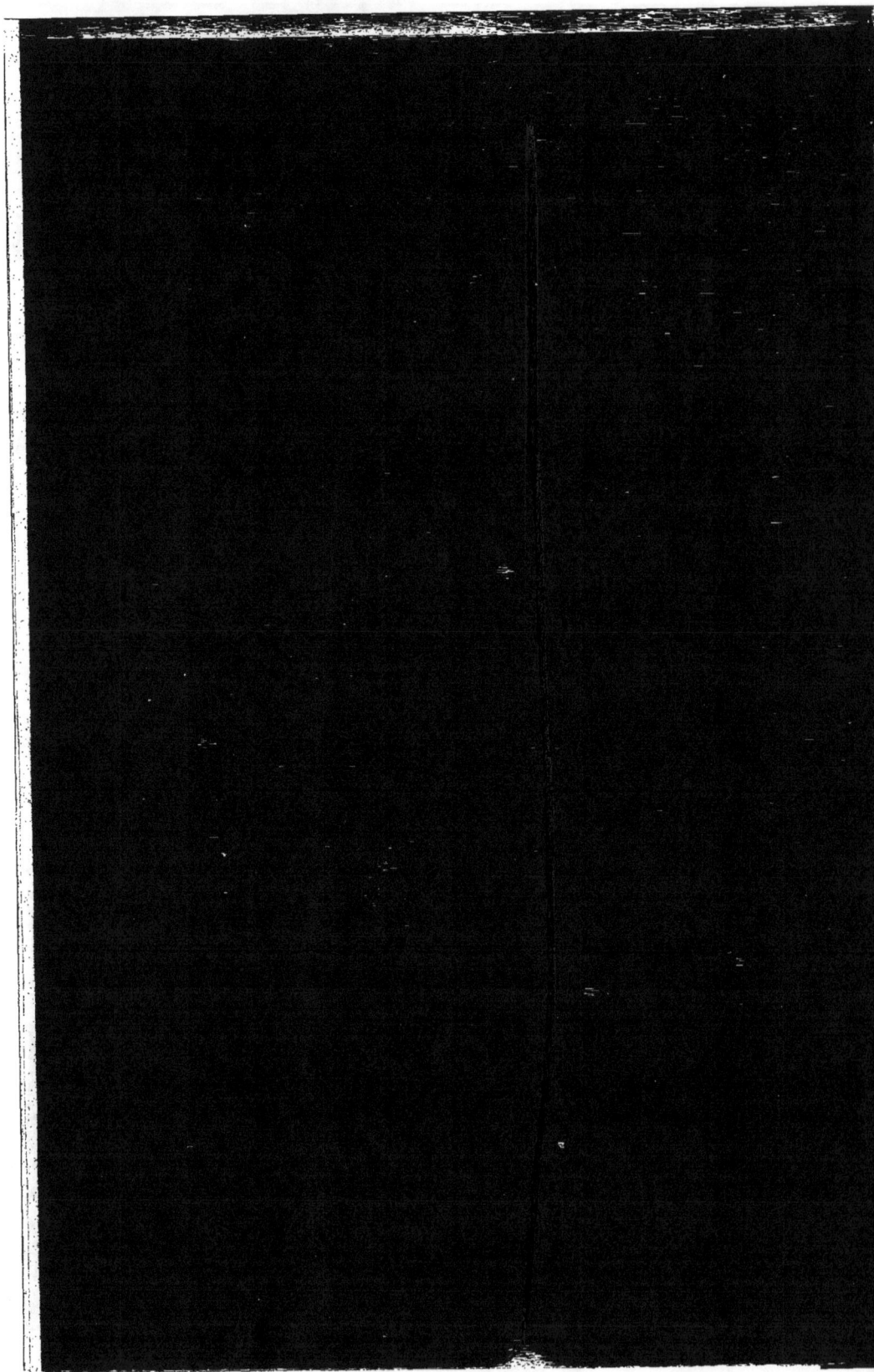

UNIVERSITÉ DE FRANCE.

ACADÉMIE DE STRASBOURG.

DE

LA BONORUM POSSESSIO

SOUS LES EMPEREURS ROMAINS.

ÉTUDE HISTORIQUE

SUR

LA DURÉE ET LES EFFETS DE LA MINORITÉ.

ACTE PUBLIC POUR LE DOCTORAT

PRÉSENTÉ

A LA FACULTÉ DE DROIT DE STRASBOURG

ET SOUTENU PUBLIQUEMENT

LE JEUDI 18 NOVEMBRE 1869, A MIDI,

PAR

JACQUES FLACH

AVOCAT.

STRASBOURG

TYPOGRAPHIE DE G. SILBERMANN.

1869

A MONSIEUR IGNACE CHAUFFOUR

AVOCAT A LA COUR IMPÉRIALE DE COLMAR.

Hommage de mon profond et respectueux attachement.

J. FLACH.

FACULTÉ DE DROIT DE STRASBOURG.

MM. Aubry O✳ . . . . . . Doyen, professeur de Code Napoléon.
Heimburger . . . . professeur de Droit romain.
Rau ✳ . . . . professeur de Code Napoléon.
Lamache ✳ . . . . . professeur de Droit administratif.
Destrais. . . . . . . professeur de Procédure civile et de
                                 Législation criminelle.
Mugnier . . . . professeur de Code Napoléon.
Lederlin . . . . . . professeur de Droit romain.
N. . . . . professeur de Droit commercial.

MM. Lecourtois,   ⎫
Lanusse,   ⎬ agrégés.

M. Bécourt, officier de l'Université, secrétaire, agent
comptable.

COMMISSION D'EXAMEN.

MM. Aubry, président de l'acte public.
Heimburger, ⎫
Rau;   ⎬ examinateurs.
Lamache,   ⎪
Lecourtois, ⎭

*La Faculté n'entend ni approuver ni désapprouver les opinions
particulières au candidat.*

TABLE DES MATIÈRES.

Droit français.

DROIT ROMAIN.

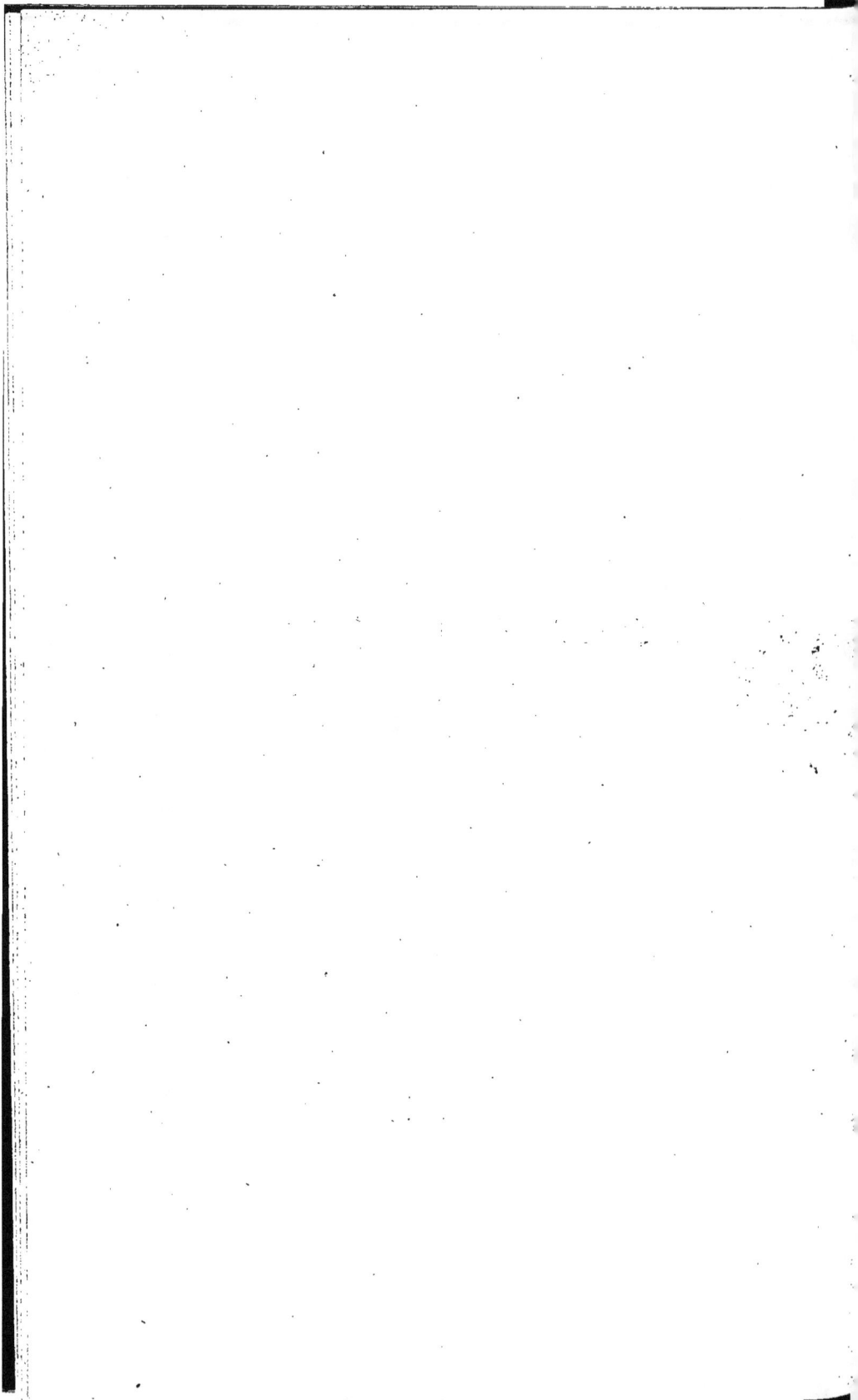

LA

BONORUM POSSESSIO

SOUS LES EMPEREURS.

depuis le commencement du IIe siècle jusqu'à Justinien, exclusivement.

In nova fert animus mutatas dicere formas
Corpora.
(OVIDE, *Métamorph.*, lib. I, vers. 1, 2.)

INTRODUCTION.

La matière de la *bonorum possessio*, une des plus
vastes et des plus curieuses du droit romain, est aussi
une des moins explorées chez nous. Si jusqu'au commencement de ce siècle il en était de même chez nos
voisins d'outre-Rhin, l'impulsion fut donnée alors,
des recherches ardentes entreprises, de précieuses
découvertes mises au jour. A peine pourtant si un
écho lointain est venu nous apporter le bruit des dis-
cussions qui s'engageaient là-bas entre les jurisconsultes les plus éminents de la savante Allemagne.
Hugo, Savigny, Huschke, Lœhr, Leist, Vangerow
et d'autres en grand nombre cherchaient à dissiper
les ténèbres qui planaient sur cette célèbre création
des préteurs, épaissies de toutes les erreurs que plusieurs siècles avaient entassées. — C'est qu'aussi le

F.   1

sujet n'était pas indigne de tant d'efforts! Dans quel
autre apparaît plus frappant l'antagonisme si remarquable de l'ancien droit civil, rigoureux et sévère
comme l'on aime à se représenter le vieux Romain,
et du magistrat prétorien qui, prenant l'équité pour
guide, voulait approprier aux besoins de son époque
des lois devenues surannées? Où peut-on mieux suivre
les progrès lents mais sûrs de cette législation nouvelle qui, sans paraître toucher à l'arche sainte du
vieux droit, vient prendre la place des institutions
primitives pour lesquelles on professait une vénération
si grande, la transformation de la société civile à
Rome, la substitution de la parenté naturelle à la
parenté civile? Histoire et droit nulle part peut-être
ne se trouvent plus intimement liés. — Que l'on ne
cherche pas néanmoins dans ce travail plus qu'il ne
renferme en réalité. Mon seul but a pu être d'étudier
les transformations nouvelles que les empereurs firent
subir à la succession prétorienne[1], la *bonorum possessio*
à l'époque classique ayant fait pour moi l'objet d'une
dissertation antérieure. C'est donc la deuxième partie
d'un travail plus étendu que l'on a sous les yeux; mais
comme ce qui va être dit ne se pourrait bien comprendre si l'on n'avait présente à la mémoire la théorie
plus générale que j'ai développée ailleurs, je crois indispensable de donner un aperçu rapide de ce qui me

[1] J'ai même dû, pour ne pas trop allonger ce travail, m'arrêter à
Justinien, et ne pas exposer l'état du droit sous cet empereur. C'est
une lacune que je me propose de combler un jour, en faisant connaître le résultat de mes investigations sur les époques justinienne
et post-justinienne, qui n'ont pas été comprises dans la présente
étude.

paraît être l'origine de la *bonorum possessio* et des diverses phases par lesquelles cette institution a passé jusqu'au moment où nous la reprendrons, c'est-à-dire vers l'époque d'Adrien. Je dois faire remarquer encore qu'à l'exemple de plusieurs auteurs allemands j'ai exclu du plan que je me suis tracé la *bonorum possessio* dans les biens d'un affranchi, espérant que l'exposition de mon système, plus dégagé de détails, se présenterait avec une netteté plus grande.

2. La succession, à Rome, avait été enfermée par la loi des XII Tables dans les bornes les plus étroites et les plus gênantes. Quatre classes d'héritiers étaient seules appelées : les personnes instituées dans un testament, les *sui*, le *proximus agnatus*, les *gentiles*. Mais que l'on ne s'imagine pas que ces divers successeurs pouvaient venir au défaut l'un de l'autre. Par cela seul qu'au décès du D. C. il se trouvait un héritier dans une classe antérieure, tout espoir d'obtenir la succession était perdu pour les classes suivantes. L'appelé en premier ordre avait beau renoncer : rien n'y faisait, la succession une fois déférée ne pouvait l'être une seconde fois. Les inconvénients d'un pareil système n'ont pas besoin d'être longuement développés : tant que l'adition n'était pas faite (et l'héritier pouvait la différer à son gré), les créanciers, les pontifes, les légataires ne savaient à qui s'adresser pour obtenir, les uns le paiement de leurs créances, les autres la prestation des *sacra*, ceux-ci la délivrance des legs. Si l'héritier mourait alors, sans adition faite, ou s'il renonçait expressément, l'hérédité était vacante, le défunt n'avait pas de représentant de sa personne (et l'on sait pourtant combien les Romains tenaient à en avoir un !), en-

core qu'il se trouvât à des degrés ultérieurs des successeurs tout disposés à se mettre à la tête de l'hérédité![1] On ne tarda pas à s'apercevoir que cet état de choses présentait des dangers sérieux ; mais comment y porter remède ? La première idée qui vint fut de forcer la main à l'héritier, de le pousser à l'adition. Dans la succession testamentaire s'introduisit, à cet effet, l'usage de la *cretio*. Dans toute succession, on admit l'*usucapio pro herede*, qui empêcha dans une certaine mesure la vacance. Mais quand on voit une pareille institution prendre racine dans une législation, on doit se dire que celle-ci était bien vicieuse, et l'urgence d'y remédier bien grande ! Le remède fut en effet pire que le mal : dès qu'une succession était ouverte, toute personne, parente ou non du défunt, pouvait s'emparer d'un lambeau de son patrimoine et une possession d'un an la rendait héritière. Ce n'étaient donc plus les héritiers qui manquaient ; mais les créanciers en étaient-ils plus payés pour cela ? Leur était-il possible d'atteindre tous les détenteurs d'objets héréditaires, et s'ils les atteignaient, de fixer leur part contributoire ? — Quand il fut bien reconnu que l'innovation qu'on avait faite n'était pas heureuse, on chercha à lui donner un caractère différent. L'*usucapio pro herede* fut maintenue ; mais au lieu de faire acquérir le titre d'héritier, son effet se restreignit à procurer au possesseur annal la propriété de la chose héréditaire qu'il détenait, même sans titre. Ainsi transformée, elle pouvait encore servir

---

[1] Ces inconvénients étaient atténués dans une certaine mesure par la circonstance que les *sui* étaient héritiers de plein droit, qu'ils le voulussent ou non ; mais cela ne saurait infirmer le raisonnement présenté au texte.

de stimulant pour l'héritier lent à se prononcer, mais elle enlevait aussi leur gage aux créanciers de la succession, qui n'étaient plus autorisés à poursuivre ceux au profit desquels la prescription s'était accomplie. D'un autre côté, dans le cas où l'héritier renonçait, comme dans celui où il mourait sans avoir fait adition, les choses en étaient ramenées au point où elles se trouvaient avant l'institution de la première *usucapio pro herede;* la succession devenait vacante.

3. La sollicitude du préteur découvrit enfin ce qu'on avait vainement cherché jnsque-là : un moyen de se dégager des entraves de la loi des XII Tables. Le préteur dit à l'héritier : « Si, dans un certain délai, vous venez me demander à être mis en possession de l'hérédité, je vous y mettrai : et vous obtiendrez ainsi contre les tiers possesseurs une arme d'un effet plus rapide que l'*hereditatis petitio.* Mais si vous laissez écouler le délai sans vous adresser à moi, je donnerai la possession provisoire à celui que le droit civil appelle immédiatement après vous, pourvu qu'il vienne me la demander. » La situation changeait ainsi complétement de face. L'appât d'un avantage certain d'une part, de l'autre la crainte du danger que pouvait entraîner l'envoi en possession d'un tiers constitué par le fait même possesseur de bonne foi, devaient engager l'héritier à ne pas différer son adition. En tous cas, s'il la retardait jusqu'après l'expiration du délai assez court fixé par le préteur, l'hérédité ne restait pas toujours sans maître jusqu'à ce moment ; un autre successeur pouvait devenir représentant intérimaire du défunt. Si maintenant l'héritier renonçait ou bien mourait sans avoir manifesté sa volonté, la vacance de la succession n'en était plus la suite : les clas-

: ses ultérieures, qui jusque-là avaient été, en pareil cas, injustement repoussées de l'hérédité, en obtenaient la possession, si elles ne l'avaient pas encore, possession que le préteur maintenait envers et contre tous (il n'y avait plus d'*heres ex jure civili*), jusqu'à ce qu'elle se fût transformée en propriété véritable.

Le but du préteur peut se résumer en quelques mots: donner, dans le plus bref délai possible, un représentant, ne fût-il que provisoire, au défunt; — appeler à cette représentation, à défaut de l'héritier, ceux qui seraient les plus proches sans lui, et ainsi de suite; — assurer enfin à ces derniers la paisible possession de l'hérédité au cas où toute adition de l'héritier préférable serait devenue impossible, et de la sorte éviter à la fois la vacance de la succession et procurer tous les avantages du droit d'héritier à des personnes auxquelles la rigueur excessive de la loi civile ne laissait souvent que l'ombre de ce droit. Les preuves à l'appui de ce système, je les ai fournies dans la dissertation dont il a été parlé au commencement.

4. Plus tard, à fur et à mesure que l'on se familiarise avec l'institution naissante, celle-ci se développe : l'horizon s'élargit pour le préteur, il établit des règles nouvelles, il crée de nouvelles classes, timidement d'abord et en respectant l'ordre successoral déterminé par la loi; mais bientôt aussi il ne craint plus d'oser; il donne à des successeurs qui ne tiennent leurs droits que de lui un rang préférable à celui des héritiers civils. Pour bien voir la marche qu'il a suivie, jetons un coup d'œil sur les divers ordres de *bonorum possessores.*

5. Un testament se trouve à la mort d'une personne;

il semble réunir toutes les conditions exigées par le droit civil, mais il ne contient pas de *cretio*. Comment hâter l'adition de l'hérédité par le *scriptus*? Le préteur offre à celui-ci la *bonorum possessio secundum tabulas*, s'il fait l'*agnitio* dans le délai voulu. Mais puisque d'une part l'héritier testamentaire n'aurait guère trouvé d'avantage dans cette *bonorum possessio*, si on avait exigé de lui la preuve de la validité du testament, comme quand il intente l'*hereditatis petitio* (preuve d'ailleurs très-difficile à fournir), et que d'un autre côté le préteur ne pouvait pas mettre en possession toute personne qui se serait prévalue d'un soi-disant testament, on se contenta de vérifier certains points essentiels. Les sept cachets étaient-ils apposés sur le testament[1], le préteur voyait dans ce fait, qui impliquait la présence de sept citoyens romains, une garantie suffisante, une probabilité assez grande en faveur de la validité de l'acte. Plus tard il se montra plus rigoureux, il demanda de plus la preuve que le testateur était mort citoyen romain et *sui juris;* l'absence de ces deux qualités étant la cause la plus fréquente de nullité du testament. La *bonorum possessio* déférée d'après ces principes n'était pas toujours définitive: si une personne quelconque faisait apparaître d'un vice du testament, la *delatio* était censée n'avoir pas eu lieu, la *bonorum possessio* réputée *non data*, et offerte à

---

[1] C'était en tous cas un usage constant, si ce n'était pas une condition spéciale exigée par le droit civil, que le testament portât l'empreinte des sept cachets (celui des cinq témoins, du *libripens* et de l'*antestatus*, ou peut-être du *familiæ emptor*). Voy. *infra*, nᵒˢ 20 et suiv.

.l'héritier le plus proche *ab intestat*[1]. Mais le but du préteur n'en avait pas moins été atteint : l'hérédité avait eu un maître.

6. Si, au lieu de demander la *bonorum possessio*, le *scriptus* laissait écouler le délai, la première classe des héritiers *ab intestat* y était appelée. La délation était-elle faite à leur profit, l'héritier testamentaire ne pouvait plus faire valoir son droit qu'en intentant l'*hereditatis petitio*, qu'en rendant la *bonorum possessio sine re*, ce qui exigeait la preuve de la validité du testament, et empêchait toute délation ultérieure.

7. Nous avons dit que si un vice quelconque du testament était porté à la connaissance du préteur, la *bonorum possessio* devenait *non data :* naturellement elle n'était pas déférée si le préteur savait dès le principe que le testament n'était pas valable d'après le droit civil. Il y avait pourtant des causes de nullité d'une importance si minime qu'il pouvait paraître dur en certains cas de préférer des héritiers *ab intestat* à ceux que la volonté du testateur lui avait choisis pour successeurs! Ah! sans doute le préteur était impuissant à empêcher les héritiers civils de renverser le testament, mais au moins pouvait-il donner la *bonorum possessio* au *scriptus* jusqu'à ce qu'ils l'eussent fait, et le maintenir en tous cas à l'encontre des *bonorum possessores ab*

---

[1] Il faut bien se garder de confondre la *bonorum possessio non data* avec la *bonorum possessio sine re*. Celle-ci suppose l'exercice de la pétition d'hérédité; l'autre exige seulement la preuve fournie par toute personne que le testament est vicieux. La *bonorum possessio sine re* exclut toute nouvelle délation; la *bonorum possessio non data* donne ouverture aux droits des *bonorum possessores* suivants.

intestat qu'il avait créés. — Il le fit. — Quand un testament est *non jure factum*, à raison de l'inobservation de certaines formes non essentielles, telles que la
solennité de la mancipation, la *nuncupatio* etc., ou
irritum par suite d'une *minima capitis minutio* du
D. C., ayant disparu de nouveau au moment de sa
mort, ou *ruptum* par l'*agnatio* d'un posthume mort
ensuite avant le testateur, ou enfin *injustum* à cause de
l'omission d'un *suus* qui s'abstient; dans tous ces cas
l'héritier institué n'en obtient pas moins la *bonorum
possessio secundum tabulas*, sans qu'elle puisse devenir
non data à raison de l'un des vices qui viennent d'être
indiqués. Sans doute les héritiers *ab intestat* les plus
proches pourront intenter la pétition d'hérédité et rendre la *bonorum possessio sine re*. Mais s'ils n'usent pas
de ce moyen, le *scriptus* restera *bonorum possessor cum
re*, et n'aura pas à craindre d'être inquiété par les autres
successeurs prétoriens qui voudraient lui opposer la
nullité du testament. C'est là la seconde phase de la
bonorum possessio secundum tabulas, celle où on lui a
donné le nom de *bonorum possessio supplendi juris civilis
gratia*, par opposition à la *bonorum possessio confirmandi gratia* dont nous avons parlé en premier lieu, et
de la *bonorum possessio corrigendi gratia* dont nous
allons parler maintenant.

Cette dernière transformation, qui me paraît être uniquement l'œuvre des rescrits impériaux, diminua le
nombre des cas où la *bonorum possessio* pouvait être
rendue *sine re*. L'héritier institué dans un *testamentum ruptum*[1], pourvu qu'il eût obtenu la délation, fut

---

[1] Le mot *ruptum* entendu dans le sens où nous l'avons pris plus
haut.

mis à l'abri de la poursuite des héritiers légitimes; celui institué dans le *testamentum non jure factum*, dont
il a été question précédemment, fut maintenu dans sa
possession, d'abord au regard seulement du *scriptus*
d'un testament antérieur, valable d'après le droit civil,
ensuite même à l'encontre des héritiers *ab intestat*, depuis un rescrit célèbre d'Antonin.

8. S'il n'existait pas de testament, ou s'il en existait
un, mais que sa nullité fût certaine d'après le droit
civil, les *sui* obtenaient immédiatement la *bonorum possessio unde sui;* n'y avait-il pas de *sui*, le *proximus
agnatus* était appelé; n'y avait-il ni *sui*, ni agnats, la
délation pouvait avoir lieu au profit des *gentiles*. Dans
tous ces cas, la *bonorum possessio* était *cum re*, le *bonorum possessor* à la fois successeur prétorien et héritier
civil.

9. Si, au lieu de manquer complétement dans une
classe, les héritiers laissaient seulement passer le délai
que le préteur leur avait assigné, ceux de l'ordre suivant pouvaient faire l'*agnitio* [1], mais leur *bonorum possessio* n'était *cum re* que si les héritiers légitimes renonçaient ou mouraient avant l'adition (ce qui n'était
pas possible pour les *sui*).

10. C'était là le premier système, moulé sur le droit
civil, que le préteur avait admis dans la succession *ab
intestat;* mais il ne répondait pas entièrement au double
but qu'il devait réaliser. Les ordres des héritiers siens et

---

[1] Ce droit ne devait pas appartenir aux agnats quand les héritiers
siens négligeaient de demander la *bonorum possessio;* ceux-ci étant
de plein droit représentants du défunt. Au moins dut-il en être ainsi
avant que la *beneficium abstinendi* eût été introduit (cf. Paul, *Sententiæ recept.* IV, 8, § 5).

des agnats étant appelés *unde legitimi*, le préteur ne pouvait déférer la *bonorum possessio* qu'au *proximus agnatus*. Mais alors s'il y avait des agnats à plusieurs degrés, le plus proche ne demandant pas la *bonorum possessio* ou renonçant même, les autres n'en étaient pas moins écartés entièrement de la succession. De plus, la délation au profit des *gentiles* n'était pas possible, puisqu'après le *proximus agnatus*, les héritiers les plus proches ce n'étaient pas eux, mais les agnats restants. Pour parer à ces inconvénients qui rappelaient ceux que l'introduction de la *bonorum possessio* avait eu pour but de faire disparaître, que fit le préteur? Il permit aux agnats plus éloignés de faire l'*agnitio*, en vertu du lien de *cognation* qui les unissait au défunt : il institua pour eux un ordre nouveau, qu'il plaça après celui du *proximus agnatus*, l'ordre *unde proximi cognati*. Mais ceci le força à faire un pas de plus, à appeler tous les cognats dans ce même ordre, et dans un ordre subséquent le conjoint survivant, *unde vir et uxor*. Seulement la *bonorum possessio* déférée à ces deux dernières classes de personnes pouvait être rendue *sine re* par les *gentiles*, ce qui n'avait pas lieu pour celle des agnats.

11. Le système de la succession prétorienne *ab intestat* fut complet quand le préteur eut créé encore une classe de *bonorum possessores* ayant le pas sur les héritiers civils, celle des *bonorum possessores unde liberi*. L'origine de cette classe nouvelle se rattache à la *bonorum possessio contra tabulas*, dont il nous reste à parler. Nous voyons ainsi qu'*ab intestat*, comme dans la succession testamentaire, le développement de la *bonorum possessio* a été le même : instituée *confirmandi gra-*

tia, elle devient *supplendi gratia* plus tard, elle est en dernier lieu *corrigendi gratia*.

12. Une fois que la *bonorum possessio* fut définitivement entrée dans les mœurs, qu'on se fut habitué à la voir marcher de pair avec l'hérédité, le préteur dut y recourir aussi pour corriger des imperfections du droit civil différentes de celles qui la lui firent introduire. Ce fut à raison d'une imperfection de cette espèce que la *bonorum possessio contra tabulas* prit naissance.

Tous autres descendants siens que le fils au premier degré pouvaient, d'après le droit civil, être exhérédés *inter ceteros*; leur omission même laissait subsister le testament: on leur accordait seulement, dans ce cas, tantôt une part virile, tantôt la moitié de l'hérédité. Au contraire, si un *filius suus* n'avait pas été exhérédé *ncminatim*, tout le testament tombait. Cette distinction avait perdu sa raison d'être; elle se justifiait d'autant moins que tous les posthumes rompaient indifféremment le testament s'ils avaient été omis et que le même effet était produit par l'*agnatio* d'un posthume *masculini generis* quelconque, non exhérédé *nominatim!* Grâce à la *bonorum possessio contra tabulas*, cette anomalie disparut enfin; les mêmes avantages furent donnés aux *sui* qu'aux posthumes. Quand un héritier sien avait été omis, ou seulement exhérédé *inter ceteros*, s'il était *masculini generis*, le préteur lui déférait la *bonorum possessio contra tabulas*, le testament était rescindé; non complétement il est vrai[1], mais autant qu'il le fal-

---

[1] Mais si c'est un *filius suus* qui demande la *bonorum possessio contra tabulas*, comment peut-on dire que le testament subsiste en partie? N'est-il pas nul de plein droit? — Certainement; aussi la *bonorum possessio contra tabulas* donnée au *filius suus* a-t-elle

lait pour que le *bonorum possessor* n'eût pas un avantage moindre que le *filius suus* omis, d'après le droit civil.

Les descendants en puissance devaient faire songer le préteur à ceux qui y avaient été et qui équitablement devaient être assimilés aux premiers : cette assimilation fut faite par lui; tous les *liberi* restés ou non dans la puissance du testateur furent appelés à la *bonorum possessio contra tabulas.* Principe nouveau et fécond dont nous trouvons une application dans la *bonorum possessio commisso per alium edicto,* et dans la *bonorum possessio unde liberi.* Celle-ci fit venir avant tous autres à la succession *ab intestat* tous les descendants, sans distinction, du défunt.

13. Disons quelques mots encore de la nature générale de la *bonorum possessio.* Un des principaux buts du préteur, quand il a créé cette institution, ayant été de mettre quelqu'un à la tête de l'hérédité, il lui importait assez peu que son élu fût ou non héritier; il lui suffisait, en attendant que l'*hereditatis petitio* fût intentée, de lui assurer les avantages de cette qualité : faire plus, ç'aurait été dépasser les limites du pouvoir qui lui était départi. Il attribua donc la possession de l'hérédité à son successeur : il le pouvait d'autant mieux faire qu'il était le grand régulateur en matière de possession. Sauf la stabilité immédiate du titre, qu'avait-il, du reste, à envier à l'héritier, celui qui devenait possesseur en vertu de l'édit? Il n'avait pas la propriété des biens héréditaires, mais il pouvait l'acquérir par usucapion; et sa

un caractère qui la sépare profondément de celle des autres héritiers siens. C'est une véritable *bonorum possessio unde liberi.* Il m'est impossible de développer ici cette thèse importante.

possession était protégée contre tout autre que l'héritier légitime, bien plus elle l'était contre cet héritier lui-même en cas de *bonorum possessio corrigendi gratia!* Il n'était pas héritier, mais il n'en pouvait pas moins intenter *ficto se herede* toutes les actions du défunt contre les tiers. Il n'était pas héritier et n'avait pas l'*hereditatis petitio*, mais que lui importait? Contre les créanciers il se servait des actions fictices dont il vient d'être parlé, contre les détenteurs de biens héréditaires d'un moyen spécial, créé en sa faveur, de l'interdit *quorum bonorum*. Avec cet interdit il triomphait contre l'héritier lui-même[1], car il lui disait : « Je ne vous conteste nullement votre titre, mais le préteur m'a permis de prendre possession de l'hérédité, et vous êtes obligé de vous soumettre à sa décision; on ne vous enlève pas votre droit à la succession, mais on vous demande de le faire valoir par l'*hereditatis petitio*. » — A raison de ce caractère, l'interdit était même utile à l'héritier : si un tiers détenteur lui contestait sa qualité, il n'avait pour l'emporter qu'à se référer à la *delatio* qui lui avait été faite; tandis qu'en intentant la pétition d'hérédité, il était obligé de prouver la réalité de son titre, ce qui n'est pas toujours chose facile.

[1] Gaius, IV, § 144.

BIBLIOGRAPHIE.

14. A ce tableau rapide de l'origine et du caractère primitif de la *bonorum possessio*, j'ajouterai l'énumération des principaux ouvrages qui traitent de cette institution, soit au temps des jurisconsultes classiques, soit sous les empereurs. Je ne cite en général que ceux que j'ai pu consulter dans le cours de mon travail et où j'ai trouvé sur notre matière des développements d'un certain intérêt, au moins eu égard à l'époque à laquelle ils remontent. On ne doit pas s'attendre, du reste, à l'indication fastidieuse de ceux des *Lehrbücher*, *Systeme*, *Beiträge*, des auteurs allemands qui ne présentent point d'aperçu nouveau sur la *bonorum possessio*.

§ 1er. DU XIe AU XVIIIe SIÈCLE.

I. TRAVAUX DU XIe ET XIIe SIÈCLE.

PETRI *exceptiones legum Romanorum* [1], liv. I, cap. 6-17 (Savigny, *Histoire du droit romain au moyen âge*, trad. Guenoux, II, p. 309 et suiv.).

Glose sur les Institutes, tirée d'un manuscrit de la *Bibliothèque de Turin*, nos 315-330 (Savigny, *op. cit.*, p. 288 et suiv.).

Brachylogus juris civilis, sive corpus legum [2] (Senckenberg, Francof. et Lipsiæ 1743, lib. II, cap. 34, p. 112 et suiv.).

---

[1] Ce recueil date, suivant M. de Savigny, de la seconde moitié du onzième siècle, et fut composé sur le territoire de Valence, alors au pouvoir des Francs. La première édition parut à Strasbourg en 1500 (cf. Savigny, *Histoire du droit romain au moyen âge*, II, p. 109 et suiv.).

[2] M. de Savigny place la rédaction de cet ouvrage en Lombardie, au commencement du douzième siècle, et incline à regarder Irnérius comme en étant l'auteur (Voy. *op., cit.* II, p. 204-220).

II. ÉCOLE ITALIENNE.

A. *Glossateurs* (XIᵉ, XIIᵉ, XIIIᵉ siècle).

PLACENTINUS († 1192), *Summa Codicis*, ad. tit. *Qui admitti ad bon. poss.*, 6, 9 (Mayence 1536).

ROGERIUS († 1192), *Summa ad Codicem*, ad. tit. II, lib. 8 (Savigny, *Geschichte des römischen Rechts im Mittelalter*, IV, 2ᵉ éd. 1850, p. 529, 530).

ROFFREDUS EPIPHANII († 1243), *Lectura in Codicem*, ad tit. *Qui admitti* (Cologne 1614).

AZOLINUS († 1230), *Lectura sive Comm. ad sing. leg. XII libr. Cod.*, tit. *Qui admitti* (Paris 1577).

ACCURSE († 1260), *Glosæ ad eumd. tit. Cod. — Digest.*, ad lib. 37, 38.

ODOFREDUS († 1265), *Lectura in XII libr. Cod.*, ad tit. *Qui admitti* (Lyon 1550).

B. *Bartolistes* [1] (XIVᵉ et XVᵉ siècle.)

CINUS A PISTOIA (1270-1336), *Lectura super Codice et Digesto*, ad tit. *Unde legitimi* (Lyon 1547).

BARTOLUS A SAXOFERRATO (1314-1357), *Comment. in Codicem*, ad tit. *Qui admitti* (Venise 1615).

BALDUS DE UBALDIS (1327-1400), *Comm. in Digest.*, lib. 37, 38; *Comm. in Codicem*, lib. VI, tit. 9, 10, 11 etc. (Lyon 1558).

BARTHOLOMEUS DE SALICETO († 1412), *Comm. in Codicem*, ad tit. *Qui admitti* (Lyon 1549).

PAULUS DE CASTRO († 1441) [2], *Comm. in Digest.*, lib. 37, 38 (Venise 1575); *Comm. in Codicem*, ad tit. *Unde legitimi* (Lyon 1585).

TARTAGNUS (1424-1477), *Comm. in Codicem*, ad tit. *Qui admitti* (Turin 1575).

JACOBUS DE NIGRIS, *De bonorum possessione tractatus* VIII (Lyon 1533).

---

[1] *Verbosi in re facili, in difficili muti, in angusta diffusi.*

[2] Que Cujas ait pu dire : « *Si quis Paulum de Castro non habet, tunicam vendat et emat,* » on ne le comprend plus aujourd'hui en lisant les œuvres de ce jurisconsulte.

BELLONUS (Nic.), *Tractatus in Rubr. Cod. Qui admitti* (Bâle 1544).

RONCHEGALLUS (Gioldus), *Interpretatio in titul. Inst. De bon. possessionibus* (Florence 1548).

RICCIARDUS (Petr.)!, *Commentatio in subtiles ac admodum illustres materias de bon. possessionibus, de legat. et leg. adempt.* (Carmagnole 1586).

C. *Jurisconsultes italiens des XVIe et XVIIe siècles.*

ALCIAT (1492-1550), *Paradoxa*, II, 13; IV, cap. 4, 6 (Bâle 1523).

FACHINÆUS[1] *Controversiarum juris libri* XIII, lib. V, cap. 72-76, p. 407 et suiv, lib. VI, cap. 58-59, p. 480; lib. XIII, cap. 29, p. 1021 et suiv. (Cologne 1678).

GENTILI (Scipio), (1563-1616), *De jurisdictione*, lib. I, cap. 21 et suiv. (Francfort 1601).

III. ÉCOLE FRANÇAISE.

DUAREN (1509-1559), *Comment.*, in tit. *De bon. poss.*, p. 765 et suiv. (Lyon 1584).

ANTOINE LECONTE (Contius), (1517-1586), *Liber singularis de heredit. et bonorum possessionibus quæ ab intestato deferuntur*, dans ses *Opera omnia, collecta studio Merillii* (Paris 1616), p. 279 et suiv.

CUJAS (1522-1590), *Paratitla in Pandectas*, ad tit. *De bon. poss.*, I, p. 835, 685 et suiv., VI, p. 675, 676; *In libr. V. Respons. Papiniani* ad leg. 17 *De inj. rupto test.*, VI, p. 215; *Opera posthuma*, IV, p. 27, 56; *Tractatus ad Africanum*, I, p. 1361 et suiv. (Ed. Fabrot, Paris 1658).

HOTMANN († 1590), *Comment. in Institut.*, lib. III, tit 34, p. 299 et suiv. (Lyon 1588).

RANCHIN (1510-1583), *Traité sur les successions ab intestat* (Thesaurus de Meermann, III, p. 196 et suiv.).

DONEAU (1527-1591), *Comment. in Codicem*, ad. lib. 8, tit. II,

---

[1] Lipenius, dans sa *Bibliotheca realis juridica* (Lipsiæ 1787), et Struve, dans sa *Bibliotheca juris selecta* (Iéna 1756), p. 254, attribuent à Fachinæus un traité *De bonorum possessione et jure accrescendi* (Ingolstadii 1589, in-8), dont aucun autre bibliographe ne fait mention, et sur l'existence duquel on peut avoir des doutes sérieux.

Quorum bonorum, I, p. 578 et suiv. (Francfort 1599). — *Opuscula posthuma*, p. 1 et suiv. (Hanovre 1604).

MARANUS (1549-1621), *Paratitla ad Pandectas*, lib. 37, tit. IV, p. 363 et suiv. (Trèves 1741).

JANUS A COSTA († 1637), *Institutionum Comment.* ad tit. *De bon. poss.*, p. 381 et suiv. (Lyon 1744).

IV. ÉCOLE ALLEMANDE.

XVIe *siècle*.

BOCER, *De bonorum possessionibus* (Tübingen 1597).

SICHARDUS (1499-1552), *Comment. in Codicem*, ad. tit. *Qui admitti* (Francfort 1613).

WESEMBECIUS[1] (1531-1586), *Paratitla in Pandectas*, ad tit. *De bon. possess.*, p. 250 et suiv., (Bâle 1565); *in Institut.*, tit. *De bon. poss.*, p. 192 et suiv. (Bâle 1585).

HAHN *ad* WESSEMBECIUM, p. 817 et suiv. (Francf. et Leipzig 1708).

SCHNEIDEWINUS (1519-1568), *Institutionum Comment.*, *De bon possess.*, p. 794 et suiv. (Strasbourg 1652).

VAN GIFFEN (Giphanius[2]), (1534-1604), *Explanatio difficiliorum et celebriorum leg. Codicis Just.*, ad C. un. *Quando non petent.*, p. 17 et 18 (2e partie); ad C. 2 *De bon. poss. contra tab.*, p. 18 et suiv.; ad C. ult. *Undè liberi*, p. 20 et suiv. (Cologne 1614).

XVIIe *siècle*.

HARPPRECHT (Jean, 1560-1639), *Commentarius ad Instituta*, tit. *De bon. poss.*, II, p. 89 et suiv. (Francfort 1708).

MEIER (Justus, 1566-1622[3]), *Collegium argentoratense*, tit. *De bon. poss.* II, p. 834 et suiv., et *Quorum bonorum*, III, p. 36 et suiv. (Strasbourg 1657).

---

[1] Celui qu'on surnommait de son temps *Jurisperitorum christianissimus* et *christianorum jurisperitissimus!*

[2] On avait osé l'appeler le *Cujas de l'Allemagne!*

[3] Savigny qualifie ce jurisconsulte de *sehr namhafter Schriftsteller*, auteur de la plus grande valeur (Savigny, *Vermischte Schriften*, II, p. 282).

BRUNNEMANN (1608-1672), *Comment. in Pandectas*, lib. 37 et 38,
p. 190 et suiv. (Ed. 1752).

LAUTERBACH (1618-1678), *Collegium theoretico-practicum*, tit. *De
bon. poss.*, II, p. 1034 (Tübingen 1743).

STRAUCHIUS (Jean, 1612-1680), *Dissertationes ad jus Justinian. pri-
vatum*, Dissert. XI, *De successione universali, legitima, prætoria,
et collationibus*, nᵒˢ 33 et suiv., p. 300 et suiv. (Iéna 1718[1]).

SCHILTER (1632-1705), *De hereditate bonorumque possessione per-
sequenda* (Iéna 1677[2]). *Praxis juris Romani in foro germanico*,
Exercitat. 15, § 2, II, p. 44 et suiv.; 41, §§ 5 et suiv., II,
p. 924 et suiv. (Iéna 1698).

STRYCK (1640-1710), *Tractatus de success. ab intestato*, Dissert., 9,
De natura success. prætor., p. 918 et suiv. (Francfort 1719).

XVIIIᵉ siècle.

FRIESS, *De bon. possessione ex edicto unde vir et uxor* (Leipzig 1715).

HEINECCIUS (1681-1741), *Syntagma antiquitatum roman.*, p. 51
et suiv. (Strasbourg 1730).

BERLICH, *Conclusiones practicabiles*, 3ᵉ partie, Concl. 16, p. 101
et suiv.; Concl. 26, p. 156 et suiv. (Ed. nova, Cologne 1739).

[1] Cette dissertation, comme la plupart de celles de Strauchius, a
été réimprimée, paraît-il, sous la rubrique *De regulis juris antiqui.
Dissertatio decima. De legatis, fideicommissis, et* BONORUM POS-
SESSIONE, car j'ai trouvé un opuscule ayant pour titre : *Strauchii
Dissertationis de reg. juris. De legatis fid. et bonorum possession.
portio prior, quam ad disputationem proponens solemniter tue-
bitur P. Knepffler* (Strasbourg 1743). — Mais je n'ai découvert nulle
trace d'une *Disput. de generalibus* (?) *bonorum possessionibus*
(Viteb. 1645, in-4), qui dans Lipenius (ed. 1787) est attribuée à un
August. Strauchius.

[2] Je cite cet ouvrage sur la foi de Lipenius et de M. Giraud, toutes
les recherches pour me le prouver étant restées infructueuses.
M. Giraud l'a compris dans l'énumération des écrits de Schilter (au
nombre de 45), dont il a fait suivre dans la *Revue de législation* la
reproduction de l'éloge de ce jurisconsulte qu'il avait prononcé en
1845 à l'ouverture d'un concours devant la Faculté de droit de Strasbourg (Voy. *Revue de législation et de jurisprudence*, ann. 1845,
vol. II, t. XXIII, p. 523).

BERGER (Henr.), *Œconomia juris*, lib. II, tit. 4, p. 478 et suiv. (Ed. 5, Leipzig 1741).

LEYSER (1683-1752), *Meditationes in Pandectas*, VII, p. 634 et suiv. (Leipzig 1772).

EVERARD OTTO (1685-1756), *Institutionum ad libros IV a Cujacio emendatos*, tit. *De bon. poss.*, p. 345 (Bâle 1760).

TRECKELL (1707-1764), *De origine et progressu testam. factionis* (Leipzig 1739).

HOPPIUS, *Comment. succinct. ad Instit.*, tit. *De bon. poss.*, p. 558 et suiv. (Francfort et Leipzig 1736).

AYBLINGER A BUCHENAU, *De bonorum possessionibus* (Vienne 1742).

AYBLINGER, *Comm. ad Pandect.*, lib. 37, p. 346 et suiv. (Ed. 1746).

PAGENSTECHER (Th.), *In Sexti Pompon. ad Sabinum de re testam. et de bon. possessionibus libr. IV Comment.* (Lemgow. 1750).

L. HOMBERGK, *De bon. possessione, remedio nec possessorio nec interimistico* (Marb. 1753).

G. SCHACHER, *Specimen histor. juris civil.*, cap. V, *De origine success. prætor.* (Leipzig 1762).

TH. SEGER, *Dissertat. de successorio Edicto* (Leipzig 1768.)

HŒPFNER (1743-1797), *Theoretisch practischer Commentar über die Heinecc. Instit.*, §§ 655 et suiv., p. 9 et suiv. (Ed. 1783).

J. TURIN, *Dissert. de bon. possessionibus præsert. usu earum hodierno* (Erfurt 1771).

G. SARTORIUS, *De bon. possessione quam contra tabulas parentes et liberi agnoscant* (Leipzig 1775).

V. ÉCOLE HOLLANDAISE.

(Du XVIe au XVIIIe siècle).

VINNIUS (1588-1657), *Instit. Commentar.*, tit. *De bon. possess.*, p. 572 et suiv. (Lyon 1726).

WISSENBACH (1607-1665), *Exercitationes in Pandect.*, lib. 37, 38; *Commentat. cathed. in libr. VII priores Codicis*, lib. 6 (Francfort 1701).

HUBER (1636-1694), *Prælectiones juris civilis*, lib. III, tit. 10, I, p. 248, ad tit. *De bon. poss. Dig.*, III, p. 329 et suiv. (Leipzig 1707).

VOËT (1647-1714), *Comment. in Pandect.*, lib. 37 (Genève 1757).

VI. ROMANISTES BELGES.

Nicasius de Voerda († 1492), *Enarrationes in Instit.*, ad tit. *De bon. poss.*, p. 243 et suiv. (Lyon 1549).

Gudelinus (Petr., 1555-1619), *De jure novissimo Comment. libri sex.* lib. II, cap. 13 et suiv., p. 74 et suiv. (Arnheim 1639).

Jac. Zoesius (1571-1627), *Comment. ad Instit.*, tit. *De bon. poss.*, p. 442 et suiv. (Cologne 1738).

VII. ROMANISTES ESPAGNOLS ET PORTUGAIS.

Perez († 1672), *Prælectiones in Codicem*, lib. VI, tit. 9 et suiv., p. 445 et suiv. (Amsterdam, Elzevir, 1671).

Fernandez de Retes († 1678), *Ad. titul. de bon. possess. contra tabulas scholastica*, dans le *Thesaurus de Meermann*, VI, p. 494 et suiv.

§ 2. JURISCONSULTES MODERNES.

(Fin du XVIIIe siècle. — XIXe siècle).

1. AUTEURS ALLEMANDS.

Gust. Hugo, *De bonorum possessionibus*, dissertatio inauguralis (Halæ 1788). — *Commentatio de fundamento success. ab intestato*, §§ 15 et suiv., p. 25 et suiv. (Gœttingen 1785).

Koch, D., *Bonorum possessio*, literarisches Testament nebst Commentar, Revision und Codicill (Giessen 1799). — *Successio ab intestato*, sect. IV, p. 178 et suiv. (Giessen 1780).

Stupp, *De fatis bonorum possessionum sub imperatoribus post jurisconsultos in Pandectas excerptos* (Bonn 1793).

G. Cusin, *De indole bonorum possessionis contra tabulas juxta doctrinam juris romani* (Tübingen 1796).

Gmelin, *De convenientiis et differentiis inter hereditatem et bonorum possessionem* (Gœttingen 1808).

Lœhr, *Uebersicht der das Privatrecht betreffenden Constitutionen der römischen Kaiser, von Constantin I bis auf Theodos II und Valentinian III* (Wetzlar 1812). — *Zweite Uebersicht der Constitutionen von Theodos II bis auf Justinian* (ibid. 1813). — *Einige*

Bemerkungen aus der Lehre von der Bonorum Possessio (Magazin für Rechtswiss. und Gesetzgebung von Grolmann und von Lœhr, III, p. 216-353. 1820). — *Ueber das Interdictum Quorum bonorum* (Archiv für civilist. Praxis, XII, p. 85 et suiv. 1829). — *Magazin für Rechtswiss.* etc., IV, p. 401 et suiv. (1844).

GANS, ED., *Scholien zum Gaius,* p. 315-330, 355-364 etc. (Berlin 1821). — *Das Erbrecht in weltgeschichtl. Entwickelung,* II, p. 463 et suiv. (Berlin 1825).

DERNBURG, *Beiträge zur Geschichte des römisch. Testaments,* p. 180-233 (Bonn 1821).

GLÜCK, *Hermeneustich-systematische Erörterung von der Intestaterbfolge,* §§ 86-107, p. 306 et suiv., 2ᵉ édit. (Erlangen 1822).

FŒRSTER, *De bonorum possessione liberorum prœteritorum contra tabulas parentum* (Breslau 1823).

DE SAVIGNY, *Zeitschrift für geschichtliche Rechtswiss. von Savigny, Eichhorn, Gœschen,* V, p. 1 et suiv. (Berlin 1823); VI, p. 229 et suiv. (Berlin 1828)[1].

HEISE et CROPP, *Juristische Abhandlungen* (Hambourg 1827-1830).

HUSCHKE, *Studien des römischen Rechts,* De causa siliana, p. 1 et suiv.; Von der bonorum possessio quinto gradu (liberti), p. 58 et suiv. etc. (Breslau 1830). — *Recension der Schrift von Fabricius* (Richter's kritische Jahrbücher, V, p. 9 et suiv. 1839).

SCHILLING, *Bemerkungen über römisch. Rechtsgesch.* (Leipzig 1829).

NIEBUHR, *Römische Geschichte,* II, p. 173 et suiv. (2ᵉ édit., 1830); cf. III, p. 37 (Berlin 1832).

FRANCKE, *Das Recht der Notherben und Pflichttheilsberechtigten,* chap. I, § 9, p. 96 et suiv.; chap. II, p. 121 et suiv. etc. (Gœttingen 1831).

HUGO, *Römische Rechts-Geschichte,* p. 238, 550 et suiv. (11ᵉ édit. 1832).

FABRICIUS, *Ursprung und Entwicklung der bonorum possessio bis zum Aufhören des ordo judiciorum privatorum* (Historische Forschungen im Gebiete des römisch. Privatrechts. Berlin 1837). — *Rheinisches Museum,* IV, p. 177 et suiv., p. 209 et suiv. (Gœttingen 1832-1833).

[1] Ces deux dissertations ont été reproduites avec changements et additions dans les *Vermischte Schriften,* III, p. 216-320. Berlin 1850.

TIGERSTRÖM, *Die innere Geschichte des römischen Rechts*, p. 662 (Berlin 1838).

ARNDTS, *Beiträge zu verschiedenen Lehren des Civilrechts und Civilprocesses.* (Bonn 1837).

CHRISTIANSEN, *Die Wissenschaft der römischen Rechtsgeschichte im Grundrisse*, I, p. 418 (Altona 1838).

BACHOFEN, *Die lex Voconia*, p. 66 et suiv. (Bâle 1843).

PUCHTA, *Pandecten*, § 451, p. 597 (Leipzig 1844). — *Cursus der Institutionen*, III, §§ 316 et suiv., p. 268 et suiv. (Ed. Rudorff, 1851).

LEIST, GUIL., *Historia bonorum possessionis secundum tabulas* (Gœttingen 1841). — *Die bonorum possessio, ihre geschichtliche Entwicklung und heutige Geltung* (Gœttingen 1844-1848).

v. BUCHHOLTZ, *Kritische Jahrbücher* (1846).

UHRIG, *Ueber die Wirkung der bonorum possessio contra tabulas* (Würzbourg 1844).

ZIELONACKI, *Controversiæ juris Romani de successionibus contra testamenta et bonorum possessione secund. tabulas* (Berlin 1845).

WALTER, *Geschichte des römischen Rechts bis auf Justinian*, II, n°s 597 et suiv., n°s 607, 617, 629 etc. (2e édit., Bonn 1846).

DANZ, *Lehrbuch der Geschichte des römischen Rechts*, 2e partie (Leipzig 1846), tit. 2, §§ 150 et suiv., p. 43 et suiv.

REIN, *Das Privatrecht und der Civilprocess der Römer*, p. 838 et suiv. (Leipzig 1858).

HINGST, *Commentatio de bonorum possessione* (Amsterdam 1858).

ALTMANN, *De bon. possessione ex Carboniano edicto* (Beslau 1855).

JANSSONIUS, *De origine bonorum possessionis ejusque vi in adjuvando supplendo jure Romanorum hereditario* (Gron. 1859).

VERING, *Römisches Erbrecht in historischer und dogmatischer Entwicklung*, p. 576 et suiv. (Heidelberg 1861).

KÖPPEN, *System des heutigen römischen Erbrechts*, p. 22 et suiv. (Iéna 1862).

v. VANGEROW, *Lehrbuch der Pandekten*, II, §§ 398 et suiv., p. 11 et suiv.; §§ 407, 472, 473, 509 et suiv. (7e édit., Marburg 1867).

SCHMIDT, *Das formelle Recht der Notherben* (Leipzig 1862). — *Das Pflichttheilsrecht des Patronus und des Parens manumissor* (Heidelberg 1868).

Schirmer, *Handbuch des römischen Erbrechts*, p. 73 et suiv. (Leipzig 1863).

Arndts, *Lehrbuch der Pandekten*, 2e part, §§ 466 et suiv., p. 716 et suiv.; §§ 506 et suiv., p. 764 et suiv. etc. (6e édit., Munich 1868).

II. AUTEURS FRANÇAIS.

P. Vernet, *Traité de la quotité disponible*, p. 61 et suiv., p. 81 et suiv. etc. (Paris 1855).

Ortolan, *Explication historique des Institutes*, III, p. 77 et suiv.. (7e édit., 1863).

Glasson, *De la bonorum possessio établie par l'édit Carbonien* (Paris 1867).

P. Milhat, *Des possessions de biens testamentaires en droit romain* (Paris 1867).

Machelard, *Théorie générale des interdits en droit romain*, p. 49 et suiv. (Paris 1865).

Demangeat, *Cours élémentaire de droit romain*, II, p. 76 et suiv. (2e édit. 1867).

ADDE.

Kuntzé, *Institutionen und Geschichte des römischen Rechts*, t. I; *Cursus des römischen Rechts*, §§ 811, 820, 835 etc. etc., et surtout t. II, *Excurse über römisches Recht*, p. 535 et suiv. (Leipzig 1869).

CHAPITRE PREMIER.

Caractère nouveau de la bonorum possessio.

15. Ce n'est plus la *bonorum possessio* dont je viens
de rappeler les principaux caractères que nous retrouvons sous les empereurs : sa nature intime a changé,
son aspect est nouveau. Quand cette transformation
s'est-elle opérée? Il me paraît impossible de le dire
d'une manière précise; elle n'a pas été l'œuvre d'une
Constitution, d'un empereur: elle a été l'œuvre du
temps. Ne pense-t-on pas que Justinien eût recueilli
pour nous la conserver la loi qui aurait modifié d'une
manière si profonde une si vieille institution, au cas
où une pareille loi eût existé? Eh bien, parcourez Institutes et Digeste, Code et Novelles, nulle part vous
ne trouverez trace d'une Constitution de ce genre;
— pas un indice. —Non, les empereurs ne furent pour
rien dans la révolution qui s'est opérée au sein de la
bonorum possessio: ils ont suivi le mouvement, ils ne
l'ont pas imprimé; s'ils avaient voulu y faire obstacle,
le courant les aurait entraînés.

Deux causes surtout enlevèrent à la *bonorum possessio*
le caractère qu'elle avait à l'époque classique: la rareté
de plus en plus grande de la *bonorum possessio sine re,*
la disparition de l'*ordo judiciorum.* Nous savons qu'à
l'origine le préteur avait principalement la *bonorum pos-*
sessio sine re en vue; il voulait créer un représentant intérimaire du défunt sans porter atteinte aux droits de
l'héritier. Plus tard, les cas se multiplièrent où le successeur prétorien fut préféré à tous autres, et en même

temps les héritiers du droit civil durent rarement négliger de demander la *bonorum possessio :* ils y avaient un
intérêt trop grand. Dans la succession *ab intestat*, par
exemple, quand la délation avait lieu au profit d'un ordre
subséquent, on pouvait presque considérer comme certain que les héritiers plus proches renonçaient à se prévaloir de leurs droits. Dans la succession testamentaire,
nous avons vu que deux rescrits avaient diminué les
cas où la *bonorum possessio* déférée pouvait être rendue
sine re. Je ne pousse pas plus loin ces développements;
ce qui vient d'être dit suffit pour faire comprendre que
la *bonorum possessio cum re* était devenue la règle, la
bonorum possessio sine re l'exception. J'ai indiqué en second lieu la disparition de l'*ordo judiciorum;* elle eut une
influence capitale dans notre matière. Avant Dioclétien,
le préteur était un magistrat revêtu de l'*imperium;*
comme tel il avait une espèce de puissance législative,
il pouvait rendre des *decreta.* On comprend donc fort
bien que le droit du *bonorum possessor* émanât de lui,
qu'il fût maître d'accorder ou de refuser la possession
de l'hérédité à celui qui venait la lui demander. Mais une
fois que la préture eut perdu son autorité et son prestige[1],
que le magistrat fut devenu juge[2], les choses ne pouvaient plus se passer de la sorte. Un juge faire la délation de la *bonorum possessio!* examiner si les diverses conditions exigées autrefois par le préteur étaient remplies,
puis envoyer en possession de l'hérédité! Était-ce là son
rôle? Avait-il pouvoir à cet effet? Avait-il l'*imperium*?

15 *bis.* Il n'est pas difficile de voir quelle transformation devaient entraîner ces deux circonstances, la

---

[1] Cf. Labatut, *Histoire de la préture.* Paris 1868, p. 103.
[2] C'était le *préfet de la ville* qui jugeait les procès à Rome.

rareté de la *bonorum possessio sine re*, la suppression
de l'*ordo judiciorum*. Le droit du *bonorum possessor*
auquel la délation avait été faite étant la plupart du
temps un droit définitif, on en arriva à ne plus sépa-
rer ces deux idées, à considérer la *bonorum possessio*
comme une vocation héréditaire. Combien plus dut-il
en être ainsi quand la préture disparut! Le *bonorum
possessor* ne tenant plus son droit du magistrat, mais
de l'édit, le juge ne pouvant intervenir que s'il s'enga-
geait un litige entre les divers successeurs [1], il fut loi-
sible à chacun de faire l'*agnitio bonorum possessionis*, tout
comme l'adition de l'hérédité, sauf à prouver plus tard
devant le juge le bien fondé de son droit. De ce moment, au lieu d'être un bénéfice spécial, la *bonorum
possessio* devint un droit de succession analogue à l'*hereditas*, avec cette seule différence que son acquisition
ne pouvait avoir lieu que dans un temps déterminé et
avec l'emploi de certaines formes solennelles. Le témoignage des textes est positif sur ce point. Avant
Dioclétien on ne nous présente jamais la *bonorum possessio* comme une succession, le *bonorum possessor*
comme un héritier [2]; il n'est jamais question que d'une

---

[1] On ne trouve plus guère après Dioclétien l'expression si fréquente avant lui de *petere bonorum possessionem* (cf. L. 1, § 2. § 10
De bonorum possessione sec. tab., 37, 11. — L. 20, § 4, *De bonis
libertorum*, 38, 2 etc.).

[2] Si l'expression *succedere ex jure prætorio*, au lieu de *obtinere
bonorum possessionem*, *successor* pour *bonorum possessor*, se rencontre à l'époque classique (L. 29, § 2, *De donationibus*, 39, 5;
L. 13, § 4, *De publicanis et vectigal.*, 39, 4), ce n'est que dans des
textes excessivement rares, et complétement étrangers à la matière
des successions. Il ne serait pas difficile d'ailleurs d'y reconnaître la
main des compilateurs, lesquels par le rapprochement des lois 29 et
30, *De donationibus*, 39, 5, ont bien affublé la *bonorum possessio*
classique du nom d'*hereditas!*

faveur exceptionellement accordée à certaines personnes d'être mises en possession de l'hérédité, et de jouir
ainsi, soit provisoirement, soit pour toujours, des
droits de *l'heres*. Mais après Dioclétien la terminologie
change; le même mot sert à désigner et l'hérédité du
droit civil et la *bonorum possessio*; l'une et l'autre sont
appelées *successio*; bien plus, l'expression d'*hereditas*,
d'hérédité civile par excellence, est appliquée à la succession prétorienne! « Nutritoribus hoc nomine nec
civili nec honorario jure defertur *hereditas* » (C. 10,
Communia de success., 6, 59)[1]. On peut voir à ce sujet les textes suivants: C. 4, *Qui admitti ad bon. poss.
poss.* (6. 9); C. 2, C. 3, C. 5, *Unde legitimi* (6, 15);
C. 2, *De success. edicto* (6, 16); C. 13, C. 14, *De jure
deliberandi* (6, 30); C. 8, *De suis et legit.* (6, 55);
C. 4, *De legit. hered.* (6, 58); C. 1, C. 3, C. 5, *Communia de success.* (6, 59); C. 2, *Quorum bonorum* (8, 2).

16. Mais si le *bonorum possessor* était maintenant un
véritable héritier, l'*agnitio* de la *bonorum possessio*
devait être mise sur la même ligne que l'adition d'hérédité, être regardée comme un mode d'acquisition de
la succession. Voilà, en effet, comme elle se montre
dans les Constitutions de Dioclétien et des empereurs
qui suivirent. Jusqu'à cette époque l'exposition que
nous trouvons dans les textes des diverses manières
d'acquérir une hérédité est toujours celle-ci. On peut

---

[1] En ce sens on pourrait invoquer encore la C. 8, *De hered. instit.*,
6, 24, si l'on admet avec M. Binding que les personnes morales pouvaient, comme *bonorum possessores*, recueillir une succession testamentaire à laquelle le droit civil ne permettait pas de les appeler
en qualité d'héritiers, puisqu'il leur déniait la *testam. factio passiva*
(voy. Binding, *Entwikelungsgang der Erbfähigk. jurist. Personen.
Zeitschrift für Rechtsgeschichte*, t. VIII, 1868, p. 301-309 etc).

devenir héritier par deux voies différentes : ou bien par
la *cretio*, où bien par la *gestio pro herede;* par la *cretio*,
en observant les formes prescrites en ce cas; par la
gestio pro herede, en faisant acte d'héritier (l'*agnitio
bonorum possessionis* était l'un de ces actes [1]), en s'immis-
çant dans la gestion, ou aussi, au temps de Gaius, en
manifestant simplement son intention de succéder,
« *nuda voluntate suscipiendœ hereditatis* » [2]. De plus,
certaines personnes que le droit civil ne considère pas
comme héritières peuvent s'adresser au préteur et obtenir de lui la *delatio bonorum possessionis;* mais ce n'est
pas là une adition d'hérédité, ce n'est qu'une manière
de se faire mettre en possession des biens héréditaires [3].
— Tout autre est le langage des Constitutions de Dioclétien : il n'y a plus seulement deux modes d'acquisition de la *successio*, il y en a trois : la *cretio*, la *gestio
pro herede*, l'*agnitio bonorum possessionis*, mises sur
la même ligne toutes les trois, au point de vue de leurs
effets. Il suffira de citer : C. 7 *De jure deliber.* (6. 30);
Consultatio veteris juris consulti (Puggé, *Corpus juris
antejust.*, I, p. 402) [4]. — C. 4 *Unde legitimi et cogn.*
(6, 15). — C. 8, *De legit. her.* (6, 58). — C. 2 *Communia de succ.* (6, 59).

[1] C. 12, *De jure delib.*, 6, 30.

[2] Gaius II, § 167. C. 1, Th., *De legit her.*, 5, 1. Il est assez extraordinaire que ni Ulpien, ni Paul, qui sont postérieurs à Gaius
(voy. l'opuscule de M. Glasson, *Étude sur Gaius*, p. 6 et suiv.), ne
parlent pas de l'adition *nuda voluntate* (voy. Ulpien, *Lib. Regul.*
XXII, § 26; Paul, *Sent. recept.*, IV, § 25) — D'autres textes montrent
pourtant que ces deux jurisconsultes n'étaient en tous cas pas d'une
opinion bien éloignée de celle de Gaius (voy. not., L. 20, pr.; L. 21,
§ 1.; L. 88. *De acq. vel am. her.*, 29, 2; cf. encore L. 62, *eod.*).

[3] Cf. Ulpien, *Lib. Reg.* XXVIII, §§ 11-13.

[4] Bonn 1831. Cf. C. 2, § 4, Th. *De integr. restit.*, 2, 16.

17. La différence de vocation et la nécessité d'une adition plus solennelle, voilà tout ce qui distingue le nouveau *bonorum possessor* de l'héritier du droit civil; aussi l'*hereditatis petitio* ne fut-elle plus un attribut spécial de ce dernier; sous le nom d'*hereditatis petitio possessoria* elle avait été donnée (nous verrons quand et comment) au successeur prétorien. D'un autre côté, parler de *bonorum possessio sine re* était maintenant tout aussi impossible[1] que dire *hereditas sine re:* on était *bonorum possessor* ou on ne l'était pas, on est héritier ou on ne l'est pas. Sans doute, toute personne pouvait faire l'*agnitio* de la *bonorum possessio*, mais elle ne devenait pas *bonorum possessor* pour cela ; une fois l'*agnitio* faite, il fallait justifier de son titre, il fallait intenter l'*hereditatis petitio possessoria*, et le juge statuait. Votre droit vous eût-il fait obtenir anciennement la *bonorum possessio cum re*, vous triomphiez sans peine, soit par l'*hereditatis petitio*, soit par l'interdit *quorum bonorum*. Mais si l'*agnitio* avait été faite par une personne dont la *bonorum possessio*, à l'époque classique, aurait pu devenir *sine re*, l'*hereditatis petitio* ne lui était d'aucun secours, elle succombait dans le litige que soulevait cette action. Il pouvait arriver, sans doute, que l'interdit *quorum bonorum* lui procurât la possession de biens héréditaires, si beaucoup de vraisemblance militait en faveur de son droit, si l'héritier préférable n'était pas connu encore;

---

[1] Si les compilateurs ont laissé subsister dans les textes l'expression de *bonorum possessio sine re*, c'est qu'ils entendaient désigner par là les cas où celui qui avait fait l'*agnitio* devait succomber nécessairement en intentant l'*hereditatis petitio possessoria*. Du reste, les empereurs se gardent bien de l'employer.

mais *bonorum possessores* et héritiers civils lui enlevaient cette possession en prouvant qu'ils étaient appelés avant elle. Celui qui était vaincu de la sorte n'avait pas plus été *bonorum possessor* que n'est héritier le *possessor pro herede* qui est forcé à restitution par l'*hereditatis petitio*. *Bonorum possessor*, il ne le serait devenu que de l'instant où ceux qui le précédaient auraient renoncé ou seraient morts sans avoir fait adition.

18. Le caractère nouveau de la *bonorum possessio* apparaît clairement dans la C. 5 *Communia de succ.* (6, 59). — Une femme meurt laissant des fils et un neveu agnat. Les fils sont appelés à la succession en vertu du sénatus-consulte Orphitien, mais le neveu fait régulièrement l'*agnitio bonorum possessionis*. Comment les choses se seraient-elles passées à l'époque classique ? Le neveu aurait eu la possession de l'hérédité jusqu'à ce que sa *bonorum possessio* eût été rendue *sine re* par l'*hereditatis petitio* des successeurs du droit civil. Eh bien ! c'est une situation tout autre que nous dépeint Dioclétien : le neveu ne peut pas intenter l'*hereditatis petitio*, dit-il[1] ! Ce serait donc à lui de le faire ! Il n'a donc pas la possession ! L'*agnitio* ne la lui confère pas ! — Les fils succèdent ; mais ils meurent au bout d'un certain temps : il reste des *privigni* de leur mère en présence du neveu agnat. Celui-ci n'est toujours pas héritier d'après le droit civil ; précédemment il ne l'était pas parcequ'il se trouvait avant lui des successeurs plus proches ; maintenant il ne l'est pas parcequ'il n'est que cognat de ses *amitini ;* mais il peut venir comme *bonorum possessor* dans l'ordre *unde cognati*. Il fait

---

[1] *Hereditatem tuo nomine non recte petis.*

l'*agnitio*. — Anciennement que serait-il arrivé? Le neveu aurait été mis en possession; si les *privigni* avaient été frères consanguins des prédécédés, ils auraient pu rendre sa *bonorum possessio sine re;* mais s'ils avaient été de père et mère différents, la *bonorum possessio* déférée au neveu serait restée *cum re.* Est-ce ainsi que Dioclétien nous présente les choses? En aucune façon. Il dit au neveu: si les *privigni* sont agnats de vos *amitini*, ils vous seront certainement préférés; en d'autres termes, si vous intentez l'*hereditatis petitio*, vous succomberez; si, au contraire, ils sont *privigni* issus d'un mari de votre tante autre que le père de ceux dont la succession est ouverte, vous pourrez en toute confiance revendiquer l'hérédité. On le voit, tout le texte suppose que l'*agnitio bonorum possessionis* ne produit aucun effet, tant qu'on n'a pas triomphé par l'*hereditatis petitio possessoria.*

Nous venons de montrer comment la *bonorum possessio* s'est transformée dans son ensemble; nous allons rechercher les changements qu'ont éprouvés ses diverses parties.

CHAPITRE II.

Des diverses classes de bonorum possessores.

SECTION I.

SUCCESSION TESTAMENTAIRE.

19. Le testament *per æs et libram* était, à l'origine,
purement verbal; plus tard les dernières volontés furent consignées dans un écrit qui, après la *familiæ
mancipatio*, était remis, probablement clos et scellé,
au *familiæ emptor*, en même temps que le testateur
prononçait les paroles solennelles de la *nuncupatio*.
Les cinq témoins, le *libripens*, l'*antestatus*, ne figuraient qu'à raison de la vente symbolique qui avait lieu,
ils n'apposaient sur l'écrit ni leur signature ni leur
cachet. Mais il ne pouvait plus en être ainsi une fois
que l'usage se fut introduit de dresser un *instrumentum*
signé et cacheté par les témoins dans tous les cas où
un acte quelconque était passé verbalement [1]. L'*obsignatio* alors dut devenir une forme du testament. Mais
comment était-elle faite? On crut pendant longtemps
que les témoins se contentaient d'inscrire leur nom et
de mettre leur cachet sur la partie extérieure du testa-

---

[1] Cf. L. 8, § 15; L. 9, § 1. *Quibus modis pign. solv.*, 20, 6. Dans
l'acte de donation de T. Flavius Syntrophus nous trouvons un *instrumentum stipulationis* et *mancipationis* suivi des noms de cinq
témoins, un *libripens*, un *antestatus*. On en peut induire que ces
diverses personnes avaient signé et apposé leurs cachets (voy.
Huschke, *T. Flavii Syntrophi donat. instrumentum*, p. 6 et 52.
Breslau 1838. Cf. encore *Lex pariete faciundo Puteolana*. Gruter,
207, 1).

F.   3

ment; mais des documents authentiques publiés dans
ce siècle nous ont appris que l'opération était plus
complexe. Le premier de ces documents est un testament fait à Ravenne en 572, par un nommé Mannanes;
il faut y joindre deux procès-verbaux d'ouverture de
testament, l'un de l'année 521, l'autre de 552. Ces diverses pièces ont été publiées par l'abbé *Marini*, dans
ses *Papiri diplomatici* [1], puis reprises et commentées
par Spangenberg [2]. Un autre document important, les
tablettes de cire trouvées en 1790 à Abrudbanya, a été
mis au jour et analysé par Massmann [3] et Huschke [4]. Si
l'on compare les renseignements qui nous sont fournis
par ces pièces avec certains textes du Digeste (notamment les lois 22, § 1 et 30, *Qui testam facere possunt*,
28, 1) et les Constitutions impériales dont nous aurons
à parler plus loin, on voit clairement que les signatures
étaient mises à l'intérieur (*subscriptio*) et à l'extérieur
(*superscriptio*) du testament [5]. Le testament était ordinairement écrit sur des tablettes de bois enduites de
cire; deux autres tablettes de même matière lui ser-
vaient de couverture [6]. D'abord le testateur eut toute
latitude de fermer ce testament comme il l'entendait,

---

[1] Marini, *I papiri diplomatici raccolti ed illustrati.* Rome 1805,
n⁰ˢ 74, 75, p. 116 et suiv., p. 257-261.

[2] Spangenberg, *Archiv für civilist. Praxis*, t. V, p. 144 et suiv. —
Juris Rom. tabul. negot. solenn., n⁰ˢ 14, 18.

[3] Massmann, *Libellus aurarius sive tabulæ ceratæ* etc. 1840.

[4] Huschke, *Zeitschrift für geschichtl. Rechtswiss.*, XII, p. 173 et
suiv.

[5] Spangenberg, *Archiv*, p. 154 et suiv. Huschke, *op. cit.*, p. 203
et suiv. Savigny, *Histoire du droit romain au moyen âge* (trad.
Guenoux), II, p. 152 et suiv. — *Contra* : Lœhr, *Archiv für civ.
Praxis*, VI, p. 328 et suiv.

[6] Cf. Horace, *Satires*, liv. II, sat. 5, vers 53-54.

mais un sénatus-consulte rendu sous Néron prescri-
vit des formes spéciales (Paul., *Sent. recept.*, V, 25,
§ 6). Quoi qu'il en soit, les témoins imprimaient leur
cachet sur le lien qui entourait extérieurement et réunissait les tablettes, puis inscrivaient leur nom à côté
de leur cachet (*adscribebant*). Cette double opération
était appelée *superscriptio*[1]. Huschke croit de plus
qu'on écrivait sur les tablettes extérieures un résumé
du testament[2]; en tous cas, cela ne pouvait avoir lieu
quand le testateur s'était servi de *papyrus*, ou de toute
autre matière semblable. Dans cette dernière hypothèse,
en effet, le testament était enveloppé dans un morceau
d'étoffe (*linteum, sabanum*), et les cachets étaient apposés, soit sur le fil que l'on avait roulé autour de l'étoffe
pour la maintenir, soit sur cette étoffe elle-même, à
l'endroit où ses deux extrémités venaient se rejoindre[3].
A côté des cachets, sur la même cire, les témoins gra-
vaient leurs noms. — Qu'était-ce maintenant que la
subscriptio? Tout simplement la signature des témoins
et du testateur apposée au bas de l'acte lui-même;
qu'elle fût accompagnée du cachet, comme le prétend
Huschke[4], ou qu'elle fût isolée, comme le dit Spangenberg[5], peu nous importe ici, mais il est, au contraire,

---

[1] Voy. les *superscriptiones* du testament de Mannanes. Spangenberg, *Archiv, loc. cit.*, p. 149.

[2] Huschke, *Zeitschrift für gesch. Rechtsw.*, XII, p. 204.

[3] C'est à cela que se réfère la Loi 22, § 7, *Qui testam. facere possunt*, 28, 1, quand elle dit : « Signatas tabulas accipi oportet, et *si
linteo*, quo tabulæ involutæ sunt, signa impressa fuerint. » Lœhr se
prévaut donc à tort de cette loi pour nier la nécessité de la *superscriptio*. Lœhr, *Archiv für civ. Praxis*, VI, p. 333.

[4] Huscke, *Zeitschrift, loc. cit.*, p. 197-198.

[5] Spangenberg, *Archiv, loc. cit.*, p. 155.

très-intéressant de remarquer qu'elle était précédée
chaque fois de la mention sommaire des dispositions
les plus importantes du testament[1].

20. La *subscriptio* ne fut exigée comme condition
de la validité du testament qu'assez tard sous les empereurs. Huschke, il est vrai, voudrait la rattacher
au sénatus-consulte néronien[2] dont nous avons parlé ;
mais il est obligé pour cela de lire dans le passage
de Paul qui s'y rapporte (*Sent. recept.* V, 25, § 6) :
« *ut exteriori scripturæ fidem interior servet*, » version
qui se concilie difficilement avec le reste du texte, et
ne se trouve dans aucune édition des *Sententiæ re-
ceptæ*, ni, on peut presque l'affirmer, dans les anciens
manuscrits de Paul, aujourd'hui perdus. Jod. Basius
Ascensius a donné, en effet, en 1516, une édition
de Quintilien (la 1re édition de Paul n'est que de 1525)
avec des notes de Laurent Valla, qui vivait au milieu
du quinzième siècle. Or dans une de ces notes est
précisément cité le passage en question de Paul, et
l'on y lit : « ut exterior scriptura fidem interioris
servaret[3]. » — En tout cas j'accorderai volontiers
qu'en pratique la fréquence de la *subscriptio* devait
être assez grande.

21. *Quid* maintenant de la *superscriptio* ? On peut
soutenir et l'on a soutenu que le testament civil n'était

---

[1] Voici, par exemple, la *subscriptio* de l'un des témoins du testament de Mannanes. — « *Johannes*, vir s[t]renuus huic testamentum
rogatus a Mannanæ v. d. filio quondam Nanderit, ipso præsente et
suscribente, atque ei testamentum relectum, per quo constituit sanc-
tam ecclesiam catholicam Ravennate, testis subscribsi. »

[2] Huschke, *Zeitschrift, loc. cit.*, p. 199-201. — *Contra:* Haubold,
Opuscula academ., II, p. 832, ed. Stieber. Leipzig 1829.

[3] Voy Buttmann, *Zeitschrift für gesch. Rechtsw.* 1, p. 283.

parfait s'il ne portait à l'extérieur les cachets et les signatures des cinq *testes*[1]. Il ne faut pas aller trop loin pourtant dans cette voie, et prétendre que la *super-scriptio* devait de plus être faite par le *libripens* et le *familiæ emptor* ou l'*antestatus*[2]. Paul, en parlant de l'ouverture du testament, ne mentionne que les *testes* (Paul., *Sent. recept.*, IV, 6, § 1), et cette expression ne servait jamais qu'à désigner les cinq témoins proprement dits[3]. D'un autre côté, dans les *notitiæ* que nous trouvons jointes aux actes écrits, le *libripens* et le *familiæ emptor* ne sont placés qu'après les témoins, quoiqu'ils eussent en général le pas sur eux[4]. Mais j'admettrai, comme pour la *subscriptio*, que ce devait être un usage très-répandu de faire signer et sceller le testament par toutes les personnes qui y figuraient[5].

22. Nous connaissons donc à présent les formes ordinaires du testament civil: la *superscriptio* des cinq témoins, celle du *libripens* et du *familiæ emptor* (ou de l'*antestatus*), la *subscriptio* de ces diverses personnes, toutes formes, à l'exception de la première peut-être, qui pouvaient manquer sans que l'acte fût nul, que la coutume plutôt que la loi avait introduites. Tel donc était l'état des choses quand la *bonorum possessio* prit naissance: le préteur ne devait pas manquer d'en profiter. Lui qui visait avant tout à la célérité, ne trouvait-

[1] Treckell, *De origine et progressu test. fact.*, cap. 3, § 43, p. 162 et suiv. Savigny, *Zeitschrift für gesch. Rechtsw.*, I, p. 84. Leist, *Die bonorum possessio*, I, §§ 27 et suiv., p. 155 et suiv.

[2] C'est ce qu'admet Treckell, *De origine test. fact.*, cap. 3, §§ 45 et suiv., p. 166 et suiv.

[3] Ulpien, XX, §§ 6, 7, cf. §§ 3, 4, 5, 8.

[4] *Flavii Syntrophi don. instr.*, p. 6, 52.

[5] Voy. *supra*, p. 33, note 1.

t-il pas dans la *superscriptio* un moyen excellent d'arriver à ses fins? Quand on lui présentait un testament portant extérieurement les noms et les cachets de sept citoyens romains et intérieurement la *subscriptio* de ces mêmes personnes[1], n'y avait-il pas de fortes présomptions que la *mancipatio* avait eu lieu?

De plus, la présence de sept citoyens romains n'était-elle pas un gage de l'accomplissement des diverses conditions requises pour la validité du testament? Pouvait-on présumer qu'elles auraient prêté leur concours à un acte entaché de nullité? Le préteur ne devait pas hésiter dès lors à déférer la *bonorum possessio secundum tabulas*, quand le testament était revêtu de sept *signa*. Est-ce à dire pourtant que cette *obsignatio* était une condition indispensable pour que l'on pût obtenir la *bonorum possessio?* L'héritier inscrit dans un testament qui ne portait aucun cachet (si le droit civil n'en exigeait aucun) ou qui n'en portait

---

[1] Le préteur devait se faire apporter le testament et l'ouvrir : c'était le moyen le plus simple de savoir qui était institué héritier. Cela semble contredit par la L. 1, § 2. *De bonorum possessione sec. tab.*, 37, 11; mais au fond il n'en est rien. — Si l'*apertura tabularum* est une voie naturelle et commode d'arriver à connaître le nom du *scriptus heres*, cela ne veut pas dire qu'il fallait en faire une condition *sine qua non* de la *delatio*, et déclarer par suite toute *bonorum possessio sec. tabulas* impossible quand le testament ne pouvait pas être porté devant le préteur. Pourquoi n'aurait-on pas permis à celui qui demandait la *bonorum possessio* d'établir par d'autres modes de preuve qu'il était institué héritier dans le testament dont l'existence était certaine, mais que des circonstances particulières empêchaient encore d'être ouvert en présence du magistrat? Voilà tout ce que veut dire la L. 1, § 2 *cit.;* voilà en quel sens il faut entendre les mots : « *Nec enim opus est, aperire eas, ut bonorum possessio sec. tab. agnoscatur.* » — Cf. Leist, *Die bonorum possessio*, I, § 30, p 180, note 10.

que cinq (si tel était le nombre requis par le droit
civil), était-il exclu du bénéfice de la *bonorum possessio?* Je ne saurais le croire. La *bonorum possessio
secundum tabulas* n'était-elle pas donnée *omnibus jure
scriptis heredibus* [1] ? N'a-t-elle pas été introduite
confirmandi juris civilis gratia [2] ? — Seulement,
une partie des avantages qui étaient attachés à
la succession prétorienne disparaissaient par le fait
même : l'héritier était obligé de fournir la preuve
complète que le testament était valable d'après le
droit civil, ou au moins qu'il réunissait les conditions
nécessaires pour qu'une *bonorum possessio supplendi
gratia* pût être déférée. Je ne puis même admettre
avec Leist [3] que le *scriptus*, au cas où le testament
n'était revêtu que de cinq cachets, obtenait la délation
dès qu'il prouvait que les cachets manquants étaient
ceux du *libripens* et du *familiæ emptor*. Ceci, en effet,
reviendrait à dire que le préteur exigeait seulement
la *superscriptio* des cinq témoins. Or comment concilier ce système avec les nombreux textes où l'on nous
parle des sept *signa* et des sept témoins que suppose
la *bonorum possessio* [4] ? Et puis la garantie que nous
avons vu résulter de la présence des sept cachets
était-elle la même quand cinq seulement se trouvaient
sur le testament? C'était beaucoup déjà de se contenter
d'une preuve aussi sommaire, et il est difficile de
croire que le préteur l'eût simplifiée encore. Enfin

[1] Inst. III, *De bonorum possessionibus*, 9, § 3.
[2] Cf. Inst. III, *De bonorum possessionibus*, 9, § 1.
[3] Leist, *Die bonorum possessio*, II, 2e part., § 131, p. 93-94.
[4] Voy., par exemple, L. 7. *De bonorum possessionibus sec. tab.*,
37, 11. Gaius, II, § 119. Ulpien, *Lib. reg.*, XXIII, § 6.

nous ne voyons pas comment plus tard on aurait fait un
pas en arrière, comment on en serait revenu à exiger
deux cachets de plus ; car il est certain que le testament prétorien dont il va être question devait être revêtu de sept *signa*. Leist invoque à l'appui de son
opinion la C. 2, *De bonorum possession. sec. tab.* (6, 11).
Suivant ce texte, dit-il, le testament d'où naît la *bonorum possessio* ne peut plus être apprécié que d'après
l'édit, comme le montre l'opposition que fait l'empereur
entre le testament écrit et le testament nuncupatif ;
or cela pouvait signifier seulement qu'on ne serait
plus admis, comme par le passé, à prouver que les
deux cachets manquant au testament étaient ceux du
libripens et du *familiæ emptor*. — C'est aller chercher
bien loin ce qui se trouve sous la main. Le sens de la
C. 2, *De bonorum posses. sec. tab.*, est des plus simples :
elle veut dire que le rescrit d'Antonin n'a pas touché
au testament nuncupatif. Tandis que l'héritier institué
dans un testament écrit revêtu de sept cachets, quoique
non jure perfectum, est maintenant un véritable successeur, celui qui se prévaut d'un testament nuncupatif obtiendra bien la *bonorum possessio secundum
nuncupationem*, s'il prouve que l'acte a été fait en
présence de sept personnes, mais le testament sera
seulement présumé *jure civili factum ;* en d'autres
termes, s'il est reconnu entaché d'une nullité, l'héritier
inscrit n'aura plus aucun droit, il ne sera ni *bonorum
possessor* ni *heres*. — L'autre texte que Leist cite à
l'appui de sa thèse, la *Consultatio veteris jurisconsulti*,
§ 6[1], ne saurait nous être sérieusement opposé.

[1] *Consultatio veteris jurisconsult.*, cap. VI, p. 402. *Cura* Pugge.
Bonnæ 1831. *Corpus juris antejustin.*, I.

23. On voit clairement par ce qui précède qu'à l'époque classique il n'y avait pas de forme de testament spéciale au droit prétorien ; sans doute, l'héritier institué dans un testament où la mancipation avait été omise pouvait être mis, soit provisoirement, soit d'une façon durable, en possession de l'hérédité, mais ce n'était là rien de spécial : le testament *irritum*, ou *ruptum*, ou *injustum*, procurait le même avantage. Mais les choses changèrent quand les empereurs protégèrent le *scriptus* d'un testament *non jure factum*, d'abord contre les héritiers institués dans un testament antérieur civilement valable, s'il était *proximus ab intestato*, puis même (rescrit d'Antonin) contre les héritiers *ab intestat*[1]. De ce moment, on put regarder comme une condition spéciale la présence de sept témoins, puisqu'il n'était plus question de *libripens*, ou d'*antestatus*, ou de *familiæ emptor*, dans un acte qui était formellement dispensé de la *mancipatio* ; de ce moment aussi on dut s'habituer à regarder le testament *non jure factum* comme distinct du testament civil. Un pas pourtant était encore à faire : l'héritier institué dans un testament sans mancipation n'avait pas, à vrai dire, de droit successif, il était seulement protégé par l'*exceptio doli mali*[2]. Or il en fut ainsi jusqu'à l'instant où s'opéra la transformation de la

[1] L'héritier institué dans un testament *non jure factum* ne pouvait d'abord repousser ceux institués dans un testament valable antérieur s'il n'était pas le plus proche héritier *ab intestat*. Mais une fois qu'on lui reconnut un véritable droit successif, que le testament *non jure factum* fut le testament prétorien, le testament antérieur fut rompu par celui-ci. Cf. C. 21, § 3. *De test.*, 6, 23.

[2] *Collatio Mosaicarum et Rom. legum*, tit. XVI, cap. III, § 1 in fine, p. 381. *Cura* Blume, *Corpus juris antej.*, I Bonn 1831.

bonorum possessio, jusqu'après Dioclétien; alors, en effet, tout *bonorum possessor* étant regardé comme un successeur véritable, l'héritier institué dans un testament conforme aux prescriptions du rescrit d'Antonin et l'héritier civil devaient être mis sur la même ligne; le testament prétorien dut avoir sa place marquée à côté de l'ancien testament *per æs et libram.* Les textes en font foi : à partir de cette époque on put tester soit *jure civili,* soit *jure prætorio*[1]. Voici donc la succession prétorienne qui marche de pair avec la succession du droit civil : les effets sont les mêmes, les conditions seules sont différentes. De même que l'*agnitio* de la *bonorum possessio* est distincte de l'adition de l'hérédité civile, le testament prétorien revêt d'autres formes que le testament *ex jure civili.* Nous allons, à ce point de vue, opposer l'un à l'autre ces deux testaments, en même temps que nous ferons voir comment leur dissemblance alla chaque jour en s'affaiblissant.

1° Le testament prétorien exige la présence de *sept* témoins; *cinq* témoins suffisent à la validité du testament civil (voy. C. 1 Th., *De testam. et codicillis,* 4, 4; Const. et Constance, 326). Ce ne devint là une véritable

---

[1] Voir notamment : *Novelle de Valent. III,* 446. Const. 1, *De test.* tit. XX. — *Interpretatio* ad C. 3. Th. *De testam.,* 4, 4. — *Interpretatio* ad Nov. Theod. 11. C. un. *De test.,* tit. XVI. Nov. Const., ed. Hænel. Isidore, *Origines,* lib. IV, cap. 24.

Plus tard nous voyons attribuer au droit prétorien la même autorité qu'au droit civil en matière de testament. On ajoutait à la plupart des testaments une clause codicillaire ainsi conçue : « Quod si jure civili vel prætorio... forsitan valere nequiverit... » Cf. procès-verbaux d'ouverture de testament en 521, 552. *Archiv für civ. Praxis,* V, p. 165, 169. — Testaments rapportés par Savigny, *Histoire du droit romain,* trad. Guenoux, 11, p. 87, notes 61, 63, p. 89, note 68, p. 94, **note 89 etc.**

différence que du moment où la mancipation disparut :
le *libripens*, l'*antestatus*, le *familiæ emptor* portaient
même au delà de sept le nombre des personnes qui
devaient figurer au testament *per æs et libram*.

2° Le testament civil n'est pas valable si la *mancipatio familiæ* n'a pas eu lieu ; le testament prétorien est
dispensé de cette formalité. Toutefois la mancipation
tomba peu à peu en désuétude, quoiqu'on ne puisse
préciser au juste l'époque où elle cessa de se rencontrer. Cujas[1] prétend à tort qu'elle fut abrogée par la
Const. 15, *De testam.*, 6, 23 (339); il a été trompé par
les mots *ademptis his quorum imaginarius usus est*, qui
se réfèrent uniquement aux termes dans lesquels l'institution d'héritier doit être conçue[2]. Je ne voudrais
pas affirmer pourtant que cette Constitution n'a pas
contribué, mais par son esprit plus que par son texte,
à mettre la mancipation hors d'usage, et que celle-ci
a survécu longtemps à ce coup qui lui était indirectement porté.

3° Le testament prétorien doit être revêtu de la *superscriptio* des *sept* témoins. Le testament civil était
valable s'il portait *cinq* cachets ou peut-être même si
aucune *obsignatio* n'avait été faite. Cette différence, qui
paraît saillante au premier abord, perdait en pratique
une grande partie de son importance, puisque, nous l'a-
vons vu, c'était un constant usage de faire signer et
sceller le testament par toutes les personnes qui y
étaient appelées.

4° Le testament prétorien demande la *subscriptio* des

---

[1] Cujacius *ad Leg.* 20. *Qui test. facere poss.*, 28, 1, *Commentarius*, I, p. 1071-1072. Ed. Fabrot 1658.

[2] Cf. Savigny, *Zeitschrift für gesch. Rechtsw.*, I, p. 81, note 5.

témoins ; une Novelle de Théodose II (*De testamentis,
tit. XVI*, Const. unica, 439) [1], qui a trait à ce testament
dit formellement : *non subscriptum namque a testibus
atque signatum testamentum pro imperfecto haberi con-
venit.* Au contraire, je ne crois pas que ce fût là une
condition de validité du testament civil, car la Novelle ne se réfère pas à ce dernier, comme nous le montrerons plus loin, et la C. 3 Th. *De testam.*, 4, 6, ne
prouve qu'une chose, à savoir que la *subscriptio* se rencontrait fréquemment dans les testaments conformes au
droit civil : elle décide que si cinq témoins ont signé au
bas du testament, celui-ci sera valable, encore que le testateur n'ait pas fait mention du nombre de témoins qui
ont pris part à l'acte ou bien ait mentionné un nombre
soit moindre soit plus élevé.

5° La mancipation disparue fut remplacée dans le
testament civil par une *nuncupatio totius testamenti* [2],
c'est-à-dire que le testateur donnait connaissance aux
témoins du contenu de l'acte. Une pareille communication ne pouvait pas être exigée pour le testament
prétorien, puisque la mancipation n'y avait jamais été
en usage. Cependant il paraît résulter du préambule de
la Novelle de Théodose que la *nuncupatio* avait fini par
envahir aussi le testament prétorien; c'était probablement la *subscriptio* qui y avait contribué, la signature
du témoin étant précédée de la désignation de l'héritier
institué. L'assimilation sur ce point du testament civil
et du testament prétorien n'était pas sans inconvénients :
il en résultait qu'un testateur n'avait plus aucun moyen

---

[1] *Novellæ Constitutiones*, ed. Hænel. Bonn 1844.
[2] Cf. Savigny, *Zeitschrift cit.*, p. 88, 89. Leist, *Die bonorum possessio*, II, 2e part., p. 108, 109.

de tenir secrètes ses volontés dernières. La Novelle de Théodose eut pour but de parer à ce danger : elle décida que celui qui voulait faire un testament prétorien n'aurait pas besoin d'en communiquer le contenu aux témoins; qu'il pourrait se contenter de leur présenter l'acte à signer, en prenant des mesures pour qu'il ne leur fût pas possible d'en prendre connaissance. Ainsi plus de *nuncupatio*, une simple *subscriptio* ne contenant pas même la mention du nom de l'héritier [1].

24. Est-il arrivé un moment où les deux formes de testament qui viennent d'être étudiées se sont fondues en une seule? Quel a pu être ce moment? Justinien nous apprend bien que l'on avait jeté dans le creuset les dispositions de l'ancien droit, du droit prétorien et des Constitutions impériales, relatives aux testaments, et qu'il en était sorti un mode unique de tester qui n'est autre que le testament prétorien (J. II, *De test. ordin.*, 10, § 3). Mais les textes et les documents authentiques que nous possédons [2] montrent au contraire qu'en Occident le testament civil s'est constamment maintenu. Comment expliquer cette différence?

[1] Il semble à prime abord qu'il ne peut pas être question dans la Novelle d'une *subscriptio* proprement dite, puisque le testament est censé clos et scellé déjà par le testateur. Mais celui-ci n'a-t-il pas pu recouvrir simplement la partie écrite du testament? L'empereur ne suppose-t-il pas que c'est là ce qui a eu lieu quand il dit : « in reliqua parte testamenti subscripserit? » Enfin la C. 28, § 1, *De test.*, 6, 23, montre que c'est bien à une *subscriptio* que nous avons affaire.

[2] C. 1, Th., *De testam.*, 4, 4, an. 326. — C. 3 eod. (396) *Interpretatio*, ad h. C. — Nov. Theod., II, *De testam.*, tit. 16. *Interpretatio.* — *Nov. Valentinien* III, C. 1, *De test.*, 20, 446. — *Ed. Theodorici*, tit. 28. — *Lex. Rom. Burgund.*, tit. 43, tit. 45. *De testam.* — Isidore, *Origines*, V, 24. — *Testaments originaux.* Savigny, *Histoire du droit romain*, trad. Guenoux, II, p. 89, note 68, p. 189-191, texte.

25. Suivant Treckell[1] et Leist[2], auxquels d'autres
auteurs[3] et Savigny lui-même[4], quoiqu'il eût professé
d'abord une opinion différente[5], sont venus s'adjoindre,
le testament civil aurait été aboli par la Novelle de
Théodose II (tit. XVI, *De testamentis*) dont nous nous
occupions il y a un instant à peine et qui est devenue
la C. 21, *De testam.*, 6, 23, du Code de Justinien. Sans
doute, disent-ils, on trouve en Occident des traces de
ce testament, et une Novelle de Valentinien III, postérieure de sept années, en parle (C. 1, *De test.*, tit. XX;
Nov. Valent. III, 446); mais quelle preuve en voudrait-
on tirer? Au milieu des troubles qui agitèrent cette
partie de l'Europe, s'est-on bien rendu compte des innovations que Théodose venait d'introduire? Quant à la
Novelle de Valentinien III, elle a été faite avant que
celle de Théodose fût connue en Occident, la promulgation de cette dernière n'ayant eu lieu qu'en 448[6].
D'ailleurs en Orient même l'usage du testament civil se
conserva, comme le montre la Const. 31, *De testam.*,
6, 23.

26. Il m'est impossible, pour ma part, de rien dé-
couvrir dans la Novelle de Théodose qui contienne l'ab-
rogation du testament civil. Y est-il seulement question de ce dernier? Ne se réfère-t-elle pas manifestement au testament prétorien? Et dit-elle par hasard

---

[1] Treckell, *De origine test. fact.*, cap. 3, § 53, p. 186 et suiv.

[2] Leist, *op, cit.*, § 133, p. 106 et suiv.

[3] Bachofen, *Lehren des röm. Civilr.*, p. 197-211. — Rein, *Privatrecht*, p. 793, note 3. — *Heidelberg. Jahrbücher*, 1815, II, p.
684-698 etc.

[4] Savigny, *Vermischte Schriften*, I, 1850, p. 149-150.

[5] *Zeitschrift cit.*, I, p. 82 et suiv.

[6] *Nov. Valent. III*, tit. XXV, *de confirm. leg. Divi Theodosii.*

que ce testament à l'avenir pourra être seul employé ?
Rien de tout cela. Elle veut permettre de faire un testament sans en communiquer le contenu aux témoins :
voilà son but. Ah! si elle décidait, comme semble l'insinuer Leist, que la *nuncupatio*[1] sera défendue dans
tout testament écrit, le testament civil serait aboli, puisque sept témoins seraient toujours nécessaires ! Mais elle
n'en fait rien : « *licere* per scripturam conficientibus..., »
dit Théodose ; en d'autres termes, si l'on veut faire un
testament sans *nuncupatio*, on devra employer la forme
prétorienne ; mais si l'on ne voit pas d'inconvénient à
faire connaître ses volontés aux témoins, rien ne s'oppose à ce que l'ancienne forme civile soit employée. C'est
ce sens aussi que l'*Interpretatio* donne à la Constitution. La Novelle ne dit pas davantage qu'un testament
sera *imperfectum* s'il n'a été fait en présence de sept
témoins[2]. Elle exige sept témoins, oui ! quand il n'y a
pas de *nuncupatio !* ou encore qu'il y a une *nuncupatio*,
mais pas d'écrit, c'est-à-dire quand on fait un testament nuncupatif. C'est à cette espèce de testament que
se réfère, en effet, le § 2 de la Novelle, comme l'indiquent les mots *per nuncupationem*, HOC EST SINE SCRIP
TURA, et nullement à l'ancien testament civil, comme
on a voulu le prétendre. — On insiste : ne voyez-vous
pas que Théodose établit une alternative ? Si une personne veut tenir secrètes ses dernières dispositions, elle
fera un testament prétorien ; dans le cas contraire, un
testament nuncupatif. Point de place donc pour le testament civil ! Par cela même que l'empereur a parlé du

---

[1] Je prends toujours le mot *nuncupatio* dans le sens de communication faite aux témoins du contenu du testament.

[2] *Contra:* Leist, *op. cit.*, II, 2ᵉ part., § 133, p. 110.

testament nuncupatif, il a exclu le testament écrit fait
avec *nuncupatio!* — Cette argumentation n'est point con-
vaincante. Si Théodose fait mention du testament nuncupatif, c'est pour y exiger la présence de sept témoins
comme au testament prétorien. La *mancipatio*, en effet,
n'y ayant été remplacée par rien, à la place du *libripens*,
du *familiæ emptor*, de l'*antestatus*, il fallait appeler d'autres personnes, des témoins : le § 2 y pourvoit. Mais,
dira-t-on, le testament civil ne demandait pourtant que
cinq témoins ! Sans doute, mais il offrait une garantie
plus grande que le testament nuncupatif, puisqu'outre
la *nuncupatio* il s'y rencontrait un acte écrit.

Maintenant, ne serait-ce pas une chose bien extraordinaire qu'un testament qui se maintiendrait malgré
une prohibition formelle de la loi, tout en présentant
plus d'inconvéniens que de réels avantages ? — On se
prévaut, il est vrai, de la C. 31, *De test.*, 6, 23, d'où
il résulterait que dans les campagnes l'usage du testament civil, fait en présence de cinq témoins, était très-
répandu. — Mais je crois qu'on s'est mépris sur le sens
de cette Constitution. Justinien y a certainement en vue
des coutumes locales (voy. Const., *in fine*) et se préoc-
cupe surtout de la confection matérielle du testament.
Lui qui ne veut pas porter atteinte à ces coutumes,
comme il nous l'apprend, aurait-il commencé par exiger sept témoins, s'il s'était agi réellement de l'ancien
testament civil ? Tout prouve, d'ailleurs, que ce n'était
pas le nombre des témoins présents à l'acte, mais la
subscriptio et la *superscriptio* qui avaient été modifiées
par l'*antiqua consuetudo* dont il est question [1].

[1] Cf. Marezoll, *Ueber das sogenannte* Testam. rusticorum (*Archiv
für civ. Praxis*, IX, p. 305 et suiv.).

27. Voici maintenant par quelles phases le testament me paraît avoir passé, soit en Orient, soit en Occident. — En Orient, la Novelle théodosienne ayant dispensé le testament prétorien de la *nuncupatio* et modifié la *subscriptio* dans le sens que nous avons dit, ce testament dut supplanter entièrement le testament civil. Ne présentait-il pas l'immense avantage de dérober à la connaissance des témoins les dispositions dernières du testateur? Et ses formes étaient-elles plus compliquées pour cela? Était-ce une chose bien gênante, dans une ville, d'appeler deux témoins de plus? Le testament, d'ailleurs, ne se trouvait-il pas entouré par là d'une garantie plus grande? — La *subscriptio* aussi, de même que la *superscriptio*, n'étaient-elles pas commandées déjà au testateur par son propre intérêt? — Le testament civil tomba ainsi en désuétude (c'est à cela peut-être que se réfèrent les premiers mots du § 3, Inst., *De test. ordin.:* « Cum paulatim tam *ex usu hominum,* quam ex Constitutionum emendationibus... »), et Justinien, pour l'abroger, n'eut qu'à insérer la Novelle de Théodose dans une compilation où il n'était nulle part question du testament civil, qu'à en faire la C. 21, *De test.*, 6, 23.

Les choses purent-elles se passer de même dans l'empire d'Occident? Je ne le crois pas. — La Novelle de Valentinien, en 446, parlait encore des *quinque testes;* la publication de celle de Théodose II, quoique postérieure (448), ne pouvait donc produire en Occident le même effet qu'en Orient l'insertion dans le Code de la C. 21, *De test.*, ne pouvait abolir le testament civil. Les circonstances aussi étaient différentes : on n'avait pas pu s'apercevoir encore en Occident des avantages

F.

du testament prétorien dégagé de la *nuncupatio*. Et
alors arriva le grand bouleversement de l'an 476 ; l'empire croula, les barbares s'établirent sur ses ruines.
Au milieu des troubles et des agitations continuelles de
cette époque, partout où le droit romain se maintint
on dut s'en tenir aux traditions anciennes : ce n'était
pas le moment de discuter de l'opportunité de telle ou
telle forme de testament ; d'ailleurs le testament civil
était autorisé par la Novelle de Valentinien aussi bien
que le testament prétorien par la Novelle de Théodose.
Je m'explique de la sorte pourquoi les testaments purent
être faits en présence ou de cinq ou de sept témoins,
probablement au gré du testateur, et sans que celui-ci
fût obligé d'employer des formes bien différentes dans
l'un de ces cas que dans l'autre [1].

28. Nous venons de nous occuper du testament *non
jure factum*, devenu *testament prétorien ;* quelques mots
maintenant des testaments *ruptum, injustum, irritum*.
L'héritier institué dans un testament rompu par l'agna-
tion d'un posthume mort ensuite avant le testateur
(test. *ruptum*) arrivait à la succession pourvu qu'il fît
l'*agnitio bonorum possessionis* (L. 12, pr., *De inj. rupt.*).
Au contraire, ceux institués dans un testament ou *irritum*, ou *injustum* (nous savons le sens à attribuer à ces
expressions), pouvaient bien faire l'*agnitio*, mais ils n'obtenaient l'hérédité soit par l'*interdictum quorum bono-*

---

[1] *Edictum Theodorici*, tit. 28. Papiani *responsa*, tit. 44. *Interpretatio*, ad C. 1 Th., *De testamentis*, 4, 4, ad C. 3 *eod. Lex Burgund.*, tit. 43, § 1. *Capitulaires de Charlemagne.* Baluze I, 245. —
Voy. aussi les testaments francs et lombards rapportés dans Savigny, *Geschichte des römischen Rechts im Mittelalter*, 2e éd., 1850,
II, §§ 38 et suiv., § 83.

rum, soit par l'*her. petitio possessoria*, que s'ils n'avaient en face d'eux que des personnes *non heredes*, appelées après eux à la *bonorum possessio*.

SECTION II.

SUCCESSION AB INTESTAT.

29. La *bonorum possessio ab intestat* comprenait quatre classes de successeurs : les ordres *unde liberi, unde legitimi, unde cognati, unde vir et uxor* (cf. J. III, *De her. quæ ab intest.*, 1, § 13). Les héritiers siens et les agnats avaient d'abord formé à eux seuls l'ordre *unde legitimi ;* mais d'autres personnes y furent ensuite comprises. Le sénatus-consulte Tertullien rendu soit sous Adrien, soit en 158 sous Antonin-le-Pieux, je ne veux pas me prononcer à cet égard[1], appela à l'hérédité lé-

---

[1] Les Institutes disent que ce sénatus-consulte a été rendu *Hadriani temporibus* (Inst. III, *De sen. cons. Tert.* 3, § 2); beaucoup d'auteurs n'hésitent pas en conséquence à le placer à cette époque (Heineccius, *Antiq. Rom.*, lib. III, 3, § 3. Tigerström, *Æussere Geschichte*, § 24, p. 119. Burchardi, I, § 106, p. 250 etc.). — Mais cette opinion n'est pas aussi certaine qu'elle peut le paraître. Les fastes consulaires ne mentionnent pas de consul du nom de Tertullus avant l'année 158. D'un autre côté, on peut citer d'assez nombreux textes où Antonin-le-Pieux est désigné par le nom de son père adoptif Adrien (voy. L. 37, *De jud.*, 5, 1 ; cbn. L. 5, § 1, *Ad leg. Jul. de vi publica*, 48, 6. — L. 91, *Ad leg. Falcid.*, 35, 2 ; cf. L. 93, *eod. L.* 58, § 3, *Ad sen. cons. Trebell.*, 36, 1 ; (cf. Cujas, *Notæ in Institut. ad hunc tit.*, vol I, éd. Fabrot). — L'argument tiré des *fastes* me convaincrait donc s'il n'était connu que depuis Auguste il y eut à Rome un grand nombre de consuls *subrogés* (*suffecti*), substitués aux *ordinarii* pour un, deux, trois mois, et que ceux nommés les premiers donnaient seuls leur nom à l'année (cf. Dion Cassius, XLIII, 46 ; XLVIII, 35). — J'ajouterai enfin que ce qui paraît décisif à Burchardi, la circonstance que Salvius Julianus a écrit sur ce sénatus-consulte (cf L. 1, § 11. L. 2, § 9, *Ad sen. cons. Tert.*), est loin d'être une preuve, car ce jurisconsulte vivait sous Adrien, Antonin-le-Pieux et Marc-Aurèle.

gitime la mère qui jusqu'alors ne succédait qu'*unde
cognati*. En 178, sous Marc-Aurèle, le sénatus-consulte
Orphitien déféra réciproquement aux descendants la
succession de leur mère. Enfin, la Constitution de Valentinien et Théodose de l'an 389 et des Constitutions
postérieures accordèrent aux descendants de filles, et
aux frères et sœurs émancipés des droits successifs qu'on
leur avait refusés jusqu'à ce jour. Toutes ces personnes
peuvent, si elles y ont intérêt, faire l'*agnitio bonorum possessionis;* et ce sera toujours une *bonorum possessio unde
legitimi*, et non point *quibus ex legibus* que la leur.
Quoique ces deux espèces de *bonorum possessiones* aient
été souvent confondues, elles n'en sont pas moins bien
distinctes. La *bonorum possessio quibus ex legibus* se
rencontre quand une loi ou un sénatus-consulte, au
lieu de conférer à une personne le titre d'héritier, ne
lui donne que celui de *bonorum possessor*, et subor-
donne ainsi son droit à la délation de la *bonorum possessio*. On comprend qu'en pareil cas il fût besoin d'une
disposition expresse de la loi pour obliger le préteur
à déférer la *bonorum possessio*, puisque le nouvel appelé
n'était, à vrai dire, ni héritier civil, ni successeur prétorien, s'il ne pouvait tirer sa vocation de l'Édit (cf. L. 3,
Unde legitimi, 38, 7 ; L. un. pr. *Ut ex legibus senat. ve
cons.*, 38, 14). Au contraire, le droit à la *bonorum possessio unde legitimi* était acquis *de plano* à tous ceux
qui succédaient *ex jure civili*, aux héritiers légitimes
en un mot. Qu'ils fissent ou non l'*agnitio* de la *bonorum
possessio*, ils n'en arrivaient pas moins à l'hérédité ;
mais aussi le préteur ne pouvait pas leur refuser les
avantages résultant de la *bonorum possessio* quand ils
voulaient s'en prévaloir. On voit, d'après ce qui vient

d'être dit, que la *bonorum possessio quibus ex legibus* ne devait être que d'un usage très-restreint, et ne guère se rencontrer que dans des hypothèses où l'on ne voulait pas porter le trouble dans le système successoral précédemment établi[1].

Ce qui le prouve encore, sans parler de la rareté des textes qui ont trait à cette *bonorum possessio*, c'est qu'on la soustrayait à l'application de la règle : «Bonorum possessio semel delata amplius deferri non potest» (L. un., § 1, *Ut ex legibus*, 38, 14). Si elle avait pris place dans le *successorium edictum*, si elle avait eu pour but de le compléter, aurait-elle pu être gouvernéé par d'autres principes que la *bonorum possessio* ordinaire ? Mais on doit voir maintenant aussi que les divers successeurs appelés, soit en vertu des sénatus-consultes Tertullien et Orphitien, soit par les Constitutions impériales dont nous avons fait mention, ne pouvaient jamais être que des *bonorum possessores unde legitimi* (cf. la Loi 2, § 4, *Unde legitimi*, 38, 7).

Il me semble néanmoins que le rescrit d'Antonin-le-Pieux relaté par Ulpien (L. 2, § 9, *Ad sen. cons. Tertull.*, 38, 17) a créé une véritable *bonorum possessio quibus ex legibus*. D'après ce rescrit, quand un homme meurt, laissant sa mère et des descendants au premier degré qui n'auraient pu venir qu'*unde cognati*, au cas où la mère aurait renoncé, celle-ci ne doit pas pouvoir invoquer le sénatus-consulte Tertullien ; elle et les descendants doivent obtenir concurremment la *bonorum*

---

[1] La *lex Julia et Papia Poppæa* en offre un exemple : le patron ne pouvait faire valoir les droits successifs qu'il tenait de cette loi qu'au moyen de la *bonorum possessio quibus ex legibus* (cf. Ulpien, *Lib. reg.*, XXIX, §§ 5-7).

possessio unde cognati. Eh bien! cette *bonorum possessio* n'est-elle pas *quibus ex legibus* pour les descendants? Pourraient-ils concourir avec la mère autrement que comme *bonorum possessores?* Et la délation
aurait-elle eu lieu à leur profit, en dehors du cas de renonciation de la mère, si le rescrit n'avait enjoint de
leur accorder d'une façon définitive la *bonorum possessio,* malgré la présence d'une personne qui était placée
par l'édit dans un ordre préférable, l'ordre *unde legitimi?*

30. Nous allons montrer rapidement comment le
successorium edictum du préteur fut modifié par le sénatus-consulte Tertullien et les lois postérieures. Nous
nous placerons successivement avant et après la Constitution de Valentinien et Théodose de l'an 389.

31. *Avant 389.* — 1° *Succession d'un homme.* En
première ligne sont appelés *unde liberi* tous les descendants siens ou sortis de puissance soit par une
émancipation, soit par une adoption, à condition dans
ce dernier cas que l'adopté ne se trouvait plus dans la
famille de l'adoptant au décès du D. C. (J. III, *De her.
quæ ab intest.,* 1, § 10 et suiv.; L. 2, § 6, *Ad sen. cons.
Tertull.,* 38, 17 etc.). Si les *liberi* ne font pas l'*agnitio
bonorum possessionis* ou s'abstiennent (L. 2, §§ 8, 10,
14, *Ad sen. cons. Tertull.*), la mère qui précédemment
n'avait de droit que dans la classe des cognats, prend
rang dans l'ordre *unde legitimi.* Mais elle est obligée
parfois de céder le pas à d'autres héritiers légitimes, et
parfois aussi, chose remarquable! de simples *bonorum
possessores* lui ferment l'accès de l'ordre *unde legitimi* et la retiennent avec eux dans l'ordre *unde cognati.* Il faut rechercher à cet égard si le défunt a ou

non laissé des agnats. Dans la première hypothèse, la mère ne pourra être exclue que par les frères consanguins, elle concourra avec les autres agnats ou même les primera, pourvu seulement qu'elle ait le *jus liberorum* quand elle se trouve en présence de sœurs consanguines (J. III, *De sen. cons. Tertull.*, 3, §§ 3, 5; C. 1, Th., *De leg. hered.*, 5, 1; Constantin 321 [1]. C. 2, *eod.*, Valens, 369). Loin d'être pour elle une source de préjudice, l'adition de la succession par les agnats peut être d'un grand intérêt pour la mère. En effet, s'il n'y a pas d'agnats ou que les agnats existants renoncent, la mère peut se trouver entièrement écartée de la succession, ou en perdre une portion notable. Le sénatusconsulte Tertullien ne l'avait élevée au rang d'héritière que si le père du D. C. ne pouvait pas venir à l'hérédité ; au cas contraire, elle ne devait succéder que dans l'ordre *unde cognati* et être primée par suite par le père du défunt (L. 10, *De suis et legit.*, 38, 16 ; L. 2, §§ 15, 16, *Ad sen. cons. Tert.*, 38, 17. C. 2 *cod. tit.*, 6, 56). D'un autre côté, nous avons vu qu'un rescrit d'Antonin-le-Pieux avait décidé que les descendants du défunt qui ne pouvaient succéder que comme cognats devaient concourir avec la mère venant en vertu du sénatusconsulte Tertullien (L. 2, § 9, *Ad sen. cons. Tert.*, 38, 17). Dans ces deux cas donc la mère ne succédait que dans l'ordre *unde cognati*, si le père ou les descendants dont il vient d'être question n'étaient exclus par des agnats (L. 2, §§ 17, 18, 19, *eod. tit.*). — Après ces explications nous n'avons plus rien de spécial à dire sur

---

[1] Les règles établies par cette Constitution furent modifiées en partie par Théodose II et Valentinien III (C. 7, Th., *De leg. her.*, 5, 1, 426).

les ordres *unde cognati* et *unde vir et uxor* qui étaient appelés après la classe *unde legitimi.*

2° *Succession d'une femme.* Une femme ne pouvant avoir d'héritiers siens, l'ordre *unde liberi* ne se rencontrait jamais dans sa succession. Ses descendants admis par le sénatus-consulte Orphitien à lui succéder (L. 1, § 5, *Ad sen. cons. Tert. et Orph.*, 38, 17 ; L. 1, § 9, cf. § 8, *Unde cognati*, 38, 8. C. 3, *Ad sen. cons. Orph.*, 6, 57) étaient rangés dans l'*ordo unde legitimi* (L. 2, § 4, *Unde legitimi*, 38, 7). S'il n'y avait pas de descendants, c'étaient la mère et les diverses personnes dont nous avons parlé plus haut qui étaient appelées d'après les distinctions qui ont été indiquées. Mais si les descendants de la défunte, après lui avoir survécu, mouraient sans avoir fait adition, la *bonorum possessio unde legitimi* pouvait-elle être déférée à la mère et aux agnats? La question est importante : dans l'ordre *unde cognati*, la mère aurait primé les agnats dont elle était obligée de souffrir la préséance ou le concours dans la classe des *legitimi*. Dans le silence des textes, il est peut-être difficile de donner une réponse certaine. Sans doute ni le droit civil, ni le droit prétorien n'avaient admis en principe la *successio graduum* pour les *legitimi* (J. III, *De legit. agn. succ.*, 2, § 7), mais cela s'expliquait surtout par la rigueur extrême de la loi des XII Tables. Du temps de Gaius déjà, on était porté à introduire cette *successio*, et cette tendance, dans notre espèce, devait être d'autant plus forte que nous voyons les Constitutions impériales favoriser sans cesse le concours de la mère et des agnats. Il ne faut pas oublier non plus que le sénatus-consulte Orphitien n'est venu qu'après le sénatus-consulte Tertullien : n'est-il pas naturel dès lors d'admettre que l'on n'a voulu modifier l'état des choses établi par ce dernier sénatus-consulte que pour le cas où les descendants viendraient effectivement à la succession ? Il n'y a même pas de doute à cet égard dans l'hypothèse d'une renonciation (L. 1, § 9; L. 2, § 14, *Ad sen. cons. Tert.*, 38, 17; L. 6, § 1, *eod*). Et cette circonstance peut fournir un argument puissant, puisqu'en général ni la renonciation, ni le décès intervenu avant l'adition ne donnaient lieu à une *successio graduum* (cf. *not.*, J. III, *De leg. agn. succ.*, 2, § 7). J'incline donc fortement à croire que si les descendants appelés en vertu du sénatus-consulte Orphitien ne pouvaient pour un motif quelconque ou ne voulaient recueillir la succession ouverte à leur profit, celle-ci devait revenir à la mère et aux agnats succédant *unde legitimi*, d'après des règles qu'il est inutile de rappeler.

32. *Après 389.* — La Constitution de Valentinien, Théodose et Arcadius de l'an 389 (C. 4, Th. *De leg. her.*, 5, 1; cf. C. 9, *De suis et leg.*, 6, 55. J. III, *De her. quæ ab intest.*, 1, § 15. J. III, *De sen. cons. Orphit.*, 4, § 1) donna des droits héréditaires aux petits-fils issus de filles, qui précédemment ne pouvaient jamais succéder que comme *cognats*, en vertu de l'Édit. Cette innovation présente quelque intérêt pour nous dans la successsion d'un homme. Les descendants de filles, en effet, n'auront de droits que dans l'ordre *unde legitimi*, ils ne sont pas héritiers siens, ils ne l'ont jamais été, et pourtant ils doivent concourir avec les *liberi* appelés avant eux, pouvant obtenir la *bonorum possessio* avant qu'ils puissent, eux, la demander! N'est-ce pas là une chose extraordinaire, bizarre? Ne faisait-on pas une position trop inégale aux divers descendants? On

pourrait le croire, si l'on n'avait présente à l'esprit la transformation qui s'était opérée dans la nature de la *bonorum possessio* du temps de Dioclétien. Ah! si les *liberi* avaient pu demander et obtenir la possession de l'hérédité sans que les descendants de filles eussent pu s'y opposer, ils auraient eu sur ces derniers un grand avantage. Sans doute, poursuivis par l'*hereditatis petitio*, ils se seraient vus contraints de restituer une partie de la succession, mais jusque-là ils étaient en possession, et pendant le litige ils avaient le rôle de défendeurs. Je ne parle pas même de l'utilité que l'*agnitio* de la *bonorum possessio* donne à l'héritier dans ses rapports avec les tiers. — Mais la Constitution de Valentinien et de Théodose est postérieure aux changements survenus dans le système prétorien. En conséquence, les *liberi* purent bien faire l'*agnitio*, mais s'ils avaient voulu, soit par l'*Interdit Quorum bonorum*, soit par l'*hereditatis petitio possessoria*, revendiquer au delà de leur part héréditaire, ils auraient été repoussés. — Pourtant, n'y avait-il pas désavantage pour les descendants de filles en ce que, pendant un certain temps au moins, ils ne pouvaient jouir du bénéfice de l'interdit? — Cela aurait été vrai avant Constance, cela ne l'était plus depuis que la C. 9, *Qui admitti ad bonorum possession.*, 6, 9, avait permis de faire l'*agnitio* dès avant l'expiration des délais pendant lesquels l'ordre précédent pouvait la faire.

SECTION III.

HÉRITIERS SIENS ET NÉCESSAIRES. — ÉMANCIPÉS.

33. La *bonorum possessio contra tabulas* existe toujours, donnée aux mêmes personnes et en général pro-

duisant les mêmes effets qu'à l'époque classique [1]. Les
institutions accessoires qui y étaient attachées, *bonorum possessio commisso per alium edicto*, *edictum de
legatis præstandis* [2], *collatio* [3], n'ont pas subi non plus
de transformations bien notables. Mais la fusion du
droit civil et du droit prétorien ne s'en fait pas moins
sentir. Précédemment, la *bonorum possessio contra tabulas* était un bénéfice qui devait être octroyé par le
préteur; depuis Dioclétien, c'est de plein droit qu'on
devient *bonorum possessor* par le seul fait d'une manifestation solennelle de volonté, d'une *agnitio bonorum
possessionis*, sauf à faire triompher ensuite ses prétentions à l'aide d'une *action*. Cette action, qui naît de la
bonorum possessio contra tabulas, immédiatement, par
la simple *agnitio*, n'est-ce pas là du droit civil? — Voici
d'ailleurs un texte qui fournit la preuve de ce qui vient
d'être dit; il mentionne, sous le nom d'*actio præteriti*,
l'action donnée au *bonorum possessor contra tabulas*
et la met sur la même ligne que la *querela inofficiosi
testamenti...* «Si quis sibi vel inofficiosi querelam
«vel præteriti competere duxerit actionem, hanc
«utramque secundum juris et legum statuta serva-
«mus» (Nov. Valentinien III, C. 1, §6, *De testamentis*,
XX; Nov. Theod. et post. Theod.)

---

[1] Un rescrit de Marc-Aurèle avait cependant restreint les droits
des *femmes* demandant la *bonorum possessio contra tabulas*. Voy.
not. C. 4, *De liber. præt.*, 6, 28. Cf. Ilingst., *Commentatio de bonorum possessione*, p. 163 et suiv.

[2] Antonin-le-Pieux a toutefois réglementé en partie cette matière.
Cf. L. 5, §§ 6, 7. L. 7, L. 8, pr. L. 23, *De legatis præstandis*, 37, 5.
L. 3. L. 7, *De conjungendis cum emanc.*, 37, 8.

[3] Voy. surtout Vangerow, *Lehrbuch der Pandekten*, II, § 515, p.
316 et suiv., 1867.

CHAPITRE III.

De l'agnitio bonorum possessionis dans ses rapports avec l'adition d'hérédité.

34. Aussi longtemps que la transformation que nous avons placée à l'époque de Dioclétien ne se fut pas opérée, que la *bonorum possessio* n'eut pas dépouillé son caractère primitif de bénéfice prétorien, pour devenir droit successoral, l'*agnitio* supposa toujours une intervention active du magistrat. C'était de son *imperium* que le *bonorum possessor* tenait ses droits; une *delatio* était indispensable. On ne pouvait donc regarder l'*agnitio* comme une adition d'hérédité; la nature même de la *bonorum possessio* y faisait obstacle. Mais autrement en fut-il une fois que le successeur prétorien puisa une véritable vocation héréditaire dans l'Édit. Alors, comme nous l'avons montré plus haut (n° 16), on reconnut trois modes d'acquisition de la succession : l'*agnitio* pour la succession *ex jure prætorio*, la *cretio* et la *gestio pro herede* pour la succession *jure civili*. La différence fut très-marquée d'abord entre les formes civiles et la forme prétorienne; mais elle alla en s'affaiblissant de jour en jour, et la fusion de l'*hereditas* et de la *bonorum possessio*, si complète déjà quant aux effets, s'étendit peu à peu aux conditions de formes auxquelles leur acquisition était soumise. C'est à cette lente combinaison que nous allons assister.

DES FORMES D'ADITION DU DROIT CIVIL ET DU DROIT PRÉTORIEN
AU TEMPS DE DIOCLÉTIEN.

§ 1. *Agnitio bonorum possessionis.*

35. Trois conditions surtout étaient exigées pour l'acquisition de la *bonorum possessio :* l'*agnitio* devait être
solennelle, avoir lieu devant le *competens judex*, être
faite dans certains délais.

1° L'*agnitio* devait être solennelle. — En quoi consistait cette solennité? Nous sommes condamnés très-
probablement à ne jamais le savoir; les sources nous
font entièrement défaut. On peut présumer que le *bonorum possessor* faisait sa déclaration en des termes
sacramentels, après quoi le préteur lui délivrait un
écrit où il était fait mention de l'accomplissement de
cette formalité et du jour où il avait eu lieu; on y indi-
quait sans doute aussi l'époque de l'ouverture de la succession. Mais ce ne sont là que des conjectures, hasar-
dées peut-être; une seule chose est certaine, la nécessité
d'une *agnitio* solennelle. On peut voir: C. 1, 2, *Communia de succes.*, 6, 59. — C. 2, *Quorum bonorum*, 8,
2. — *Consultatio veteris jurisconsulti*, § 6, éd. Pugge,
Corpus juris antej., I, p. 402. — C. 9, *Qui admitti
ad bonorum poss.*, 6, 9. — C. 7, § 3, *De curatore furiosi*,
5, 70.

2° L'*agnitio* devait être faite devant le *judex competens*. — Avant Dioclétien, la *bonorum possessio* ne pouvait être déférée que par le préteur à Rome, par le
præses dans les provinces, eux seuls étant revêtus de

l'*imperium mixtum* (cf. L. 3, 4, *De jurisd.*, 2, 1.
L. 2, §§ 1 et suiv., *Quis ordo in possession.*, 38, 15. —
L. 26, pr., *Ad municipalem*, 50, 1). Après la suppression de l'*ordo judiciorum*, l'*agnitio* continua à être
faite devant les mêmes magistrats; mais il se pré-
senta alors une anomalie assez singulière. A Rome,
on faisait l'*agnitio* devant un magistrat qui n'avait plus
l'*imperium*, le préteur : et peut-être même ne pouvait-
on pas la faire devant le préfet de la ville, qui avait,
lui, cet *imperium* que le préteur avait perdu [1]. Dans les
provinces, au contraire, le *præses* ayant conservé son
imperium et ses anciennes attributions, avait conservé
aussi sa compétence exclusive en matière de *bonorum
possessio;* les magistrats inférieurs ne pouvaient recevoir la déclaration du *bonorum possessor*, qu'il voulait
se porter héritier. Il en fut ainsi jusqu'à la promulgation de la C. 9, *Qui admitti*, 6, 9. (Voy. encore C. 7,
eod. tit., 306.)

3° L'*agnitio* devait se produire dans des *délais* dé-
terminés. — Les *parentes et liberi* étaient tenus de la
faire dans l'année *utile* qui suivait la délation faite à
leur profit, les autres *bonorum possessores* dans un
délai (utile également) de *cent jours* [2]. Avant l'expiration des délais accordés à l'ordre précédent, un ordre
suivant ne pouvait faire l'*agnitio*, à moins de prouver
qu'il n'y avait avant lui aucun successeur préférable
qui pût et voulût venir à l'hérédité.

---

[1] Si l'*agnitio* avait pu être faite devant des magistrats différents,
la nécessité d'observer certains délais aurait-elle pu se maintenir?

[2] Voy Inst., *De bonorum possessione*, 3, 9, §§ 8, 9. — Ulp., *Lib.
reg.*, XXVIII, § 10. L. 1, §§ 8 et suiv. *De succ. edicto*, 38, 9. —
L. 10, *De bonorum possessione*, 37, 1.

§ 2. *Cretio*.

36. La *cretio*, forme solennelle d'adition de l'hérédité civile, consistait dans une déclaration de volonté faite en termes sacramentels, devant témoins, souvent dans un délai déterminé[1]. On a l'habitude de la présenter comme un mode d'acquisition spécial à la succession testamentaire: c'est une erreur; la *cretio* se rencontrait également dans la succession *ab intestat* (Gaius, II, § 167; III, § 62). Toutefois Leist me semble aller bien loin en soutenant que c'est dans cette succession qu'elle fut employée tout d'abord, que de là elle fut transplantée par l'usage dans l'hérédité testamentaire[2]. — La *cretio* aurait été la forme d'adition la plus ancienne. — Ah! sans doute j'accorde volontiers que ce serait un contre-sens historique de prétendre qu'à l'origine déjà la succession pouvait être acquise *nuda voluntate :* il faudrait ne pas connaître le caractère si essentiellement formaliste de la législation de Rome naissante! Aussi ai-je montré plus haut que la *nuda voluntas* ne s'introduisit qu'assez tard. Mais y a-t-il un mode plus naturel de se porter héritier que de faire un acte d'immixtion? Et le formalisme ici n'était-il pas satisfait? N'était-ce pas aussi la seule adition qui pût se concilier avec l'*usucapio pro herede?* Aurait-on pu devenir héritier par une possession d'un an si une déclaration de volonté avait été en tous cas nécessaire? — Je crois donc que la *gestio pro herede* était la forme

[1] Gaius, II, §§ 164 et suiv. Ulpien, *Lib. reg.*, XXII, §§ 25-34. — Cf. Cicero, *ad Atticum*, XI, 2, 12. — Varro, *De lingua latina*, VI, 81 ; VII, 97-98. Cicero, *ad Atticum*, XIII, 46.

[2] Leist, *Die bonorum possessio*, II, 2e part., p. 120 et suiv.

d'adition la plus ordinaire, quand l'usage de la *cretio*
prit naissance dans l'hérédité testamentaire ; je ne voudrais pas prétendre pourtant qu'elle fût la seule ; une
acceptation solennelle était peut-être permise, sans qu'il
y eût de règles bien certaines à cet égard. — Mais, dit
Leist, si la *gestio pro herede* existait déjà, pourquoi le
testateur, quand il voulait que l'adition fût faite dans
un certain délai, ne permettait-il pas de la faire dans
cette forme ? Pourquoi créer un mode nouveau ? Est-
il seulement possible qu'un pareil mode se soit introduit par l'usage? Et s'il en est ainsi, comment expliquer
que le testateur fût devenu ensuite l'esclave de cet usage,
qu'il fût obligé, chaque fois qu'il voulait fixer un délai,
d'imposer à l'héritier la nécessité de faire la *cretio ?* —
A tout cela il y a réponse. — La *gestio pro herede*
était ici tout à fait insuffisante, et pouvait donner lieu
à des complications sans nombre. Un délai est déterminé
par le testateur ; si l'héritier le laisse écouler sans faire
adition, il est déchu : d'autres sont appelés. Mais comment saura-t-on si cette déchéance a été encourue, si
cette vocation nouvelle a eu lieu? L'héritier ne pourra-
t-il pas toujours prétendre qu'il a fait acte d'héritier
dans le délai voulu, et ne sera-t-il pas bien difficile de
contrôler la sincérité de ses assertions? — Il importait
de couper court à toutes ces incertitudes, et il n'y avait
pour le testateur qu'un moyen pour cela : c'était d'exiger
que l'institué fît une déclaration solennelle, soit devant
des témoins, soit devant le magistrat. L'usage pré-
valut de la faire devant des témoins. La *cretio* était
née. — On le voit, rien de plus simple que cette origine ; la nécessité même y donna lieu. L'intérêt du
testateur à exiger cette forme d'adition était d'ailleurs

tellement évident qu'elle dut s'attacher d'une façon indissoluble à la fixation d'un délai, et être bientôt une condition de sa validité ; à quoi l'intervention du préteur contribua peut-être.

37. Une fois qu'elle eut poussé des racines si profondes dans la succession testamentaire, la *cretio* ne dut pas tarder à détrôner dans l'hérédité *ab intestat* toute autre adition solennelle qui pouvait y être en usage. Il ne resta plus à côté d'elle que la *gestio pro herede*[1], et encore celle-ci en certaines hypothèses lui céda le pas. — Quand une succession était déférée à un esclave, le maître devait donner l'ordre de faire l'adition; mais l'esclave pouvait-il alors indifféremment ou faire la *cretio*, ou faire la *gestio pro herede?* Certainement non; la *gestio pro herede* suppose un certain pouvoir de gérer, d'administrer, de s'immiscer dans les biens héréditaires (je me place toujours encore à l'époque où la *gestio pro herede* ne comprenait pas l'adition *nuda voluntate*); or ce pouvoir, le maître ne l'avait pas conféré à l'esclave par cela qu'il lui avait ordonné d'accepter l'hérédité. Chaque fois donc qu'un ordre pur et simple était donné à l'esclave, il ne pouvait employer que la *cretio;* et l'on en arriva ainsi insensiblement à admettre que la succession déférée à un esclave devait toujours être acceptée dans la forme de la *cretio*[2]. — Ces mêmes principes furent étendus en-

[1] Cf. Gaius, II, §§ 166, 176-178; III, §§ 85, 87. Ulpien XXII, §§ 25, 34.

[2] Gaius II, §§ 189-190; III, § 212. — Cf. L. 25, § 7, *De acq. vel omitt. her.*, 29, 2. C. 7, *De jure deliber.*, 6, 30. Cbn. *Consultatio veteris jurisconsulti*, éd. Pugge, *Corp. juris antej.*, p. 402. — Voy. Huschke, *Studien*, p. 255-256. — Löhr, *Magazin*, III, p. 141. — Leist, *Die bonorum possessio*, II, 2e part., p. 123 et suiv. — Schilling, *Bemerkungen über röm. Rechtsg.*, p. 200.

F.   5

suite au cas où c'était un fils de famille qui se trouvait appelé à une hérédité : dans cette hypothèse encore, le fils, n'étant que l'agent du père, n'avait pas en principe le droit de faire acte d'héritier, mais seulement de déclarer son intention d'accepter; on partit de là pour exiger rigoureusement la *cretio* toutes les fois qu'une succession était dévolue à un fils de famille[1]. — Tout me porte à croire néanmoins que dans ces divers cas l'*agnitio* de la *bonorum possessio* pouvait tenir lieu de la *cretio;* elle ne donnait pas prise aux mêmes objections que la *gestio pro herede* (cf. C. un., *De cretione vel bonorum possessione*, Th., 4, 1.)

38. D'après ce qui précède, on a pu voir l'importance très-grande qu'avait la *cretio*, soit dans la succession testamentaire, soit dans la succession *ab intestat*. Au temps de Dioclétien pourtant, elle était devenue déjà d'un usage beaucoup moins fréquent. La création du *jus deliberandi* lui avait fait perdre une grande partie de son utilité dans la succession testamentaire, et dans la succession *ab intestat* elle avait été supplantée par l'adition *nuda voluntate*. Restaient toutefois les cas où une hérédité était déférée à un esclave ou à un fils de famille ; mais nous verrons bientôt que Constantin et ses successeurs, en permettant au fils de recueillir la succession pour son compte, rendirent tout à fait sans motif la nécessité d'employer la *cretio* qui lui incombait précédemment.

---

[1] C. 1, 2, 4, 5, 8. Th., *De maternis bonis*, 8, 18. Le père seul pouvait faire la *gestio pro herede* avec le consentement de son fils. C. 4, *De jure deliber.*, 6, 30.

§ 3. *Gestio pro herede.*

39. Nous avons eu plusieurs fois déjà occasion de parler de cette forme d'adition, et ce que nous en avons dit nous permet d'être bref maintenant. — La *gestio pro herede* était certainement la forme la plus usitée dans la succession *ab intestat*, et, comme nous le montrerons, elle absorba complétement la *cretio*. A l'origine, elle supposait un acte ou une série d'actes qui fissent voir clairement l'intention de se gérer comme héritier : c'était donc une acceptation tacite[1]. Plus tard, au temps de Gaius déjà, elle put consister en une déclaration de volonté libre de toute condition de forme, *nuda voluntas* (Gaius, II, § 167. J. II, *De hered. qual. et differ.*, 19, § 7. C. 1, Th. *De legit. hered.*, 5, 1).

SECTION II.

DES FORMES D'ADITION DU DROIT CIVIL ET DU DROIT PRÉTORIEN D'APRÈS LES CONSTITUTIONS DE CONSTANTIN ET DE SES SUCCESSEURS.

40. Dans la période de deux cents ans qui sépare Constantin de Justinien, un grand pas fut fait vers la fusion du droit civil et du droit prétorien. Jusque-là le mode d'acquérir la succession prétorienne avait été essentiellement distinct des formes d'adition du droit civil : la distance fut comblée, en grande partie au moins, par les constitutions de Constantin et des empereurs qui le suivirent. La manière dont ce progrès se réalisa est fort

---

[1] Ulpien, XXII, § 26. Paul, *Sent. recept.*, IV, § 25. — L. 20 pr., *De acq. her.*, 29, 2. — Cf. L. 24, § 1. L. 88, *eod.* — C. 2, *De jure deliber.*, 6, 30.

simple : l'*agnitio bonorum possessionis* fut assimilée de
plus en plus à la *gestio pro herede*, et la *cretio* disparut. Ce sont là deux points qui méritent toute notre attention.

I. L'AGNITIO *se rapproche de la* GESTIO PRO HEREDE.

41. Les règles de l'*agnitio bonorum possessionis*
furent profondément modifiées par une Constitution
que l'on peut, avec beaucoup de vraisemblance, attribuer à Constance[1], en lui assignant la date de février
339 (cf. C. 15, *De testamentis*, 6, 23; C. 21, *De legatis*, 6, 37), — la C. 9, *Qui admitti ad bonorum poss.*,
6, 9. La réforme porta sur ces trois points :

1° La *solennité* de l'*agnitio* fut déclarée inutile; en
d'autres termes, la déclaration de volonté du *bonorum
possessor* ne devait plus rien avoir de sacramentel.
« *Qualiscumque testatio* amplectendæ hereditatis osten-
« datur. »

2° L'*agnitio* put être faite devant un juge quelconque, même devant un magistrat municipal; la nécessité
du *competens judex* fut supprimée.

3° L'*agnitio* fut permise *intra alienam vicem* : c'est-
à-dire que pour la faire on n'avait plus besoin d'attendre l'expiration des délais accordés à l'ordre précédent. Quand un *bonorum possessor* faisait ainsi l'*agnitio*
avant le temps, il est évident que ceux qui étaient placés avant lui dans l'*edictum successorium* ne pouvaient
être déchus de leurs droits, empêchés de faire eux
aussi l'*agnitio bonorum possessionis;* et alors il s'enga-
geait un litige entre ces divers prétendants; c'était au
juge à décider lequel d'entre eux était le véritable *bono-*

---

[1] *Non obstat*, C. 7, § 3. *De curat. fur.*, 5, 70.

rum possessor. Cette situation qui résulte de *l'agnitio
inter alienam vicem* serait tout à fait inexplicable si
l'on n'admettait avec nous que la *bonorum possessio*, à
cette époque, avait le même caractère que l'hérédité;
l'agnitio bonorum possessionis, que *l'aditio hereditatis*.
Supposez que la nature de la *bonorum possessio* fût restée ce qu'elle avait été à l'époque classique, la règle
« Delata semel bonorum possessio amplius deferri ne-
quit » n'aurait-elle pas subsisté aussi? Et comment
alors l'innovation de Constance eût-elle été possible?

42. Après cette Constitution 9 *Qui admitti,* que nous
venons d'analyser, deux différences séparaient seules
encore *l'agnitio* de la *gestio pro herede.* En premier
lieu, *l'agnitio* devait se produire dans un délai déterminé, soit de *100 jours,* soit d'*un an,* à compter, je
crois, de l'ouverture de la succession, et non plus de
l'expiration du temps pendant lequel l'ordre précédent
était appelé. Que disait en effet Ulpien? « Bonorum
possessio datur parentibus et liberis intra annum *ex quo
petere potuerunt,* ceteris intra centum dies » (Ulpien,
Lib. reg., XXVIII, § 10). Or *l'agnitio,* depuis la C. 9,
Qui admitti, ne pouvait-elle pas être faite dès l'instant
de l'ouverture de la succession? — La *gestio pro herede,*
au contraire, n'était soumise par la loi à aucune condition de temps: — D'un autre côté, et c'est là la seconde différence, au lieu que la *gestio pro herede* pouvait consister dans une manifestation tacite de volonté,
une déclaration expresse faite devant le juge était indispensable pour que *l'agnitio* fût valable. — Mais ces
derniers vestiges d'une distinction maintenant sans
objet entre les formes du droit civil et celles du droit
prétorien durent s'effacer bien vite.

43. Pourquoi aurait-on imposé à un *bonorum possessor* la nécessité absolue de faire l'*agnitio* dans les cent jours ou dans l'année de l'ouverture de la succession? Ceux qui étaient appelés après lui n'avaient-ils pas le droit de se porter héritiers dans les mêmes délais? Bien plus, ne pouvaient-ils pas, après l'expiration du *spatium deliberandi* (qui était précisément de cent jours ou d'un an), faire déclarer renonçants tous ceux qui auraient négligé l'*agnitio*? Les intérêts des créanciers étaient également sauvegardés : le *jus deliberandi* leur donnait la faculté de regarder comme acceptant l'héritier ou le *bonorum possessor* le plus proche qui n'aurait pas renoncé en temps utile. Pourquoi donc, je le répète, faire encourir une déchéance de plein droit au *bonorum possessor* qui laissait écouler les délais? Les dangers auxquels il s'exposait en agissant ainsi n'étaient-ils pas un gage suffisant qu'il ne mettrait pas de lenteur à manifester sa volonté? De toute façon, d'ailleurs, les intéressés ne risquaient rien : il n'avaient qu'à agir s'ils le jugeaient convenable. Aussi voyez la Constitution 8, *Qui admitti*, 6, 9, postérieure sans doute à la C. 9 *eod.!* Elle permet dans tous les cas de relever le *bonorum possessor* de la déchéance qui résultait pour lui de l'expiration des délais : c'était supprimer cette déchéance, et à bon droit, comme nous l'avons montré. Tout me porte du reste à croire que Constance n'a fait ici encore que consacrer une pratique depuis longtemps établie, et qui avait dû seulement s'affirmer davantage à la suite de la C. 9, *Qui admitti*. Les termes mêmes dans lesquels la C. 8 *eod.* est conçue suggèrent cette pensée. — L'*agnitio* pouvait donc être faite aussi longtemps que les cohéritiers ou les créanciers de la suc-

cession n'avaient pas dirigé de poursuites contre le *bo-*
norum possessor[1], mais celui-ci devait bien rarement la
différer au delà du délai de cent jours ou d'un an qu'on
lui laissait pour délibérer. Or c'était là identiquement
la situation de l'héritier qui voulait faire la *gestio pro*
herede. Il n'était pas obligé de se prononcer dans un
délai déterminé; seulement, s'il attendait que le *spatium*
deliberandi fût écoulé, il avait à redouter que ses cohéritiers le fissent déclarer renonçant. — L'*agnitio* et
la *gestio pro herede* se trouvaient ainsi complétement
sur la même ligne; elles étaient permises au successeur jusqu'à ce que des poursuites fussent dirigées
contre lui; mais en pratique elles devaient avoir lieu
l'une et l'autre au moins dans un délai d'un an. C'est
effectivement ce que nous apprend la C. 8, Th., *De ma-*
ternis donis, 8, 18 :.... « Filius edicti beneficium implo-
ret, vel de successione suscipienda suam exponat voluntatem, dum tamen *intra annum* ad impetrandam
bonorum possessionem *præscriptum*[2] uterque de possessione amplectenda suum prodat arbitrium[3]. »

---

[1] Nous verrons seulement plus tard (*infra*, n° 96) que le *bonorum*
possessor avait intérêt a se renfermer dans les délais du *Successo-*
rium edictum, puisque c'était là une condition d'exercice de l'Interdit *Quorum bonorum*.

[2] Cette expression qui semble contredire ce que nous avons avancé
s'explique très-bien : la déchéance que devait encourir le *bonorum*
possessor s'il laissait écouler les délais n'avait jamais été supprimée
formellement : elle subsistait en principe, quoique ses effets fussent
entièrement paralysés par la C. 8, *Qui admitti*, 6, 9. — Peut-être
même Arcadius et Honorius n'ont-ils en vue que le *jus deliberandi*.
auquel ils se réfèrent manifestement quand ils exigent que l'adition
soit faite dans l'année.

[3] Une nouvelle preuve à l'appui de ce qui est dit au texte se tire de
l'état du droit sous Justinien (cf. *infra*, n° 96, note).

44. Mais restait pourtant la deuxième différence dont
il a été parlé plus haut. Celle-ci encore ne dura pas. A un
autre propos déjà nous avons eu l'occasion de dire que
la *gestio pro herede*, qui consiste en des actes d'immixtion ou même dans la *nuda voluntas*, peut donner lieu
à des contestations nombreuses quand il faut prouver
qu'elle a eu lieu dans un délai déterminé. Tel était ici
le cas : l'héritier avait grand intérêt à ce que plus tard
ses cosuccesseurs ne pussent venir lui dire qu'il n'avait
pas fait l'adition dans le *spatium deliberandi*, et pour se
mettre à l'abri de toute difficulté de cette sorte il avait
un moyen bien facile, c'était de faire une déclaration
devant le magistrat. Aussi je crois que l'usage d'une
pareille déclaration ne tarda pas à s'introduire, et qu'ici
encore la *gestio pro herede* et l'*agnitio bonorum possessionis* devinrent semblables l'une à l'autre. J'en trouve
la preuve dans cette même Const. 8, Th., *De maternis
bonis*, 8, 18, dont j'ai déjà cité un passage. A trois reprises différentes, la *successio* y est opposée à la *bonorum
possessio*, de sorte qu'il n'y a pas de doute que la première expression ne doive désigner l'hérédité civile. Or
voici en quels termes les empereurs parlent de l'adition
de cette hérédité, adition qui ne peut être que la *gestio
pro herede*..... « pater aut bonorum possessionem implo-
ret, aut *qualibet actis testatione successionem amplecta-
tur.*» — On pourrait vouloir prétendre que *testatio actis*
est synonyme de *gestio pro herede* pris dans son sens
primitif, que cela se rapporte à la manifestation tacite
de volonté qui découle des actes d'immixtion. Mais
une pareille prétention me paraît de tous points inadmissible; outre que l'expression *testatio actis* ainsi en-
tendue serait d'une latinité très-douteuse, voici d'autres

preuves qu'il ne peut s'agir là que d'une déclaration
faite devant le magistrat, d'une *testatio in actis*. C'est
d'abord la suite même de la Constitution où il est question de « *exponere voluntatem de successione suscipienda :* » *exponere voluntatem!* cela ne suppose-t-il
pas une adition *verbale?* C'est en second lieu la C. 9,
Qui admitti, 6, 9, où nous voyons employer, pour désigner l'*agnitio* qui doit avoir lieu devant le juge, les
mêmes termes de « *qualiscunque testatio amplectendæ
hereditatis*. » N'est-il pas évident qu'Arcadius et Honorius avaient cette Constitution sous les yeux, et qu'ils
se sont servis des mêmes expressions dans le même
sens, voulant assimiler la *gestio pro herede* à l'*agnitio*,
comme la pratique l'avait fait depuis longtemps?

45. Mais peut-on faire un pas de plus, peut-on aller
jusqu'à dire que dans la succession testamentaire
l'*agnitio* avait déjà disparu complétement, que la
missio ex edicto divi Hadriani s'était substituée à la
bonorum possessio secundum tabulas? Leist l'a pensé[1].
— Sans doute, la *missio* était plus large que la *bonorum possessio;* elle était donnée dans des cas plus
fréquents[2]. Il suffisait, pour l'obtenir, de représenter
un testament extérieurement valable, encore bien que
des vices qui auraient fait obstacle à la *délation* de
la *bonorum possessio* fussent connus, que le testament

---

[1] Leist, *Die bonorum possessio*, II, 2ᵉ part., p. 142-145, 148 et
suiv.

[2] Voy. sur la *missio*, Paul, *Sent. recept.*, III, 5, §§ 4 et suiv. Cod.
De edicto divi Hadr. toll., 6, 33. C. 26, Th., *Quorum appell.*, 11, 36.
Puchta, *Instit.*, III, p. 265. — Walter, II, p. 283. — Hingst, p. 239-
240. — *Zeitschrift für gesch. Rechtsw.*, XII, p. 390, 391. — Vangerow, II, § 510, p. 366-367. — Savigny, *Vermischte Schriften*, II,
p. 226, 247-248, 281, note 1, 319.

fût entièrement nul, par exemple à raison d'une *maxima capitis minutio* du testateur, ou de la *præteritio* d'un *suus* (cf. C. 2, *De edicto divi Hadr. toll.*, 6, 33). On a fait difficulté, il est vrai, d'admettre que la *missio* pût être donnée à l'encontre du *præteritus*[1]; mais pourquoi ne pouvait-il pas en être ainsi, l'Interdit n'était-il pas donné contre l'héritier[2]? Quoi qu'il en soit, cette différence importante que nous venons de signaler entre la *missio* et la *bonorum possessio secundum tabulas* devint plus sensible encore quand, après Dioclétien, même dans les cas de *bonorum possessio supplendi gratia,* on ne put plus triompher par l'Interdit *Quorum bonorum*, s'il y avait un héritier civil préférable. — Malgré cela, je crois que la *bonorum possessio secundum tabulas* n'en subsista pas moins à côté de la *missio hadriana.* — D'abord, il pouvait se faire que le successeur testamentaire fût un *bonorum possessor corrigendi gratia :* n'avait-il pas un immense avantage à faire l'*agnitio* de la *bonorum possessio?* D'un autre côté, les conditions de la *missio* étaient sur plusieurs points plus onéreuses que celles de la *bonorum possessio.* — La *missio* devait être demandée dans l'année de l'ouverture de la succession ; l'*agnitio* de la *bonorum possessio* était en certains cas possible encore après l'expiration de ce laps de temps. — La *missio* était subordonnée à la condition que le testament fût ouvert en justice ; rien de pareil n'était exigé pour l'*agnitio.* — Celui qui voulait obtenir la *missio* devait acquitter immédiatement la *vicesima ;* la même obligation ne pesait pas sur l'*agnoscens.* — Autre différence. L'héritier

---

[1] Hingst, *loc. cit.*

[2] Cf. Vangerow, II, § 510, p. 367. Mayer, *Erbrecht*, I, § 136, p. 420.

qui avait été mis en possession par la *missio* pouvait
être écarté de la succession par l'Interdit *Quorum bonorum;* la pétition d'hérédité était nécessaire pour faire
perdre la possession à celui qui l'avait obtenue lui-
même à l'aide de l'Interdit. — Maintenant, je trouverai
dans la Const. 7, Th., *De testamentis*, 4, 4, et dans les
C. 1 et 2, *De bonorum possessione secundum tabulas*, 6, 11,
une preuve nouvelle que les deux institutions se main-
tinrent l'une à côté de l'autre. Je veux bien accorder
que les Constitutions postérieures à Dioclétien qui parlent de la *bonorum possessio secundum tabulas* pourraient ne se référer qu'à la vocation héréditaire résultant d'un testament prétorien, abstraction faite des
moyens de droit qui étaient donnés à l'héritier; mais
d'une part la C. 7 *cit.* a certainement l'Interdit *Quorum
bonorum* en vue, et les C. 1 et 2 *citt.* sont antérieures à
Dioclétien.

46. En tous cas, la *missio* n'a pu remplacer la *bonorum possessio secundum nuncupationem*, car il me paraît difficile d'admettre que l'héritier institué dans un
testament nuncupatif pût obtenir la *missio hadriana*.
Les textes ne parlent jamais que du *scriptus*, et l'ouverture solennelle du testament était ici impossible.

47. Mais si la *misssio* n'était pas de nature à exclure
l'interdit *Quorum bonorum*, au moins n'y avait-il pas à
méconnaître l'affinité, la ressemblance très-grande qui
existaient au fond et quant au but entre ces deux institutions. A une époque donc où régnait une tendance
marquée à fondre ensemble le plus possible le droit
civil et le droit prétorien, on dut nécessairement en
arriver à étendre à l'acquisition de la *bonorum possessio*
les conditions de forme plus simples de la *missio*, à

assurer les avantages de la *bonorum possessio secundum tabulas*, tout comme ceux de la *missio*, au successeur prétorien qui se serait contenté de faire l'*aditio simplex*. Ainsi la *gestio pro herede* devint suffisante pour obtenir la *bonorum possessio secundum tabulas*. Et ceci ressort de plusieurs textes qui ont été invoqués à tort pour prouver que la *missio* avait pris la place de cette *bonorum possessio secundum tabulas*. Le premier de ces textes est la C. 19, *De testamentis*, 6, 23, qui, pour un cas spécial, pour celui où il s'agit d'un *testamentum principi oblatum*, n'exige que la *gestio pro herede* au lieu de l'*agnitio bonorum possessionis*..... « nec super bonorum possessionis petitione ullam controversiam nasci, quum pro herede gerere cuncta sufficiat, et jus omne ipsa complere aditio videatur. » — Leist explique cette Constitution en la rapportant à la *missio*, comme si celle-ci avait tenu lieu maintenant de l'Interdit *Quorum bonorum;* mais dans cette supposition aurait-il été exact de dire : « jus omne ipsa complere aditio videatur? » L'*agnitio* n'aurait-elle pas été indispensable pour que le *bonorum possessor* pût se maintenir en possession? — Dans la C. 7, Th., *De testamentis*, 4, 4 la *gestio pro herede* nous apparaît de nouveau comme équipollente à l'*agnitio*. — Enfin la règle écrite pour une forme spéciale de testament dans la C. 19, *De testamentis*, 6, 23, est généralisée en ces termes par une Novelle de Valentinien III (Nov. I, § 5, tit. 20, Th., *De testamentis*) : « nec bonorum possessionis petendæ sustinebit necessitatem, *quam generaliter omnibus relaxamus.* » Si donc la Novelle suivante de Valentinien ne fait pas mention de l'*agnitio*, ce n'est pas, comme Leist le dit, parce qu'il n'était plus question alors de la *bonorum possessio secun-*

dum tabulas, mais bien parce que la *gestio pro herede* pouvait avoir la même efficacité.

48. Il faut prendre garde toutefois de ne pas se laisser égarer par les termes trop généraux de la Novelle de Valentinien III : la nécessité de l'*agnitio* ne fut supprimée que pour la *bonorum possessio secundum tabulas*. Elle dut se maintenir relativement à la *bonorum possessio secundum nuncupationem* et à la *bonorum possessio ab intestat*, puisque, la *missio* ne pouvant être demandée en pareil cas, le motif qui fit mettre sur la même ligne la *gestio pro herede* et l'*agnitio bonorum possessionis secundum tabulas* n'existait plus. Du reste, le droit civil et le droit prétorien ne s'étaient pas encore rapprochés l'un de l'autre au point qu'on pût combler tout d'un coup la distance qui séparait encore la *bonorum possessio* de l'*hereditas ;* au temps de Justinien même la fusion n'était pas complète. Remarquez enfin combien peu il est vraisemblable que par ces quelques mots placés dans une Constitution qui ne s'occupe que de la succession testamentaire on ait voulu effacer une distinction aussi ancienne que celle de l'hérédité civile et de l'hérédité prétorienne !

II. *La* CRETIO *disparaît.*

49. Il a été dit plus haut que la *cretio* était à une certaine époque la seule forme d'adition qui pût être employée par le fils de famille ou l'esclave auxquels une succession était déférée ; nous allons montrer comment on fit fléchir peu à peu cette règle rigoureuse.

50. Occupons-nous d'abord du cas où c'est un fils de famille qui est appelé à une hérédité. Deux motifs devaient faire supprimer ici la nécessité de la *cretio*.

D'une part, des Constitutions attribuèrent au fils de famille certains biens recueillis par lui à titre héréditaire (*bona adventitia*), et d'un autre côté la *nuda voluntas* pouvait très-bien tenir lieu de la *cretio*, dans les divers cas où la succession devait revenir encore au père de famille. Dès l'instant où il devint impossible de justifier l'exclusion de la *gestio pro herede* par la *cretio*, cette exclusion cessa, les diverses formes d'adition furent indistinctement permises au fils de famille. On est même allé plus loin : on a dit que la *cretio* non-seulement ne fut plus exigée, qu'on la défendit, à fur et à mesure que le pécule adventice reçut une extension plus grande, pour tous les cas où la succession devait rester au fils. Et pourquoi ? C'est que, dit-on, l'emploi de la *cretio* aurait fait obstacle à ce que les biens héréditaires devinssent adventices ; la *cretio* aurait fait acquérir l'hérédité au père de famille[1]. Je ne puis partager ce sentiment. Sans doute, comme j'ai commencé par le dire, la création de biens adventices contribua à rendre la *cretio* inutile, puisque rien n'était plus naturel que de permettre au fils de se gérer comme héritier du moment qu'il succédait pour son propre compte. Mais défendre la *cretio !* à quoi bon ? Qu'avait-elle de si particulier pour que, malgré une disposition expresse de la loi, elle eût fait acquérir au père l'hérédité qui devait rester au fils ? Il y a là une confusion évidente : ce n'est nullement parce que la *cretio* était employée que l'hérédité revenait précédemment au père de famille ; c'est au contraire parce que l'hérédité devait revenir à ce dernier que la *cretio* devait être em-

---

[1] Leist, *Die bonorum possessio*, II, 2e part., p. 132-133, 139-141, 146-147.

ployée! Par suite, en défendant purement et simplement
la *cretio*, les empereurs n'auraient pas par cela même
reconnu au fils le droit d'acquérir pour lui la succession à laquelle il était appelé, et, d'un autre côté, le
maintien de la *cretio* ne faisait pas obstacle à ce qu'il
pût avoir et exercer un pareil droit.

Rien donc ne s'opposait à ce que le fils de famille
se servît encore de la *cretio*; mais rien aussi ne l'y con-
traignait plus, que la succession dût ou non revenir à
son père. Voilà ce que vont nous apprendre les Constitutions de Constantin et de ses successeurs jusqu'à
Théodose et Valentinien.

51. La réforme porta d'abord sur les *bona materna*:
l'usufruit et l'administration de ces biens furent seuls
laissés au père; le fils de famille en eut la propriété;
dès lors il dut aussi pouvoir faire l'adition de la succession maternelle, dans n'importe quelle forme: « Cesset
in maternis duntaxat successionibus commentum cre-
tionis, » dit effectivement la C. 1, *De bonis maternis*,
Th., 8, 18, voulant supprimer par là la nécessité de la
cretio dans le cas spécial auquel Constantin se réfère
(an 319).

52. La dévolution des *bona materni* et *paterni generis* fut réglementée à nouveau par les Const. 4 et 7, *De
maternis bonis*, 8, 18. D'après la première de ces lois[1]
(Constance, an 339), si le fils de famille qui avait été
appelé à recueillir des *bona materni* ou *paterni generis*

---

[1] Voy. encore sur la C. 4, *De maternis bonis*.: Gothofredus,
Codex theodosianus cum perpetuis commentariis. Lipsiæ 1736-
1745, t. II, ad tit. *De maternis bonis*. Schilling, *Bemerkungen über
röm. Rechtsgesch.*, p. 394 et suiv. Leist, *Die bonorum possessio*, II,
2e part., p. 131 et suiv., p. 146. Lœhr, *Uebersicht der Constitutionen
von Constant. bis Theodos.*, II, p. 34.

meurt avant l'âge de six ans révolus, ces biens seront attribués à la ligne maternelle ou paternelle suivant les cas : ici encore la *cretio* n'avait plus de raison d'être. Mais la Constitution décide de plus que la *cretio* ne sera plus exigée quand même les biens *paterni* ou *materni generis* doivent revenir au père de famille, c'est-à-dire au cas où le fils atteint l'âge de six ans. Il n'y aurait certes eu aucun inconvénient à généraliser dès alors cette règle, au lieu de l'appliquer seulement à l'hypothèse dont s'occupait plus spécialement la Constitution : la *nuda voluntas* ne pouvait-elle pas remplir le même but que la *cretio?* — La C. 7, *De maternis bonis*, Th., 8, 18, ne changea rien à la première hypothèse; mais quant à l'autre, celle où le fils dépasse l'âge de six ans révolus, elle disposa que les biens *materni* ou *paterni generis* deviendraient *adventices*. La *cretio* eut ainsi moins d'objet encore, s'il est possible (an 395, Arcadius et Honorius).

Il ne restait plus qu'à généraliser : la C. 8, Th., *De maternis bonis* 8, 18, (Arcadius et Honorius, an 407) le fit, en déclarant que la *cretio* serait à l'avenir inutile non-seulement quand il s'agirait de biens *adventices* (et comme exemple elle cite les *bona materna*) mais aussi dans tous les cas où la succession devrait profiter au père de famille (§ 1, C. *cit.*). C'en était fait de l'ancienne règle touchant la nécessité de la *cretio*.

53. Je trouverais une application de ces principes nouveaux dans la *C. un.* Th., *De cretione vel bonorum possessione*, 4, 1 (Théodose II et Valentinien III, an 426). Nous savons que la C. 4, Th., *De bonis maternis*, 8, 18, avait fait perdre au père tout droit à la succession maternelle qui se serait ouverte au profit du

fils *infans*, mort ensuite avant d'avoir atteint ses six
ans révolus. Eh bien! ce droit, la C. un., *De cretione*,
le lui rend, mais en l'affranchissant des conditions
auxquelles son exercice était anciennement subordonné :
en d'autres termes, le père n'est pas tenu de faire la
cretio ou l'*agnitio bonorum possessionis* au nom de son
fils, comme il était obligé de les faire avant la C. 4,
De bonis maternis, 8, 18. Qu'il emploie la forme de la
nuda voluntas ou toute autre, bien plus, qu'il ne fasse
aucune adition avant la mort du fils, le résultat sera
dans tous les cas le même; les *bona materna* seront
acquis immédiatement au père de famille *jure patris*
(cf. C. 18, § 1, *De jure deliberandi*, 6, 30). Pourquoi? C'est que la *cretio* n'est plus nécessaire pour que
la succession déférée au fils puisse revenir au *paterfa-*
milias. A ce motif, qui n'explique pas tout, il faut en
joindre un autre, le seul d'ailleurs que les empereurs
indiquent, et qui se tire de l'analogie existant entre ce
cas et celui où des biens *paterni* ou *materni generis*
devaient être recueillis par la ligne paternelle ou maternelle. Encore qu'aucune adition n'eût eu lieu du vivant
de l'*infans*, ces biens étaient attribués à l'une ou l'autre
ligne; il devait donc en être de même quand le père
avait droit aux *bona materna* de son fils.

54. De même que nous venons de voir s'effacer successivement la nécessité de la *cretio* dans les divers cas
où une hérédité est dévolue à un fils de famille, elle
dut disparaître également quand un esclave était institué héritier. Comment aurait-on pu la justifier encore?
La *nuda voluntas* n'offrait-elle pas les mêmes avantages
ou des avantages plus grands?

55. Dans la succession testamentaire aussi le règne

F.   6

de la *cretio* était passé. Elle ne se rencontrait plus dans les substitutions, et le *jus deliberandi* avait rendu sans objet l'obligation que le testateur imposait autrefois au *scriptus* de faire l'adition dans un certain délai. Ajoutez à cela les inconvénients qui étaient attachés à l'emploi de termes sacramentels, ou même seulement à l'emploi obligatoire de la langue latine. Il est donc impossible de croire que la *cretio* resta d'un fréquent usage, soit dans la succession testamentaire, soit dans la succession *ab intestat*, des formes plus simples pouvant produire toujours les mêmes effets qu'elle[1]. Je ne voudrais pas dire pourtant qu'on ne s'en servit plus jamais ; les Romains avaient trop le respect et la mémoire des vieilles traditions ; mais son usage alla en s'affaiblissant, jusqu'à ce que Justinien consacrât sa complète déchéance (C. 17, *De jure deliberandi*, 6, 30).

RÉSUMÉ DU CHAPITRE III.

56. Le résultat auquel nos recherches viennent de nous conduire est le suivant :

Vers le commencement du cinquième siècle, la *cretio* ayant presque entièrement disparu, il ne restait plus réellement en présence que la *gestio pro herede* et l'*agnitio bonorum possessionis.* Or ces deux formes bientôt ne différèrent plus guère que de nom. Déjà la *gestio pro herede* pouvait équivaloir à l'*agnitio* dans la succession testamentaire ! Et dans les cas où elle devait encore être employée, l'*agnitio* offrait une grande similitude avec la *gestio pro herede* telle que la pratique l'avait faite.

---

[1] Cf. Leist, *Die bonorum possessio*, II, 2e part., p. 125-126. Huschke, *Studien*, l, p. 257-258.

Cette exposition est-elle exacte, le moment n'était pas loin où l'*agnitio* devait tomber en désuétude, absorbée comme de juste par la forme d'adition du droit civil. Et, en effet, c'est ce que nous voyons sous Justinien [1]. Le *bonorum possessor*, pour acquérir l'hérédité, pour devenir successeur, se sert comme l'*heres* de la *gestio pro herede* : la solennité de l'*agnitio* a perdu toute utilité au point de vue de l'acquisition de la succession ; quant à la nécessité de la faire dans un certain délai, elle n'existe plus (depuis l'an 339, au reste) qu'au point de vue de l'exercice de l'Interdit *Quorum bonorum* (*infra*, n° 96). /

La disparition de la *cretio* et de l'*agnitio bonorum possessionis* se révèle encore clairement dans le *Bréviaire d'Alaric*. Je ne citerai que deux passages de l'*Interpretatio* du Code Théodosien : sur la C. un., *De cretione vel bonorum possessione*, le commentateur remarque : « Cretio et bonorum possessio antiquo jure a prætoribus petebatur, quod explanari opus non est, *quia legibus utrumque sublatum est* [2]. » Après la C. 1, Th., *De legit. hered.*, 5, 1, nous lisons dans le Bréviaire : « Sed in hac successione sola Constitutio præsens sufficit, ut inter matrem, patrem, eorumque filios et nepotes *bonorum possessio* PRÆSUMATUR ! »

[1] Hodie constitutiones principales dicunt, si quocumque modo is cui bonorum possessio competat intra tempus congruum ostenderit *se quomodocumque bonorum possessionem amplecti* eum habiturum perfectissimum ejus beneficium (Theophili antecessoris paraphrasis græca, ad § 10. Inst. III, *De bonorum possessione*, 9. Edit Gul. Otto Reitz, Hagæ 1751, I, p. 600.) Voy. *infra*, n° 96, texte et note.

[2] L'*Interpretatio* fait probablement allusion aux diverses Constitutions qui ont fait perdre leur utilité, soit à la *cretio*, soit à l'*agnitio*.

CHAPITRE IV.

Des actions données au bonorum possessor.

57. A l'origine, le *bonorum possessor* n'avait, pour faire valoir ses droits, que l'Interdit *Quorum bonorum* et les actions fictices; plus tard, il est fait mention d'une pétition d'hérédité accordée au successeur prétorien: deux textes, l'un d'Ulpien, l'autre de Gaius, que Justinien a placés sous la rubrique *De possessoria hereditatis petitione* (Dig., 5, 5), semblent se référer à cette action, et son existence au temps des empereurs est en tous cas prouvée par les nombreuses Constitutions qui parlent de la revendication de l'hérédité par le *bonorum possessor*[1], quand précédemment l'expression *vindicare hereditatem* désignait presque exclusivement l'*hereditatis petitio* de l'héritier[2]. La question se pose donc de savoir quand et comment cette nouvelle action a pris naissance, à quel besoin elle répondait, quelle lacune elle

---

[1] Voy. C. 9, *De her. pet.*, 3, 31. C. 4, *Qui admitti ad bonorum poss.*, 6, 9. C. 2, *Unde legitimi*, 6, 15. C. 2, *De successorio edicto*, 6, 16. C. 8, *De legit hered.*, 6, 58. C. 5, C. 8, *Commun. de succ.*, 6, 59.

[2] Voy. L. 3, *Expilatæ hered.*, 47, 19. C. 3, *De her. pet.*, 3, 31. C. 13, *De collat.*, 6, 20. C. 1, *De Carbon. edicto*, 6, 17. C. 8, *De jure deliber.*, 6, 30. C. 9, *Communia de succ.*, 6, 59 etc. Il n'y a guère d'exception que pour les cas où, comme nous le verrons plus tard, des motifs spéciaux avaient fait accorder une espèce d'*hereditatis petitio* au *bonorum possessor*. Voy. L. 19, *De inoff. test.*, 5, 2. — L. 26, L. 36, *De bonis libert.*, 38, 2. — Il est vrai que le C. 3, *De impub. et al. subst.*, 6, 26, dit, en parlant d'un *bonorum possessor* qui ne se trouve pas dans l'un de ces cas: *non successionem ab intestato vindicare potest*; mais elle a en vue l'exercice du droit que cet héritier tire du sénatus-consulte Orphitien.

devait remplir, et aussi quelle influence elle a exercée
sur les moyens de droit qui appartenaient anciennement au *bonorum possessor*, si l'Interdit *Quorum bonorum*, si les actions fictices ont été supplantés par elle, ou s'ils ont continué à subsister avec un caractère nouveau. C'est à résoudre ces difficultés que nos efforts vont tendre.

§ 1. *Quand et pourquoi l'hereditatis petitio possessoria est-elle née?*

58. Nous nous trouvons ici en présence d'une des
questions les plus ardues de notre matière, une de
celles où, les textes faisant presque entièrement défaut, nous devons procéder avec beaucoup de prudence et de circonspection, surtout au milieu des nombreuses solutions qui ont été données déjà. Autant d'auteurs, en effet, autant de systèmes; chacun, suivant le point de vue où il s'est placé, est arrivé à un résultat différent quant à l'origine de notre action. On peut cependant ranger dans deux grandes catégories les diverses opinions qui ont été émises : suivant les uns, l'*hereditatis petitio possessoria* existait déjà au temps des jurisconsultes classiques; suivant les autres, sa naissance doit être placée à une époque postérieure. Pour moi, c'est dans un moyen terme que se trouve le vrai, comme pourra le faire entrevoir déjà l'examen des solutions proposées jusqu'à ce jour.

I. *Auteurs admettant que dès l'époque classique l'*HEREDITATIS PETI-
TIO POSSESSORIA *était accordée, d'une manière absolue, au* BO-
NORUM POSSESSOR [1].

59. Pour prouver que les jurisconsultes classiques
connaissaient l'*hereditatis petitio possessoria*, ces auteurs
s'appuient avec raison sur les Lois 1 et 2, *De her. pet.
poss.*, 5, 5; mais ils n'ont peut-être pas su assez bien
défendre leur opinion contre les attaques qu'on a dirigées contre elle.

60. La Loi 1 est ainsi conçue: *Ulpianus, lib*. XV, *ad
Edictum*: « Ordinarium fuit, post civiles actiones heredibus propositas, rationem habere prætorem etiam eorum, quos ipse velut heredes facit, hoc est eorum, quibus bonorum possessio data est. »

Rien de plus naturel, ce semble, que de rapporter
ce texte à l'*hereditatis petitio possessoria*; pourtant Fabricius et Leist s'y refusent. Suivant eux, ce sont les
actions fictices qu'Ulpien avait seules en vue, et Justinien a détourné les paroles du jurisconsulte de leur
signification originaire en les plaçant sous la rubrique
du titre V.

---

[1] *Notamment.* — Lœhr, *Archiv für civil. Praxis*, 1829, t. XII,
p. 110 et suiv. *Magazin für Rechtsw. und Gesetzgebung de* Grolmann et Lœhr, t. IV, 1825, p. 418 et suiv. — Arndts *Beiträge zu
versch. Lehren des Civilrechts*, 1837, p. 50 et suiv. — Huschke,
Kritische Jahrbücher, V, 1839, p. 25 et suiv. — Mühlenbruch, *Lehrbuch des Pandecten-Rechts*, 4e édit., 1844, § 712, note 3. — Savigny,
Vermischte Schriften, 1850, II, p. 235 et suiv. — Hingst, *Commentatio de bonorum possessione*, 1858, p. 233-235. — Machelard,
Théorie des Interdits, 1865, p. 52-53. — Vangerow, *Lehrbuch der
Pandecten*, 7e édit., 1867, § 509, p. 361 et suiv. — Rosshirt, *Zeitschrift für Civil- und Criminalrecht*, III, 1838, p. 60 et suiv. *Das
testam. Erbrecht*, Heidelberg 1840, p 47 et suiv.

Je ne puis m'associer à cette manière de voir : Ulpien, dans les livres XIV, XV et XVI *initio* de son Commentaire sur l'Édit, doit s'occuper exclusivement des dispositions relatives aux actions universelles. Au livre XIV il est traité de la *querela inofficiosi testamenti*; l'*hereditatis petitio ex asse* et *pro parte* est étudiée dans le livre XV ; enfin le commencement du livre XVI est consacré à l'*hereditatis petitio fideicommissaria*; après quoi le jurisconsulte prévient qu'il va traiter maintenant des actions spéciales : « Post actiones quæ de universitate propositæ sunt, dit-il (L. 1, *De rei vind.*, 6, 1. Ulp., lib. XVI *ad Edict.*), subjicitur actio singularum rerum petitionis. » Cette opposition entre les actions universelles, dont l'étude vient d'être faite, et l'action *singularum rerum petitionis*, que le moment est venu de faire connaître, prouve bien que ces deux espèces d'actions étaient mentionnées dans des parties distinctes de l'Édit, et qu'Ulpien, qui suivait l'ordre tracé par le préteur, ne pouvait, entre l'*hereditatis petitio pro parte* et l'*hereditatis petitio fideicommissaria*, s'être occupé d'actions spéciales telles que les *fictitiæ actiones*. Il n'y a donc que l'Interdit *Quorum bonorum* et l'*hereditatis petitio possessoria* dont il ait pu être question dans le passage du livre XV qui est devenu la Loi 1, *hoc tit.* Or Ulpien a placé l'étude de l'Interdit dans le livre LXVII de son Commentaire : c'est donc à l'*hereditatis petitio possessoria* que le texte s'était toujours référé.

Leist (t. II *b*, p. 27) objecte qu'il est parlé des actions spéciales de l'héritier en même temps que de la pétition d'hérédité, et il cite comme exemple la Loi 19, §§ 1 et 3, *De her. pet.*, 5, 3; d'où il veut conclure que ces actions étaient comprises aussi dans l'expression *post civiles actiones heredibus propositas* qui se trouve dans notre texte, et que rien ne s'oppose à ce qu'il fût traité ici des actions fictices. Cette objection n'a pas une portée bien grande. Sans doute, il est fait mention, à côté de l'*hereditatis petitio*, des actions directes qui compètent à l'héritier; mais cela n'a lieu qu'*incidemment*, accessoirement aux dispositions de l'Édit qui s'en occupait ailleurs; ici, au contraire, les choses nous sont présentées d'une tout autre manière. *Ordinarium fuit...*, dit Ulpien, c'est-à-dire que l'ordre de l'Édit appelle l'action dont le jurisconsulte va nous entretenir. La comparaison de la Loi 1, *De her. pet. fideicommissaria*, 5, 6, avec la Loi 3, § 2, *eod. tit.*, fera bien sentir cette différence : dans le premier de ces textes la pétition d'hérédité donnée au fidéicommissaire nous est montrée comme venant *ex ordine*, tandis que les actions spéciales ne sont relatées dans la Loi 3, § 2, que pour faire voir qu'il n'existe pas de lacune dans la législation. On ne peut donc rien induire de la circonstance invoquée par Leist : il reste certain qu'en s'attachant à l'ordre de l'Édit, Ulpien ne pouvait parler que d'une action universelle, et précisément la Loi 1, *hoc tit.*, n'a pas d'autre but que de nous apprendre qu'en cet endroit de l'Édit le préteur a donné une action au *bonorum possessor*.

Le même auteur que nous venons de combattre prétend (p. 27, 28) trouver encore dans un passage du *Liber regularum*, XXVIII, 12, la preuve que la Loi 1, *hoc tit.*, ne se rapportait originairement qu'aux actions fictices. Voici comment il raisonne : Ulpien, dans le passage précité, observe que c'est à l'aide des *ficticiæ actiones* que le *bonorum possessor* est mis aux lieu et place de l'héritier; or, dit Leist, si une *hereditatis peti-*

tio possessoria avait existé, cela n'eût point été exact.
D'un autre côté, les expressions dont se sert le jurisconsulte, au *Liber regularum*, montrent que l'on avait l'habitude de regarder les actions fictices comme le principal moyen donné au *bonorum possessor* pour faire valoir ses droits à la succession; par suite, leur place naturelle se trouvait à côté de l'*hereditatis petitio.*

La réponse à cette argumentation est dans cette bien
simple remarque que les jurisconsultes romains, imi-
tant en cela le préteur, s'occupaient des *actions universelles* en une partie spéciale de leurs œuvres (cf. *Dig.*,
lib. V, tit. 3, 4, 5, 6) et agissaient différemment à l'égard
des actions particulières, lesquelles, découlant de la *con-
fusio bonorum heredis et defuncti* (cf. L. 75, L. 95, § 2,
De solutionibus et lib., 46, 3), sont en quelque sorte
inhérentes à la vocation héréditaire. Ceci, en effet, une
fois admis, Ulpien, d'une part, devait au titre XXVIII,
§ 12, de son *Liber regularum*, garder le silence sur l'*her.
petitio possessoria*, et d'un autre côté, ce n'est que là
(ou au livre 39 du Commentaire de l'Édit) qu'il pouvait nous faire connaître les actions fictices, en même
temps qu'il déterminait la vocation du *bonorum possessor.* Du reste, il ne dit pas, comme Leist voudrait le
faire entendre, que c'est grâce aux *ficticiæ actiones* que
les avantages de l'héritier sont assurés au successeur
prétorien, mais simplement que c'est *beneficio prætoris*, et s'il les mentionne, son but est plus encore d'indiquer la nécessité d'une fiction que l'existence d'actions directes au profit du *bonorum possessor.*

61. La Loi 2, *De her. pet. possess.* 6, 6, à l'examen
de laquelle nous passons, est rédigée comme suit :

Gaius, lib. VI ad Edictum provinciale. — « Per

« quam hereditatis petitionem tantumdem consequitur
« bonorum possessor, quantum superioribus civilibus
« actionibus heres consequi potest. »

Au dire de Leist (t. II *b*, p. 25, 26, 28, 29), ce texte n'est
pas plus probant que le premier : ce n'est pas *per quam
hereditatis petitionem* que Gaius aurait écrit, mais bien
per quas actiones, expression qui se serait rapportée aux
ficticiœ actiones et à l'Interdit *Quorum bonorum*, dont
il était naturel que le jurisconsulte parlât après l'*her.
petitio*. Si une *her. petitio possessoria* avait existé, s'expliquerait-on qu'il n'eût pas recherché ses rapports
avec l'Interdit, et s'il l'avait fait, que les compilateurs
du Digeste eussent laissé de côté des règles qui de leur
temps n'avaient encore rien perdu de leur actualité?
Hingst, qui ne partage pas l'opinion de Leist, lui sug-
gère un autre moyen, plus simple, d'écarter la L. 2,
hoc tit. (Hingst. p. 234). La Loi 2 étant tirée du Commentaire de Gaius sur l'Édit provincial, cet auteur en
conclut qu'elle a trait à l'*her. petitio possessoria*, qui,
de l'aveu de Leist, était en usage dans les provinces,
et que dès lors elle ne prouve rien quant à l'existence
d'une pareille action à Rome.

Ni l'une ni l'autre de ces explications ne me paraît
satisfaisante. Si l'on admettait celle proposée par Hingst,
les expressions *bonorum possessor, superioribus civilibus
actionibus*, ne deviendraient-elles pas inexplicables?
et le système de Leist se soutient-il quand on remarque
que c'est l'Édit provincial que Gaius avait en vue, édit
où, comme notre adversaire le reconnaît (p. 50), il ne
pouvait être question ni de *ficticiœ actiones* ni d'Interdit *Quorum bonorum* ? On est donc forcément amené à
dire que la Loi 2 avait le même sens dans les écrits de

Gaius que dans le titre *De her. pet. possessoria*, car de la sorte tout devient clair. Gaius, voulant commenter l'Édit provincial, s'est attaché à faire connaître d'abord les règles du droit civil ; voilà pourquoi nombre de lois des titres III et IV (lib. V au Digeste) ont pu être prises de son Commentaire, quoique la pétition d'hérédité ordinaire n'existât pas dans les provinces ; voilà pourquoi aussi il est question dans la L. 2, *hoc tit.*, des *superiores civiles actiones ;* puis il aura indiqué, comme on le peut induire de la même Loi 2, ce qui dans l'Édit du *prœtor urbanus* pouvait offrir de l'intérêt pour les provinces. Or, s'il était important pour celles-ci de savoir quels principes gouvernaient à Rome l'exercice de l'*her. petitio* civile ou prétorienne, que leur importaient les actions fictices et l'Interdit *Quorum bonorum*, qui n'avaient aucun rapport avec la pétition d'hérédité provinciale ? On le voit donc encore, la Loi 2, *hoc tit.*, ne peut viser que l'*her. petitio possessoria*. Et combien le plan de Gaius devient ingénieux alors ! Il expose le système de l'*her. petitio* du droit civil ; puis, après avoir dit ce que c'est que l'*her. petitio possessoria,* il nous apprend que ses effets sont ceux de la pétition ordinaire, et il ne lui reste plus qu'à avertir que l'action donnée au successeur provincial est identique à l'*her. petitio* prétorienne. N'était-ce pas donner satisfaction à l'aspiration constante et légitime des jurisconsultes romains de tout ramener au droit civil ou à la législation en vigueur à Rome ?

62. Voilà donc un point qui me paraît démontré : il existait une *her. petitio possessoria* au temps de Gaius et d'Ulpien ; mais quelles étaient son étendue et sa portée, à quelle époque précise, et pour quels motifs

s'était-elle introduite? Ce sont là des questions auxquelles je ne crois pas qu'il ait été répondu d'une manière satisfaisante. Je vais parcourir la série des opinions qui ont été émises.

1° Lœhr, *Archiv für civ. Praxis*, XII, p. 110 et
suiv. — *Magazin für Rechtswiss. de Grolmann et
Lœhr*, IV, p. 418 et suiv.

63. L'*her. petitio possessoria* serait très-ancienne.
Pourquoi le préteur, qui donnait les *ficticiæ actiones*
au *bonorum possessor*, n'aurait-il pas appliqué la même
fiction à la pétition d'hérédité? Il aurait hésité à
accorder l'*her. petitio* à un successeur prétorien, à un
quasi-heres, quand cette action était exercée par le
possesseur de mauvaise foi se prévalant de l'ancienne
usucapio pro herede!

Il y a plus d'une objection à faire à ce système.
D'abord, Gaius n'aurait-il parlé que des actions fictices spéciales (Gaius, IV, § 34), si la fiction qu'il rapporte avait été commune à ces actions et à une *her.
petitio ficticia* ayant appartenu de tout temps au *bonorum possessor*? Bien plus, l'emploi d'une pareille fiction, en cas de pétition d'hérédité, eût-il été possible?
Se figure-t-on bien une formule qui aurait été ainsi
conçue : « Judex esto. Si Aulus Agerius Lucio Titio
heres esset, tum si ea hereditas, de qua agitur, ex jure
Quiritium ejus esse oporteret.....? » Voit-on le préteur
disant au juge : Examinez si le demandeur serait héritier, dans le cas où il serait héritier!! Quant à l'analogie que Lœhr veut trouver entre l'*usucapio pro herede*
et la *bonorum possessio*, elle ne lui fournit qu'un bien
faible argument. En premier lieu, l'*usucapio pro herede* avait perdu sa forme primitive lors de la naissance

de la *bonorum possessio :* elle ne faisait plus acquérir
la qualité d'héritier. Il ne faut pas perdre de vue, ensuite, que l'*usucapiens* invoquait le droit civil, tandis
que le *bonorum possessor* ne tenait sa vocation que de
l'édit, ce qui nécessitait l'emploi d'une fiction, et
celle-ci, comme je l'ai montré, ne pouvait pas être la
même que dans les *ficticiæ actiones.* Enfin et surtout,
une *her. petitio possessoria* aurait été, dans l'origine,
sans utilité aucune pour le *bonorum possessor*, auquel
les actions fictices et l'Interdit *Quorum bonorum* étaient
suffisants : un point sur lequel nous aurons à revenir.

2° DE VANGEROW, *Lehrbuch der Pandekten*, II, 1867,
7° édit., § 509, p. 361 et suiv. ; cf. II, § 398, p. 14. —
ARNDTS *Beiträge*, I, p. 50 suiv. — MÜHLENBRUCH,
Pandecten, § 712. — G. MACHELARD, *Théorie générale
des interdits*, 1865, p. 52, 53, 63 et suiv.

64. L'opinion de Vangerow se résume en peu de
mots : Une fois que la *bonorum possessio*, après l'introduction des classes *corrigendi gratia*[1], constitua
réellement une succession distincte de l'hérédité civile,
une action analogue à l'*her. petitio* devint indispensable. D'une part, les *actions fictices* étaient aussi in-
suffisantes pour le *bonorum possessor* que pour l'héritier les *directæ actiones;* et d'un autre côté l'Interdit
Quorum bonorum ne faisait obtenir que la possession
des choses héréditaires, au lieu qu'il fallait maintenant
un moyen pétitoire au successeur prétorien afin qu'il
pût représenter complétement le défunt.

Les *ficticiæ actiones* n'auraient pas suffi au *bonorum possessor* pour faire valoir ses droits! mais alors

[1] Vangerow place sous Auguste la naissance de la *bon. possessio
corrigendi gratia* (*Lehrbuch*, II, § 398, p. 14).

la protection que le préteur accordait (provisoirement
sans doute) au successeur créé par lui était donc in-
complète à l'origine ! on ne pouvait donc pas dire dès
le principe « *bonorum possessor heredis loco consti-
tuitur !* » (cf. J. III, *De bonorum poss.* 9, § 2. —
Ulpien, *Lib. regul.*, XXIX, 12 etc.) Je me réserve,
au contraire, de montrer plus loin[1] que jusqu'au
temps d'Adrien les actions fictices et l'Interdit *Quorum
bonorum* procuraient les mêmes avantages au *bonorum
possessor* que l'*her. petitio* à l'héritier, sauf que le titre
du premier était souvent sujet à résolution. Quant à
la nécessité d'une action pétitoire, elle ne me paraît
nullement établie. Mis en possession des biens héréditaires au moyen de l'Interdit *Quorum bonorum*, le
bonorum possessor corrigendi gratia ne pouvait-il pas
repousser par l'*exceptio doli mali* toute attaque que
l'héritier du droit civil dirigeait contre lui ? (cf. Gaius,
II, § 120).

65. Arndts et Mühlenbruch partent de la même
idée que Vangerow : le *bonorum possessor*, successeur
universel, avait besoin d'une *actio universalis;* mais
ils cherchent de plus à appuyer leur opinion sur des
arguments dont il convient d'examiner la valeur. Les
expressions « *hereditatem petere* » que l'on rencontre
dans les Lois 13 pr., *De bonorum possession. contra
tab.*, 37, 4, et 3, § 13, *De Carboniano edicto*, 37, 10,
révèlent, suivant eux, l'existence d'une *her. petitio possessoria* accordée dans tous les cas au *bonorum possessor;* de plus la circonstance que le premier texte
est de Julien, fait penser à Arndts que c'est à l'époque

[1] Voir *infra*, nos 75 et suiv.

de la rédaction de l'Édit perpétuel qu'il faut placer l'origine de cette action. Du reste, dit-il[1], le fisc fut investi à la même époque d'une pétition d'hérédité utile, l'héritier fidéicommissaire en avait une également; pourquoi le *bonorum possessor*, successeur analogue, se serait-il vu refuser la même action?

66. Si Julien, dans la Loi 13 pr., *De bon. poss. contra tab.*, se sert des mots *hereditatem petere*, rien ne prouve qu'il a eu l'*her. petitio possessoria* en vue. N'était-ce pas la manière la plus naturelle, la plus simple d'exprimer l'idée que l'on *réclame la succession*, surtout si la *bonorum possessio* est *cum re*? Pouvait-on indiquer, en termes plus propres, à la fois l'exercice de l'Interdit *Quorum bonorum* et des *ficticiæ actiones*? Aussi n'est-il pas étonnant que nous retrouvions la même expression dans d'autres textes, par exemple dans la Loi 5, § 1, *De his quæ ut indignis* 34, 9. La C. 1, *Quorum bonorum*, 8, 2, montre enfin le peu de fondement du moyen que l'on a puisé dans la Loi 13 *cit:* le *bonorum possessor* qui intente l'Interdit *Quorum bonorum* est dit *petere hereditatem !*

Pas plus que la Loi 13 *cit.*, la Loi 3, § 13, *De Carbon. edicto*, 37, 10, n'est probante. Rapporter les expressions « hereditatem petere quasi bonorum possessor Carbonianus » à l'*her. petitio possessoria* est tout à fait impossible. La suite du texte en fournit déjà la preuve : « petat directa actione, quasi *heres*, y est-il dit, ut ea petitione judicari possit, an quasi ex liberis *heres sit !*» Ainsi il n'est question que de l'*her. petitio* du droit civil! pas un mot de la pétition d'hérédité pos-

---

[1] Arndts, *Beiträge*, I, p. 60.

sessoire! et cependant c'est d'elle seule qu'il aurait pu
être parlé si les mots *hereditatem petere* s'y étaient
référés, ou au moins il aurait dû en être fait mention
à côté de la pétition d'hérédité civile, si, comme le
croit M. Glasson[1], ces mots avaient trait à la fois aux
deux actions! alors la fin du § 13 eût dû être rédigée
ainsi : « petat directa actione quasi heres aut bonorum
possessor ordinarius, ut ea petitione judicari possit, an
quasi ex liberis heres vel bonorum possessor sit. » Il
faut même aller plus loin et dire que c'est un véritable
contre-sens d'appliquer à l'*her. petitio possessoria* les
termes de la Loi 3, § 13 *cit.* Qu'est-ce donc qui devait
empêcher le *bonorum possessor Carbonianus* d'intenter
en cette qualité la pétition d'hérédité possessoire, si elle
avait réellement appartenu au *bonorum possessor* ordinaire? Cette action n'aurait-elle pas eu forcément un
caractère provisoire dans ses effets, comme la *bonorum
possessio Carboniana* elle-même? N'aurait-elle pas été
au nombre des *actiones possessoriæ* que la Loi 4, *eod.
tit,* accorde au *bonorum possessor ex edicto Carboniano?*
Un dernier argument me paraît décisif : si l'expression
petere hereditatem s'adresse à l'*her. petitio possessoria*,
petere singulas res, qui vient immédiatement après, désigne les actions réelles fictices : or il est hors de doute
que l'exercice de ces actions appartenait au *bonorum
possessor Carbonianus* qui avait fourni caution. « Hæc

---

[1] Glasson, *De la bona possessio établie par l'Édit Carbonien,*
Paris 1866, p. 19. Dans cette interprétation, la L. 3, § 13, ne prouve
plus rien pour l'existence de l'*her. pet. possessoria*, par ce motif
déjà que l'on n'a nullement besoin d'admettre cette existence pour expliquer les mots : « Her. petere quasi bon. possessor Carbonianus, » et
que, si on l'admet, c'est pour des raisons indépendantes de ce texte.

bonorum possessio, dit la Loi 15, *De Carb. ed.*, si satisdatum sit, non tantum ad bonorum possessionem adipiscendam, sed *ad res etiam persequendas*... prodest.»

L'explication de la Loi 3, § 13 *cit.*, est fort simple, sans qu'il soit besoin de songer seulement à une pétition d'hérédité possessoire. Le jurisconsulte se demande si un impubère qui, se prétendant héritier du droit civil[1], a obtenu la *bonorum possessio Carboniana*, pourra supposer résolue en sa faveur la question d'état pour triompher par l'*her. petitio* civile (par exemple contre des *bonorum possessores* ordinaires, s'il n'a pas eu soin de faire l'*agnitio* de la *bonorum possessio ordinaria*) ou par les actions réelles directes. La solution ne pouvait être douteuse. La *missio Carboniana* constitue une présomption en faveur de l'impubère, sur le fondement de laquelle il peut bien être mis en possession intérimaire des biens de la succession, mais qui ne pourrait, sans injustice, lui assurer un droit définitif à l'encontre des tiers. Aussi Ulpien approuve-t-il le sentiment de Julien, suivant qui le *bonorum possessor* ne peut invoquer la *præsumptio Carboniana* qu'en intentant les actions fictices ou l'Interdit *Quorum bonorum*, et devrait être repoussé par l'*exceptio doli mali*, s'il voulait s'en prévaloir lors de l'exercice de la pétition d'hérédité ordinaire ou des *actiones directæ*; dans ce dernier cas, la question d'état devrait être jugée d'une manière définitive, pour que le *bonorum possessor Carbonianus* pût l'emporter.

---

[1] La circonstance que l'on ne prévoit pas le cas où l'impubère tire sa vocation de l'édit montre, à mon sens, que l'*her. petitio possessoria* n'existait pas à l'époque classique, en dehors des cas spéciaux que nous aurons à indiquer en temps et lieu.

Il ne reste plus que l'argument d'analogie qu'Arndts a cru trouver dans l'existence d'une *her. petitio* au profit du fisc et du fidécommissaire : je n'aurai pas beaucoup de peine à y répondre. D'abord, Arndts reconnaît lui-même que le fisc tirait sa vocation et ses actions du droit civil [1] : il était donc tout juste de lui accorder la pétition d'hérédité ! Mais, vient-il nous dire, l'adjudicataire de la succession n'avait-il pas à l'origine l'Interdit *Sectorium*, comme le *bonorum possessor* l'Interdit *Quorum bonorum*, et pourtant on lui donna plus tard, probablement par l'Édit perpétuel, une *her. petitio utilis* ! (Loi 54, *De her. pet.*, 5, 3.) Cette manière de présenter les choses ne me paraît pas exacte : Sans doute, le *bonorum sector* avait, dans la plupart des cas, les actions fictices et l'Interdit *Sectorium*, mais il n'en était pas ainsi quand il était adjudicataire de *bona vacantia*. La loi *Julia* et *Papia Poppœa* ayant donné au fisc un droit de succession universel aux *bona vacantia* [2], l'acquéreur de ces biens devait être traité aussi comme un *successor universalis*, et obtenir ainsi *utiliter* l'*her. petitio* qui appartenait au fisc, tandis que le *bonorum sector* ordinaire n'eut jamais que l'Interdit et les actions fictices [3]. La création de l'*her. petitio utilis* s'explique donc fort bien si on la rapporte à l'époque de la loi *Julia*; au contraire, si on l'attribue à Julien, il est difficile de voir ce qui l'a amenée.

67. De toutes manières, on ne pourrait conclure de

---

[1] Arndts *Beiträge*, p. 60, note 105.

[2] Voy. Vangerow, *Lehrbuch der Pandekten*, 7e édition, II, § 564, p. 572 et suiv. et les auteurs qu'il cite.

[3] Voy. Schröter, *Giesser Zeitschrift für Civilr. und Proc.*, X ; no 3, p. 134 ; Arndts, *loc. cit.*, p. 59, note 101.

l'existence de l'*her. petitio utilis* du *bonorum sector* à celle d'une action analogue accordée au *bonorum possessor*. Le *bonorum sector* est mis aux lieu et place du fisc, il le représente : dès lors, les actions qui pouvaient être intentées par ce dernier, il doit pouvoir les intenter. Le *bonorum possessor* prend-il de même la place de l'héritier ? Si cela était, il devrait avoir sans difficulté l'*utilis her. petitio*. Mais nous savons qu'il n'en est rien, que le *bonorum possessor* est successeur immédiat du défunt, que sa vocation est indépendante et distincte de celle de l'héritier. Les actions qui lui compètent sont avant tout celles qui étaient données déjà au défunt lui-même (*ficticiæ actiones*), et comme l'*her. petitio* n'avait pu appartenir à celui-ci, le préteur a du créer pour lui un moyen spécial, l'Interdit *Quorum bonorum*, qui pût le mettre dans la possession que le défunt avait eue.

68. La même considération doit faire rejeter toute analogie que l'on voudrait chercher entre le *bonorum possessor* et l'héritier fidéicommissaire. Comme le *bonorum sector*, celui-ci tient ses actions de l'*heres*[1], et le préteur était même forcé en quelque sorte de lui accorder une *her. petitio utilis*, le sénatus-consulte Trébellien ayant décidé que toutes les actions de l'héritier devaient passer au fidéicommissaire[2]. Aussi disait-on à Rome que c'était au sénatus-consulte et non au préteur qu'il devait ses actions. (L. 1, *De fideicom. her. pet.*, 5, 6.)

---

[1] Cf. l. 54 *De her. pet.*, 5, 3.

[2] ..... Sen. consultum factum est quo cautum est, ut si cui hereditas, ex fideicommissi causa restituta sit, actiones quæ jure civili heredi et in heredem competerent ei et in eum darentur cui ex fideicommisso restituta esset hereditas (Gaius, II, § 253).

3° Savigny (*Vermischte Schriften*, Berlin, 1850, II, p. 234-236).

69. Le *bonorum possessor*, dit Savigny, était, dans le principe déjà, propriétaire bonitaire des biens dont le défunt avait le *dominium ex jure Quiritium;* mais à fur et à mesure que l'*in bonis* revêtit une importance et reçut un développement plus grands, la *bonorum possessio* se rapprocha de l'*hereditas*; si bien que rien ne fut plus naturel que de donner au successeur prétorien les mêmes actions qui compétaient à l'héritier du droit civil : de là l'*hereditatis petitio possessoria*. Cette transformation de la *bonorum possessio* et cette création d'une pétition d'hérédité nouvelle doivent avoir eu lieu aux temps de Marc-Aurèle, la *bonorum possessio secundum tabulas*, qui ne conférait jusque-là qu'un droit d'une efficacité *tout à fait secondaire* et sans affinité avec celui de l'*heres*, ayant commencé à être assimilée alors à la *bonorum possessio intestati*.

70. J'ai peine à comprendre comment les progrès de l'*in bonis* ont pu combler la distance qui séparait le *bonorum possessor* de l'héritier. Qu'importe que le propriétaire bonitaire était protégé maintenant plus que par le passé? Cela diminuait-il les cas où la *bonorum possessio* pouvait devenir *sine re?* cela permettait-il au successeur prétorien d'intenter sans l'aide d'une fiction les actions du défunt? le pouvoir du préteur se trouvait-il augmenté, la nature de la *bonorum possessio* changée? — En admettant même sur ce premier point le système de Savigny, s'expliquerait-on la naissance de l'*her. petitio possessoria?* Cet auteur déclare que l'utilité d'une pareille action n'existait pas, que celle-ci faisait double emploi avec l'Interdit *Quorum bonorum,*

et que si cet Interdit n'avait pas été créé antérieurement par le préteur, il ne l'aurait plus été depuis. Mais alors pourquoi l'*her. petitio possessoria* a-t-elle été introduite? Pourquoi ce luxe inutile d'actions? Si l'*her. petitio possessoria* pouvait tenir lieu de l'Interdit, celui-ci pouvait à son tour tenir lieu de l'*her. petitio possessoria!* — Quant à prétendre que jusqu'à l'époque de Marc-Aurèle le *bonorum possessor sec. tabulas* n'était pas un *fictus heres* comme le *bonorum possessor intestati*, et en conclure qu'au moment où il le devint, une pétition d'hérédité possessoire s'introduisit, ce sont des propositions qu'on ne peut hésiter un instant à rejeter. Le développement historique de la *bonorum possessio* et la nature des droits qu'elle confère, l'ensemble de l'institution enfin démontrent ce que nous avons établi ailleurs, que tout *bonorum possessor* avait, dès l'origine, un droit analogue à celui de l'héritier, avec la seule différence qu'il n'était pas définitif. Mais alors, dès l'origine aussi, il aurait dû y avoir une *hereditatis petitio possessoria!*

II. *Auteurs suivant lesquels l'*HEREDIDATIS PETITIO POSSESSORIA *n'aurait pas existé à l'époque classique.*

1° LEIST (*Die bonorum possessio*, t. II *b*, p. 21 et suiv.).

71. Il paraît impossible à Leist que la *possessoria hereditatis petitio* ait pu s'introduire du temps des jurisconsultes classiques : sans doute, elle se trouvait en germe dans la *querela inofficiosi testamenti* donnée au *bonorum possessor*, et dans la pétition d'hérédité utile que l'on accordait probablement à celui qui tirait

sa vocation de l'*Édit provincial*, mais d'action destinée à remplacer l'Interdit *Quorum bonorum* et les *ficticiæ actiones* il n'y en eut pas tant que la *bonorum possessio* conserva son ancien caractère. C'est seulement après la transformation de la succession prétorienne, quand elle fut mise sur la même ligne que l'*hereditas*, qu'on put songer à donner au *bonorum possessor* une action analogue à la pétition d'hérédité du droit civil. Ayant les mêmes droits que l'héritier, le *bonorum possessor* devait avoir alors les mêmes actions.

72. Nous avons vu déjà [1] que Leist a fait de vains efforts pour écarter les Lois 1 et 2. *De her. pet. possessoria*, 5, 5 : sa doctrine est donc par avance condamnée. Il nous faut néanmoins répondre à l'objection que cet auteur a voulu, à son tour, élever contre notre manière de voir et qui paraît avoir pesé d'un grand poids sur sa décision. La protection que le préteur avait accordée au *bonorum possessor* était complète, suivant Leist : l'Interdit *Quorum bonorum* et les *ficticiæ actiones* lui permettaient de faire valoir ses droits d'une façon aussi efficace que l'*heres* pouvait exercer les siens par la pétition d'hérédité. Et alors, comment admettre qu'on ait créé pour lui une autre action encore, quand celles qu'il avait lui suffisaient amplement? — Je suis loin de contester que durant la république et sous les premiers empereurs le *bonorum possessor* n'avait aucun intérêt à pouvoir intenter une *her. petitio* utile, mais j'espère démontrer, au contraire, que cet intérêt exista à partir d'Adrien, sinon dans tous les cas, du moins à certains égards [2]. Pour le moment, qu'il suf-

[1] *Supra*, nos 60 et 61.
[2] Voy. *infra*, nos 79 et suiv.

fise de remarquer l'inconséquence à laquelle Leist arrive. Si, comme il le prétend, les actions fictices et l'Interdit tenaient complétement lieu d'une pétition d'hérédité, pourquoi, quand le droit du *bonorum possessor* devint un véritable droit héréditaire, ne se bornât-on pas à rendre *pétitoire* l'Interdit, et *directes* les actions fictices? Leist ne reconnaît-il pas lui-même qu'il était plus rationnnel d'attribuer aux successeurs deux espèces d'actions, des actions spéciales contre les débiteurs héréditaires, une action universelle contre les tiers détenteurs, et que si l'héritier pouvait poursuivre l'une et l'autre de ces catégories de personnes par une action universelle, cela ne peut s'expliquer que par des motifs historiques? Rien donc n'aurait été plus naturel que de maintenir la dualité existant dans les moyens de droit donnés au *bonorum possessor*, s'il n'y avait eu pour lui avantage à obtenir une pétition d'hérédité, utile.

2° FABRICIUS (*Rheinisches Museum*, IV, p. 178, et suiv., p. 209, et suiv. *Ursprung und Entwickl. der Bonorum possessio*, p. 200).

73. L'opinion la plus absolue, la plus hardie, est certainement celle de Fabricius : il appelle l'*her. pet. possessoria* ni plus ni moins qu'un *avorton* de la législation justinianéenne. Les termes dont il se sert sont curieux à plus d'un titre; je n'en veux d'autre preuve que ce passage : « Cette action *mort-née*, ainsi que le nom *inouï* dont on l'a affublée, n'est autre chose qu'une invention de Justinien et de ses *aides*, lesquels, après avoir *escroqué* les actions fictices pour les faire disparaître, ont introduit *clandestinement* dans le droit ro-

main cette sorte de *petit monstre* [1].» Ainsi la Loi 1, *De her. pet. poss.*, 5, 5, interpolée! la Loi, 2 *eod*, interpolée! la suscription même du titre, invention de Justinien! et tout cela parce qu'on ne voit pas l'avantage qu'une pétition d'hérédité pouvait procurer au *bonorum possessor,* qu'on prétend même que l'Interdit *Quorum bonorum* à lui tout seul (!) était suffisant, et enfin qu'on n'a pas seulement compris qu'à une époque donnée la *bonorum possessio* avait subi une transformation profonde, qu'elle était devenue une véritable hérédité !

III. *Système que nous proposons.*

74. Je vais successivement dire pourquoi on ne put pendant longtemps songer à une *possessoria hereditatis petitio*, montrer qu'à l'époque classique, depuis Adrien, cette action, tout en étant restreinte encore dans une sphère assez étroite, fut, en certains cas et à l'encontre de certaines personnes, donnée au *bonorum possessor,* faire voir enfin qu'au temps de Dioclétien elle prit un caractère tout à fait général, et devint le principal moyen qu'eût le *bonorum possessor* de faire valoir ses droits.

75. Quand une donation universelle avait été faite (*donatio omnium bonorum*), Justinien décidait que le gratifié ne pouvait être investi que par une tradition de la propriété des biens donnés (C. 35, § 4, *De dona-*

---

[1] Voici le texte même, qui perd beaucoup à être traduit : «Diese *todtgeborene* Klage mitsammt ihrem *monstruösen* Namen ist nichts als eine Erfindung Justinians und seiner *Gehülfen*, welche diesen *Wechselbalg* (*litt.* l'enfant procréé par un incube), statt der in der Compilation *unterschlagenen fictitiæ actiones* des bon. possessor, in das römische Recht *eingeschwärzt* (*litt.* introduire par contrebande) haben. »

tionibus, 8, 54; çf. Loi 17, § 1, *Quæ in fraud. cred.*, 42, 8; Loi 28, *De donationibus*, 39, 5) : en d'autres termes, le donataire était traité comme *successor in singulas res*, et par suite ne pouvait avoir contre les tiers une *actio in rem universalis*[1]. Une pareille situation ne saurait se comprendre pour l'héritier. Ici la loi elle-même crée le titre, elle-même elle fait la tradition, que tout à l'heure le donateur était obligé de faire; grâce à elle enfin le défunt et l'héritier ne forment en quelque sorte qu'une seule personne (cf. Loi 37, *De acquir. vel omitt. hered.*, 29, 2 ; Loi 11, *De diversis temporalibus præscr.*, 44, 3; Loi 24, Loi 208, *De verbor. signif.*, 50, 16; Loi 59, Loi 177, *De regulis juris*, 50, 17). Il est donc indispensable que l'héritier ait une action universelle ; par ce moyen seulement il parviendra à se mettre en possession du patrimoine qu'il doit recueillir. Que lui serviraient en effet des actions en revendication contre ceux qui contestent sa propre vocation et non le droit du défunt? et comment pourrait-il avoir seulement de pareilles actions quand son auteur n'était que simple possesseur? Enfin une même personne peut détenir *pro possessore* des biens nombreux de la succession, et il est nécessaire, ou en tout cas fort utile pour l'héritier, qu'une seule action renferme toutes les prétentions qui de ces divers chefs peuvent être élevées contre elle. Mais si l'héritier a besoin d'une *actio in rem universalis* contre les possesseurs *pro herede* ou *pro possessore* de choses héréditaires ou ceux qui en ont perdu la possession par

[1] Voy. mon travail sur la *subrogation réelle. Revue historique de droit français et étranger* (livraison de septembre-octobre 1868), p. 469-470, t. XIV.

dol, quel motif pourrait-il y avoir, en théorie, de lui
accorder une action analogue, une action universelle,
soit contre des débiteurs du défunt ou de l'hérédité,
soit contre des tiers qui se prévalent d'un droit réel?
Pro herede, pro possessore, ce sont des titres nés postérieurement à l'ouverture de la succession, qui ne
pouvaient être opposés au défunt; celui-ci tenait dans
ses mains l'ensemble du patrimoine qui s'est trouvé à
sa mort, sans que rien fît obstacle à l'exercice de son
droit; or l'héritier doit être mis dans la même situation où le D. C. se trouvait; il doit être placé à la tête
de la même universalité que l'était ce dernier, et voilà
pourquoi il faut l'armer d'une action universelle contre
tout possesseur *pro possessore* ou *pro herede*. Mais ap-
pliquez le même raisonnement au cas où l'héritier
veut poursuivre des débiteurs ou des *juris possessores*,
et la conclusion sera bien différente. Le successible
doit être vis-à-vis des tiers dans la même position où
s'était vu son auteur : telle est la majeure. Eh bien!
quelle avait été la position du défunt? Pouvait-il par
une action universelle faire valoir ses droits de créance
ou de propriété, ses droits personnels ou réels? La
règle, au contraire, n'était-elle pas celle-ci : autant
de droits, autant d'actions spéciales? Pour être logique,
il faut donc dire que l'héritier intentera contre les
tiers ou contre les débiteurs du défunt les mêmes actions spéciales que celui-ci aurait pu intenter de son
vivant, contre les débiteurs de la succession celles qui
compétaient à l'*hereditas jacens*[1]. Voit-on, d'ailleurs,

---

[1] L'*hereditas jacens* ne continue-t-elle pas la personnalité juridique du défunt? Inst. III, *De stipul. serv.*, 17, pr. ; Inst. II, *De
hered. inst.*, 14, § 2; L. 31, § 1, *De her. inst.*, 28, 5; L. 34, *De*

l'utilité que présenterait ici une action universelle ? Arrivera-t-il souvent que plusieurs actions, soit réelles, soit personnelles, doivent être dirigées contre une même personne ? Et cela serait, que l'intérêt d'une *actio universalis* me paraîtrait encore bien contestable ? Contre un possesseur *pro herede*, ou *pro possessore*, rien de mieux qu'une pareille action; car, s'il y a plusieurs chefs de demande, la preuve leur est commune : l'héritier triomphe en établissant son titre et la possession de son auteur. Mais quand c'est un débiteur ou un *juris possessor* qui est recherché, la pluralité des prétentions n'appelle-t-elle pas la pluralité des preuves ? Chaque demande, en général, a un fondement différent, chacune donc a besoin d'être spécialement justifiée : les englober toutes dans une même action pourrait avoir pour seul résultat certain d'obscurcir ce qui était clair, de mêler ce qui doit rester distinct.

Le système de protection le plus rationnel pour l'héritier est, d'après ce qui vient d'être dit, de lui accorder : 1° les *actions spéciales*, personnelles ou réelles, qui appartenaient au défunt ou à l'*hereditas jacens*; 2° une *action universelle* pour obtenir des possesseurs *pro herede* et *pro possessore* ou du *fictus possessor* la possession que le D. C. avait eue lui-même. Pour exercer les premières, l'héritier serait tenu de prouver : 1° son titre d'héritier; 2° le droit personnel ou réel qu'il invoque ; pour triompher par l'action universelle : 1° son titre d'héritier ; 2° la possession du défunt.

acquir. rer. dom., 41, 1 ; L. 33, § 2, *eod.*; L. 15, pr. *De interrog. in jure*, 11, 1; L. 15 pr., L. 22, *De usurpat.*, 41, 3; L. 22, *De fidejuss. et mandat.*, 46, 1.

Est-ce là le système d'actions que le droit romain
avait admis pour l'héritier civil? Il suffit de jeter un
coup d'œil sur le titre *De hered. petitione* au Digeste,
pour répondre négativement. La pétition d'hérédité em-
piétait sur le domaine des actions spéciales, elle était
donnée contre les débiteurs héréditaires[1] et non pas
seulement contre les possesseurs *pro herede* ou *pro
possessore*[2]. Mais nous allons montrer que l'influence de
l'*usucapio pro herede* fut l'unique cause de cette dérogation aux vrais principes.

76. Le but principal de l'*hereditatis petitio* est la
reconnaissance du titre de l'héritier[3]; ce n'est qu'accessoirement, par voie de conséquence, qu'elle procure
la possession des biens du défunt, ou le paiement des
créances comprises dans la succession. *Hereditatem
meam esse aio*, disait en résumé l'héritier, soit qu'il
employât la formule pétitoire, soit qu'il se servît de la
sponsio, et cela quand personne ne songeait à le contredire sur ce point[4]. Que ne cherchait-il plutôt à établir
la possession ou le droit personnel de son auteur? N'é-
tait-ce pas là le véritable point du procès, n'était-ce pas
le seul sur lequel une contestation sérieuse pouvait s'é-
lever entre lui et le possesseur *pro possessore* ou le débiteur auquel il réclamait paiement? Comment donc
s'expliquer que le principal, l'unique objet de la de-

[1] L. 13, § 15; L. 16, § 1, § 3; *De hered. pet.*, 5, 3.

[2] La règle *dolus pro possessione est* ne s'introduisit que par le sénatus-consulte *Juventianum*: auparavant le *fictus possessor* ne pouvait être poursuivi par l'*her. petitio*, en cette qualité.

[3] Voy. Arndts *Beiträge zu verschiedenen Lehren des Civilrechts*,
1re livraison (seule parue), Bonn 1837, p. 18 et suiv.

[4] L. 10, § 1, *De hered. pet.*, 5, 3: Itaque qui ex asse vel ex
parte heres est, intendit quidem *hereditatem suam esse...*

mande, dans la plupart des cas au moins, fût laissé dans une ombre complète, au lieu qu'on mettait en pleine lumière une question qui, cela semble, n'était que secondaire? En un mot, pourquoi était-on arrivé à traiter tout possesseur *pro possessore* et tout débiteur héréditaire comme s'il niait la vocation de l'héritier, comme s'il était possesseur *pro herede?* Je crois que la seule réponse qui puisse être donnée est que précisément ces personnes furent pendant longtemps de véritables possesseurs *pro herede*, ce qui revient à dire que la nature intime de l'*hereditatis petitio*, que son étendue, son origine même doivent être rapportées à l'*usucapio pro herede.* Et, en effet, nous n'aurons pas de peine à faire voir que l'*hereditatis petitio* ne pouvait exister tant que cette prescription n'eut pas elle-même pris naissance; et que, celle-ci créée, elle en découla naturellement avec la forme que nous lui connaissons.

La *possessio pro herede* se rencontre surtout quand l'héritier premier appelé laisse écouler un certain temps sans accepter la succession; d'autres alors qui ne doivent venir qu'après lui se gèrent comme héritiers à sa place. Or, sous l'empire de la loi des XII Tables, cela était de tous points impossible. Aucune espèce de *successio*, soit *graduum*, soit *ordinum*, n'était admise; l'hérédité une fois déférée ne pouvait plus l'être, même si la délation devenait sans effet par la mort ou la renonciation de l'héritier le plus proche[1]. Qui aurait donc pu élever des

---

[1] Gaius, III, § 12: Nec in eo jure successio est. Ideoque si agnatus proximus *hereditatem omiserit*, vel antequam adierit, *decesserit*, sequentibus nihil juris ex lege competit. Gaius, III, § 9 : Si *nullus* sit suorum heredum, tunc hereditas pertinet ex eadem lege XII Tabularum ad agnatos; § 17 : Si *nullus* agnatus sit, eadem lex XII Tabul. gentiles ad hereditatem vocat. Cf. Leist, *Die bon. possessio*, I, §§ 22, 23, 33.

prétentions à l'hérédité, quand, au moment du décès,
un autre que lui se trouvait au premier rang? Au reste,
il faut remarquer encore que, dans ces temps anciens,
bien peu de personnes devaient mourir sans laisser des
héritiers siens et nécessaires, et alors de deux choses
l'une : ou bien ces héritiers usaient du *beneficium abstinendi* et alors, de fait au moins, sinon en droit[1], la succession devant rester sans maître, il ne pouvait surgir
de débats pour son attribution à un autre successible,
ou bien ils faisaient *immixtion*, et l'hérédité leur était
alors définitivement acquise ; mais dans l'un et l'autre
cas le soin jaloux, superstitieux même, avec lequel les
vieux Romains veillaient à ce qu'après leur mort il se
trouvât des représentants de leur personne, puis la
qualité de proches parents des héritiers siens et nécessaires devaient rendre impossible toute difficulté sur la
vocation de ces derniers.

A l'époque primitive où nous nous sommes placé,
ceux qui s'étaient mis en possession de biens héréditaires ne pouvaient donc être presque jamais que des possesseurs *pro possessore*. Mais, va-t-on nous objecter sans
doute, possesseurs *pro herede*, possesseurs *pro possessore*, qu'importe? puisque nous avons reconnu précédemment qu'une action universelle est toujours nécessaire à l'héritier pour enlever la possession à ceux qui,
même sans titre, s'en sont emparés après le décès de son
auteur. Une pareille action, par suite, a dû appartenir
de tout temps au successeur *ex jure civili*, et tout ce
que l'on peut concéder, c'est qu'elle a reçu plus tard une

[1] L. I, § 7, *Si quis omissa causa test.*, 29, 4 ; L. 30, §§ 10 et 12 ;
De fideicom. libert., 40, 5 ; L. 28, *De rebus auctor. jud. pos.*, 42, 5.

extension et une portée inconnues à l'origine: ainsi il
reste acquis, conclurait-on, que l'*hereditatis petitio* a
existé avant l'*usucapio pro herede*. Raisonner de la sorte,
ce serait commettre un véritable anachronisme, ce serait oublier les principes les plus élémentaires de la législation en vigueur dans ces temps reculés! Quand
Rome était régie par les XII Tables, il semble, en effet,
qu'on ne concevait pas d'autre droit sur une chose que
celui résultant du *nexum*, le droit absolu de propriété,
le *mancipium*. Voulait-on constituer une dot ou un *pi-*
gnus, faire un dépôt, ou un commodat, on commençait
par manciper la chose, par la mettre dans le domaine
de celui qui devait profiter du contrat, et on exigeait seulement qu'il prît l'engagement (*fiducia*) de retransférer
la propriété par une *remancipatio*, quand il aurait fait de
la chose l'usage convenu[1]. Cela étant, tous les biens que
laissait une personne à son décès devaient être dans son
mancipium; et c'est effectivement ce que suppose Gaius
quand il dit : « Olim familiæ emptor; id est, qui a testa-
tore familiam accipiebat *mancipio*, heredis locum obti-
nebat » (Gaius, II, § 103). Mais alors qu'était-il besoin
pour l'héritier d'une action universelle? Ne pouvait-il
pas, comme le défunt l'aurait pu lui-même, revendi-
diquer par des actions *in rem* spéciales les divers biens
qu'on avait cherché à distraire de la succession? Et
ainsi l'inutilité de l'*hereditatis petitio* se trouve de nouveau démontrée.

   Telle était la situation de l'héritier avant l'introduction de l'*usucapio pro herede:* put-elle rester la même
après? Évidemment non. Quand un tiers s'est, au mo-

---

[1] Cf. Maynz, *Éléments de droit romain*, II, § 315, p. 253.

ment de l'ouverture de la succession, saisi d'un bien
héréditaire, l'héritier n'a plus à craindre seulement de
perdre ce bien par prescription, c'est un danger autrement grave qui le menace, celui de se voir supplanter
dans sa qualité même d'héritier ! Qu'un an s'écoule, que
durant ce temps le tiers continue à posséder, et l'usucapion de l'hérédité se sera accomplie à son profit ! et
l'héritier se verra dépouillé de son droit ! S'il a été né-
gligent, s'il a mis des lenteurs à se prononcer, cela s'explique encore, il subit la peine de sa paresse ou de son
indécision ; mais ne pouvait-il pas arriver que le plus
diligent ne pût conjurer toujours les effets de *l'usucapio pro herede*, s'il n'avait à son service que les actions spéciales ? Le successeur connaissait-il chaque
fois la composition exacte de l'hérédité ? Quand il re-
vendiquait des biens entre les mains d'un tiers possesseur, savait-il si celui-ci n'en détenait point d'autres ?
Et pourtant il suffisait qu'un seul objet héréditaire fût
soustrait pendant un an à son action, pour que *l'usucapio pro herede* se réalisât, pour que *l'usucapiens* devînt
héritier, au lieu que, sous l'empire des XII Tables,
l'objet possédé seul aurait pu être prescrit ; et encore
eût-il fallu juste titre et bonne foi [1]. Ce n'était donc
plus tant pour posséder lui-même que pour empêcher
un autre de posséder que l'héritier devait actionner les
tiers ; ce qu'il voulait, c'était moins la valeur de la chose
dont ces derniers s'étaient emparés, que la reconnaissance de son titre de successeur ; ce qui lui importait
avant tout, le principal but qu'il cherchait à atteindre,

[1] L'héritier, en un mot, était dans la même situation qu'un propriétaire quelconque : il n'y avait donc pas de motif alors de lui donner une action à part.

c'était d'affirmer sa vocation à l'encontre de ceux qui auraient pu sans cela la confisquer à leur profit! Ceci admis, on voit tout de suite le genre d'action qu'il convenait d'accorder maintenant à l'héritier : ce devait être une action universelle, pour que le tiers recherché fût tenu à la restitution de tous les biens possédés par lui, elle devait tendre à la revendication de l'hérédité elle-même : *hereditatem meam esse aio*, devait dire le successeur, puisque, par le fait même de sa possession, le défendeur élevait des prétentions au titre d'héritier, et que, s'il retenait un unique objet de la succession, ce titre, au bout d'un an, lui était acquis. Mais ces conditions ne sont-elles pas remplies par l'*hereditatis petitio*, action universelle où l'héritier établit ses droits à la succession, et où la restitution des choses héréditaires détenues par des tiers n'est obtenue qu'indirectement? Ce qui nous semblait précédemment inexplicable dans cette action devient ainsi très-naturel, dès qu'on rattache son origine à l'*usucapio pro herede*.

77. L'*hereditatis petitio*, comme on sait, est donnée contre les débiteurs, soit du défunt, soit de l'*hereditas jacens*, tandis qu'elle ne peut servir à faire valoir les droits réels compris dans la succession. Assurément, ce n'est pas une des moindres bizarreries qu'elle présente! Avoir exclu les actions réelles de l'*hereditatis petitio*, y avoir compris les actions personnelles! Mais pourquoi donc? Logiquement, est-il possible d'en donner un bon motif? Que l'héritier veuille poursuivre un tiers en vertu d'un droit réel ou d'un droit personnel, la preuve à fournir n'est-elle pas la même? Ne doit-il pas, dans l'un et l'autre cas, justifier de son titre d'héritier, puis établir que le droit qu'il invoque appartenait

F.   8

au défunt ou à l'*hereditas jacens?* Comment comprendre
alors qu'on ait appliqué le nom d'*hereditatis petitio* aux
actions dirigées contre les débiteurs héréditaires et point
aux actions réelles compétant au successeur? qu'on ait
donné pour unique fondement aux premières le titre
d'héritier, et qu'on ait basé les secondes sur la preuve
du droit réel dont l'héritier se prévaut? Si nous recon-
naissons que les débiteurs héréditaires, ou plus généralement ceux contre lesquels le D. C. ou l'hérédité
auraient eu des actions personnelles, pouvaient usucaper *pro herede*, au lieu que le non-exercice des actions
réelles ne donnait jamais naissance à cette usucapion,
n'aurons-nous pas le mot de l'énigme et une nouvelle
démonstration que si l'*hereditatis petitio* a eu la forme
et l'étendue que les jurisconsultes nous enseignent,
c'est à l'*usucapio pro herede* qu'il faut s'en prendre?

D'après le principe fondamental de l'*usucapio pro herede*, tous ceux qui agissaient en héritiers acquéraient
cette qualité par l'expiration du délai d'un an[1]. La
circonstance à laquelle on s'attachait, c'était donc que
l'on se fût substitué au défunt, en tout ou en partie,
qu'on eût usé de ses biens comme de choses vous
appartenant en propre. Cela se rencontrait surtout
quand un tiers se mettait en possession des *corpora he-
reditaria;* mais n'était-ce pas aussi se conduire en héritier, se poser en maître, que de vendre ou de détruire
un objet dépendant de la succession? D'un autre côté,
celui qui avait contracté une obligation personnelle envers le défunt ne se gérait-il pas comme s'il avait un
droit à l'hérédité, quand de sa propre autorité il se li-

[1] Quand, du reste, les autres conditions de l'*usucapio pro herede*
se trouvaient remplies.

bérait de son obligation en ne remplissant pas l'engagement qu'il avait pris, en se soustrayant à l'action de
l'héritier? Tout porte ainsi à croire que, soit les débiteurs de l'*hereditas jacens,* soit les tiers qui avaient
contracté avec le défunt, étaient en situation d'usucaper *pro herede,* dès la première période de cette institution si remarquable, et il me semble même qu'il serait beaucoup plus difficile de justifier que l'*usucapio
pro herede* ne leur eût été permise qu'une fois entrée
dans sa seconde phase. Mais s'il était même certain (ce
qui n'est pas seulement vraisemblable, nous venons de
le voir) que les débiteurs héréditaires ne purent jamais prescrire le titre d'héritier, on s'expliquerait encore que l'*hereditatis petitio* eût été donnée plus tard
contre eux, dès qu'il serait établi qu'ils purent prescrire
leur dette *pro herede:* n'aurait-il pas été illogique de ne
pas donner la même action contre tous les *usucapientes
pro herede?* Sans doute, l'*hereditatis petitio* n'offrait plus
guère d'avantages sur les actions personnelles spéciales,
mais sa forme n'était-elle pas aussi devenue surannée
vis-à-vis du possesseur d'un corps héréditaire, et pourtant, par esprit de tradition, ne l'a-t-on pas maintenue?
Or nous allons montrer rapidement que toute personne qui était obligée personnellement envers le D. C.
ou la succession put, en tout cas, se libérer par l'*usucapio pro herede,* quand celle-ci eut revêtu son caractère nouveau.

La preuve nous est fournie par l'Édit des pontifes,
dont il est question dans un passage célèbre de Cicéron
(Cicéron, *De legibus,* lib. II, chap. 19, 20, 21). — La
charge des *sacra* était attachée à la qualité d'héritier
et non à la simple possession des biens héréditaires;

Gaius nous l'apprend en disant que l'ancienne *usucapio
pro herede* avait été introduite *ut essent qui sacra face-
rent* (Gaius, II, § 55). Mais alors, une fois qu'elle ne fit
plus acquérir le titre d'héritier, le but de cette prescription fut complétement manqué pour les pontifes,
puisqu'ils ne pouvaient plus demander la prestation des
sacra à ceux qui avaient usucapé. Il fallait donc que
de leur propre autorité ils obligeassent aux *sacra* ceux
qui profitaient de la succession, ou du moins ceux qui
en profitaient le plus, qu'ils fussent héritiers ou non :
c'est ce qu'ils firent, car Cicéron nous dit au chapitre
21 : « Sacra cum pecunia, pontificum auctoritate, *nulla*
« *lege* conjuncta sunt. »

Sacra pecunia conjungere, telle est la règle nouvelle
que les pontifes se virent forcés d'établir : il en découlait que d'abord l'héritier, le légataire ensuite, enfin
l'*usucapiens pro herede* allaient supporter le poids des
sacra. L'Édit portait : « Tribus modis sacris adstringi :
« 1° *hereditate;* — 2° *aut si majorem partem pecuniæ*
« *capiat;* —- 3° *aut si major pars pecuniæ legata est,*
« si inde quippiam ceperit » (Cicéron, *De legibus*, lib. II,
chap. 20.) Or, et voilà qui devient important pour nous,
Scévola substitua à la rédaction première de l'Édit,
une autre plus rationnelle et plus complète, sans rien
innover cependant quant aux principes, ni quant aux
personnes qui devaient payer les *sacra*[1] : il rapprocha

[1] On n'a qu'à lire le commencement du chap. 20 de Cicéron pour
être convaincu que toute l'œuvre de Scévola consista à perfectionner
l'ancienne rédaction de l'Édit, et que, par suite, les trois dernières
classes du nouvel édit ne sont que le développement de la seconde
classe de l'ancien. « Hæc nos a Scævola *didicimus*, dit Cicéron, non
ita *descripta* ab antiquis. Nam illi quidem *his verbis docebant...* »
Puis il conclut : « *Sed pontificem sequamur,* » ce qui peut seulement

la troisième classe de la première, puisque toutes deux supposent qu'il y a un héritier, et il fit trois classes de la seconde, pour marquer avec plus de précision quelles personnes étaient des *usucapientes pro herede*. Mettons en parallèle les deux rédactions, telles que Cicéron nous les a transmises :

ANCIEN ÉDIT.	RÉDACTION DE SCÉVOLA.
Tribus modis sacris adstringi.	*Quæruntur qui adstringantur sacris.*
1° Hereditate.	1° Heredum causa justissima est. Nulla est enim persona quæ ad vicem ejus, qui e vita emigraverit propius accedat.
3° Aut si major pars pecuniæ legata est, et inde quipp. ceperit.	2° Deinde qui morte testamentove ejus tantundem capiat, quantum omnes heredes[1].
	3° Tertio loco, si nemo sit heres, is, qui de bonis quæ ejus fuerint, quum moritur, usuceperit plurimum *possidendo*.
2° Aut si majorem partem pecuniæ capiat	4° Quarto, *si nemo sit qui ullam* REM *ceperit*, de creditoribus ejus qui plurimum servet.
	5° Extrema illa persona est, ut is, qui ei qui mortuus sit, pecuniam debuerit, neminique eam solverit, perinde habeatur, *quasi eam pecuniam ceperit*.

Ainsi, il va nous suffire d'analyser les trois dernières classes de l'Édit de Scévola, pour apprendre au profit de qui *l'usucapio pro herede* pouvait s'accomplir.

signifier : la rédaction de Scévola est préférable quant à la forme ; car si elle avait été différente quant au fond, elle eût été obligatoire, et Cicéron n'eût pu opter entre elle et la rédaction primitive.

[1] Si Scévola exige que le légataire ait reçu *quantum omnes heredes*, c'est une conséquence de la loi Voconia, et cela ne change pas le principe que le *légataire est tenu au paiement des sacra* (*sacris adstringitur*).

1° *Si nemo sit heres, is, qui de bonis, quæ ejus fuerint, cum moritur, usuceperit plurimum* POSSIDENDO. —
C'est là l'*usucapio pro herede* proprement dite; un tiers
a pris possession d'un bien héréditaire et l'a retenu
entre ses mains durant une année.

2° *Si nemo sit, qui ullam rem ceperit, de creditoribus ejus, qui plurimum servet.* — Le sens de cette disposition de l'Édit est loin d'être clair, et il s'est élevé
de vives controverses sur son interprétation[1]. Je ne
chercherai pas à réfuter toutes les opinions si diverses
qui ont été émises à ce sujet, me bornant à indiquer
l'explication que je crois devoir moi-même proposer et
qui résulte déjà en partie de ce qui précède. Cette explication, la voici : à défaut du véritable *usucapiens pro
herede*, du possesseur d'un corps héréditaire, « si nemo
« sit qui ullam rem ceperit» (*sensu proprio*), l'obligation aux *sacra* pèse sur ceux qui, *par extension*, peuvent usucaper *pro herede*. Ces personnes, quelles sont-
elles? — En première ligne se trouvent *qui plurimum
de creditoribus servent.* Vient ensuite (dans la cinquième
classe) le débiteur du défunt qui s'est soustrait au
paiement. Cette gradation descendante, s'il est permis
de s'exprimer ainsi, ne détermine-t-elle pas le sens des
termes énigmatiques « qui plurimum de creditoribus
« servent?» Qui donc pouvait-on ranger de la sorte,
entre le possesseur d'un corps certain et les débiteurs
du défunt, si ce n'est les débiteurs de l'hérédité va-

[1] Voy. surtout Savigny, *Ueber die juristische Behandlung der*
SACRA PRIVATA etc. (*Vermischte Schriften*, 1850, I, p. 166 et suiv.);
Leist, *Die bonorum possessio*, I, p. 49-51; Huschke, *Ueber das
Recht des* NEXUM *und das alte römische Schuldrecht* (Leipzig 1846),
p 91. Chacun de ces auteurs a proposé un système différent.

cante et ceux contre lesquels une *actio fiduciæ* aurait
appartenu au D. C.? Quels autres tenaient comme eux
des deux classes de personnes entre lesquelles nous les
trouvons placés? Celui qui avait vendu ou détruit un
bien de la succession pouvait et devait être assimilé,
dans une certaine mesure, à l'indû possesseur; mais,
d'un autre côté, s'il n'indemnisait pas l'hérédité, n'of-
frait-il pas des points de ressemblance avec le débiteur
du défunt qui, de son propre chef, se dispensait d'acquitter sa dette? En second lieu, ceux qui avaient
reçu, par une mancipation du défunt, un bien qu'ils
s'étaient engagés à rendre *(cum fiducia)*, cas fréquent
sous l'empire du *nexum*, étaient des *debitores defuncti*,
et, comme tels, devaient pouvoir opposer l'*usucapio pro
herede* à l'action personnelle dirigée contre eux; mais
ne se rapprochaient-ils pas aussi de celui *qui rem
aliquam usuceperit*, en ce que la prescription de l'*actio fiduciæ* leur faisait acquérir la propriété définitive
d'un *corpus hereditarium? De creditoribus ejus qui
plurimum servet :* cela ne peut donc avoir d'autre sens
que : *toute personne qui enlève le plus de biens de la
succession aux créanciers du défunt.* Mais pourquoi
parle-t-on des créanciers du défunt et non de ses héritiers? Il n'y a là rien qui doive nous étonner; pour que
la classe qui nous occupe puisse être obligée aux *sacra*,
il faut que l'hérédité soit vacante, car sans cela l'héritier serait seul tenu envers les pontifes[1]; c'est donc
réellement au détriment des créanciers du défunt que
l'*usucapio pro herede* se réalise. Et ainsi l'expression
employée par Scévola se justifie fort bien.

[1] Aussi l'indication de la troisième classe était-elle précédée de ces
mots : *Si nemo sit heres.*

3° *Extrema illa persona est, ut is, qui ei, qui mor-
tuus sit, pecuniam debuerit, neminique eam solverit,
perinde habeatur, quasi eam pecuniam ceperit.* — Nous
trouvons ici la preuve que le débiteur du défunt, qui
parvenait pendant un an à échapper à toute action,
était considéré comme un *usucapiens pro herede :* il
était libéré de sa dette, et censé avoir prescrit la valeur
qui en formait le montant.

En résumé, pouvaient usucaper *pro herede:* le possesseur d'un objet singulier de la succession, le débiteur de l'*hereditas jacens,* enfin tous ceux qui s'étaient
obligés envers le D. C. Voilà pourquoi ces diverses personnes pouvaient être atteintes aussi par l'*hereditatis
petitio.*

Il nous reste à faire voir que de la part de ceux contre
lesquels l'héritier pouvait intenter des actions réelles
singulares, l'*usucapio pro herede* n'était jamais à craindre, à raison du non-exercice de ces actions. La démonstration ne sera pas longue. Quand une personne
étrangère à l'hérédité possède un *corpus hereditarium,*
de deux choses l'une : ou sa possession a une date postérieure à l'ouverture de la succession, ou bien elle est
antérieure à cette époque. Au premier cas, le droit réel
du défunt n'a pas besoin d'être prouvé, et l'on ne comprendrait pas qu'une action réelle spéciale fût exercée,
car il suffit à l'héritier d'établir sa vocation et la possession de son auteur, pour triompher par l'*hereditatis
petitio.* Dans le second cas, les motifs sont différents,
la solution est la même. Tant que l'on vécut à Rome
sous le joug du *nexum,* ceux qui tenaient leur possession du défunt, s'ils n'étaient propriétaires incommu-
tables, l'étaient au moins *cum fiducia :* l'héritier avait

contre eux l'*actio fiduciæ;* plus tard, la propriété ne reposait plus sur leur tête, mais ils pouvaient être atteints par l'action spéciale à chaque contrat: à l'une et l'autre époque donc, c'était par des actions personnelles et non par des actions réelles que ces possesseurs étaient poursuivis. Mais il n'est pas même nécessaire de parler de la seconde époque : ceux qui n'avaient reçu du D. C. que la simple détention d'un de ses biens ne pouvaient, par l'*usucapio pro herede,* en acquérir la propriété; la règle : *Nemo sibi causam possessionis mutare potest* y faisait obstacle. Cette règle empêchait aussi d'usucaper *pro herede* tous ceux qui possédaient déjà du vivant du défunt, sans titre, ou en vertu d'un titre émanant d'un autre que lui.

Nous avons ainsi démontré que si l'*hereditatis petitio* sert à faire valoir les droits personnels et non les droits réels du D. C., l'*usucapio pro herede* en est la cause et la seule cause.

78. Les résultats auxquels nous venons d'arriver sont dès lors, en peu de mots, les suivants. Si, au lieu d'une *actio universalis* qui fît obtenir à l'héritier la possession de son auteur, et d'actions *singulares* tout à fait distinctes de la première, à l'aide desquelles il pût exercer les droits personnels ou réels compris dans la succession, on a créé une action telle que l'*hereditatis petitio,* c'est uniquement parce que l'héritier aurait été menacé, sans cela, de perdre son droit par l'*usucapio pro herede.* Or ce danger n'a jamais existé pour le *bonorum possessor,* l'*usucapio pro herede* se trouvant dans sa seconde phase lors de la création de la succession prétorienne; d'où la conclusion logique que le préteur ne dut pas donner au *bonorum possessor* une action

semblable à l'*hereditatis petitio*. Il est vrai que cette
dernière continua à subsister, quand l'*usucapio pro herede* ne faisait plus acquérir le titre d'héritier ; mais il
ne faut voir là autre chose qu'une preuve nouvelle du
respect profond que portaient les Romains aux institutions qu'ils avaient reçues de leurs ancêtres. Va donc
pour l'héritier : il avait depuis longues années une
hereditatis petitio, il l'a conservée. Mais le *bonorum possessor !* ces considérations lui sont-elles applicables ?
Quand son droit datait d'hier, pourquoi lui aurait-on
accordé une action qui n'avait pour elle que son ancienneté ? Pourquoi, pouvant le faire, le préteur n'eût-
il pas choisi le système de protection le meilleur et le
plus rationnel ? Il n'avait qu'à intimer un ordre, qu'à
donner un interdit, pour mettre le *bonorum possessor*
dans la possession du défunt, il lui suffisait d'une fiction
pour procurer au successeur institué par lui les actions
spéciales, soit *in rem,* soit *in personam,* qui compétaient
à l'héritier. C'était simple et logique, c'était revenir aux
vrais principes dont l'*usucapio pro herede* avait fait dé-
vier. Mais que dire maintenant, si cet exposé est celui
même des textes, si les indications des jurisconsultes romains concordent avec les conséquences auxquelles le
seul raisonnement nous a conduits ? Le *bonorum possessor* a un interdit, l'Interdit *Quorum bonorum,* au moyen
duquel il obtient la possession de tous les biens qui
étaient entre les mains du D. C. au moment de sa
mort, mais qui n'est point donné contre les débiteurs
héréditaires (Loi 1, § 1; Loi 2, *Quorum bonorum,* 43,
2). C'est l'*actio universalis,* que nous demandions pour
lui. Voici les *actiones singulares*: à l'aide de la fiction
si Aulus Agerius Lucio Titio heres esset, le *bonorum*

possessor pouvait intenter les mêmes actions spéciales que l'héritier[1]. Or celui-ci n'avait pas seulement les actions personnelles ou réelles du D. C., mais aussi celles de l'*hereditas jacens;* l'*her. jacens* représentant la personnalité du défunt à laquelle l'héritier succédait[2]. De la sorte, le *bonorum possessor* atteignait avec les actions fictices aussi bien les débiteurs du défunt que les débiteurs héréditaires proprement dits.

En présence de ces témoignages des sources, toute possibilité de douter ne doit-elle pas disparaître? Le doute, on le comprendrait à la rigueur si l'on ne savait que le préteur a introduit en faveur du *bonorum possessor* des moyens de droit différents de ceux de l'héritier, qu'il ne s'est pas borné à lui donner fictivement la pétition d'hérédité ordinaire. On pourrait dire alors, avec quelque apparence de raison, qu'il a dû mettre au-dessus de toute considération le désir de se placer sous l'égide du droit civil, et être amené ainsi à étendre l'*hereditatis petitio* à la succession prétorienne. — Mais quand il est certain que le préteur a créé un système d'actions nouveau, que ce système est précisément le plus juridique, qu'il procure enfin une protection aussi efficace que l'*hereditatis petitio*, comment admettre qu'à ce système il en ait ajouté un autre encore, un autre de tous points superflu, moins rationnel même, car il était fait pour une époque déjà loin, il était resté stationnaire,

---

[1] Gaius, IV, § 34; Ulpien, *Lib. regul.*, tit. XXVIII, § 12 etc.

[2] Voy. *suprà*, n° 75. La comparaison des lois 43 *ad leg. Aquiliam*, 9, 2, et 20, § 4, *De hered. pet.*, 5, 3, fournit du reste la preuve que l'héritier, à côté de l'*her. petitio*, avait encore les actions directes de son auteur et de l'*hereditas jacens.* Voy. encore L. 13, § 1; L. 14 pr., *De servo. corrupto*, 11, 3.

quand le droit avait marché! — L'*hereditatis petitio possessoria* ne put donc s'introduire que plus tard, et seulement pour des cas exceptionnels (tant que la *bonorum possessio* n'eut pas changé de nature) : quand cela eut lieu et quels sont ces cas, voilà ce qu'il nous reste à dire.

79. Sous Adrien, un sénatus-consulte qui, tout porte à le croire, n'est autre que le sénatus-consulte *Juventianum*, autorisa la révocation par l'*hereditatis petitio* de l'*usucapio pro herede* accomplie au détriment de l'héritier légitime. Or il était impossible de priver le *bonorum possessor* de ce bénéfice[1]. Le préteur ajouta donc à la formule de l'Interdit *Quorum bonorum* la clause nouvelle : *possideresve si nihil usucaptum esset*[2]. Je sais bien qu'on a soulevé des difficultés sur ce point : Leist notamment a prétendu que la rédaction de l'Édit avait toujours été celle qui nous est présentée dans la Loi 1

---

[1] In omni enim vice heredum bonorum possessores habentur (L. 2, *De bon. poss.*, 37, 1). Prætor bon. possessorem heredis loco in omni causa habet (L. 117, *De regulis juris*, 50, 17).

[2] Il ne faudrait pas entendre que c'est grâce à cette seule addition faite à la formule que le *bon. possessor* put maintenant faire tomber l'*usucapio pro herede*. L'Interdit *Quorum bonorum* ne pouvait révoquer celle-ci directement, par la simple raison qu'on ne lève point un obstacle qui n'existe pas. Que l'*usucapio pro herede* eût ou non été accomplie, cela n'aurait pas empêché le *bon. possessor* d'obtenir, par l'Interdit, la possession du défunt. Mais avant le sénatus-consulte *Juventianum* le tiers qui avait usucapé l'aurait emporté après coup par la *secundaria proprietatis actio*, et dès lors il n'y avait aucun motif de donner d'abord l'Interdit contre lui. Au contraire, après le sénatus-consulte, la *secundaria actio* fut déniée à l'*usucapiens*, et de ce moment il devint important pour le *bon. possessor* de triompher de celui-ci par l'Interdit *Quorum bonorum*. Et voilà pourquoi l'insertion, dans l'Edit, des mots : *possideresve si nihil usucaptum esset*, et la révocation de l'*usucapio pro herede* sont intimement liées.

pr., *Quorum bonorum*, 43, 2, et qu'à l'inverse de ce que nous avançons, c'est le droit civil qui a emprunté au droit prétorien la révocation de l'*usucapio pro herede*. Son argumentation ne manque pas de force. Dès le principe, dit-il, il y eut au moins quatre classes de *bonorum possessores* : les héritiers testamentaires, les *sui*, les agnats, les *gentiles*. Comme les délais accordés par le préteur sont d'un an pour les *parentes et liberi*, de cent jours pour les autres personnes, la dernière classe n'était appelée qu'un an et deux cents jours après l'ouverture de la succession. Mais ne pouvait-il pas, ne devait-il pas même arriver fatalement que l'hérédité eût passé auparavant aux mains de tiers ayant usucapé *pro herede* ? Le beau bénéfice alors que le préteur offrait en échange de l'*agnitio* ! A cela Leist ajoute qu'il serait incompréhensible que l'*usucapio pro herede* eût pu subsister pendant plus de trois cents ans, à la fois pleine d'inconvénients et dépourvue d'utilité, sans soulever de vives protestations, s'il n'y avait eu un moyen tel que l'Interdit *Quorum bonorum* pour en paralyser les effets[1]. — Mais je crois qu'on peut répondre avec succès : 1° Gaius aurait-il pu dire, comme il le fait (Gaius, II, § 57), que c'est de son temps seulement que l'*usucapio pro herede* cessa d'être *lucrativa*, si depuis plusieurs siècles le préteur avait mis, aussi bien l'héritier que le *bonorum possessor*, à l'abri de cette *usucapio*, en leur faisant acquérir la possession par l'Interdit, et en refusant l'*actio proprietatis secundaria* à ceux qui avaient usucapé ? Quoi ! dès longtemps avant le sénatus-consulte *Juventianum* la

---

[1] Leist, *Die bonorum possessio*, I, § 21, p. 102-107; cf. Puchta, *Cursus der Institutionen*, III (publié par Rudorff, 5e édition, Leipzig 1866), § 316.

révocation de l'*usucapio pro herede* au profit de tout successeur, civil ou prétorien, ayant fait l'*agnitio bonorum possessionis*, eût été possible, eût même été fréquente, et c'est de ce sénatus-consulte seulement que Gaius l'aurait fait dater! — Un autre passage du même jurisconsulte corrobore ce premier argument. « Ejus vis et potestas, dit Gaius en parlant de l'Interdit, hæc est, ut quod quisque ex his bonis, quorum possessio alicui data est, pro herede aut pro possessore possideret, id ci, cui bonorum possessio data est, restituatur » (Gaius, IV, § 144). Ainsi, pas un mot de celui *qui possideret, si nihil usucaptum esset*; pas un mot non plus du *fictus possessor*, et pourtant, si l'Interdit avait compélé contre ces deux catégories de personnes, ç'aurait été là son effet le plus remarquable, c'est en cela qu'il aurait été vraiment utile à l'héritier, qui, avant le sénatus-consulte, ne pouvait poursuivre par l'*hereditatis petitio* que les possesseurs *pro herede* et *pro possessore*! Pour que Gaius ait gardé le silence sur les deux dernières parties de la formule, il faut donc que, de date toute fraîche à l'époque où il écrivait, elles n'aient jamais eu d'intérêt que pour le successeur prétorien, et que leur inscription dans l'Édit ait été la conséquence du nouveau système établi, en faveur de l'héritier, par le sénatus-consulte d'Adrien. — 2° Nous ne ferons remarquer qu'en passant que les cas où la *bonorum possessio* pouvait appartenir aux *gentiles* étaient d'une rareté extrême[1]; mais voici un argument sur lequel nous nous appuierons avec confiance. Après que l'*usucapio pro herede* eut perdu du même coup et son caractère pri-

---

[1] Leist le reconnaît lui-même dans une autre partie de son ouvrage (Leist I, § 34, p. 205 et suiv.; cf. Paul, *Sententiæ*, IV, 8, § 3).

mitif et sa raison d'être, qu'elle fut devenue impuissante
à remplir le but pour lequel on l'avait introduite, but
que la *bonorum possessio* faisait atteindre maintenant à
sa place et beaucoup mieux qu'elle, j'accorde à Leist
que tout le monde devait être d'accord pour la rendre
aussi inoffensive que possible. Est-ce à dire pourtant,
comme le voudrait cet auteur, que le préteur aurait pu
refuser à celui *qui rem usucepit* une action que le droit
civil lui accordait? Je ne me résoudrai jamais à l'admettre. Mais qu'est-ce qui empêchait les jurisconsultes
de restreindre la portée de l'*usucapio pro herede*, en se
plaçant sur le terrain même du droit civil? Qu'est-ce
qui les empêchait, par exemple, de décider que les héritiers siens continuant sans interruption la personnalité de leur auteur, leur présence devait faire obstacle
à l'*usucapio pro herede*, puisque l'hérédité n'avait jamais été sans maître un seul instant; bien plus, qu'il n'y
avait pas, à vrai dire, d'hérédité, *ut nulla videatur hereditas fuisse?* (Paul, Loi 11, *De liberis et posth.*, 28, 2[1].) Et
nous trouvons, en effet, cette décision dans les sources!
Elle résulte d'abord *a contrario* du § 58, Comm. II
de Gaius; car la seule interprétation plausible de ce
texte est d'admettre qu'on avait douté d'abord si l'existence d'un héritier nécessaire empêchait l'*usucapio pro
herede*, et que Gaius répond négativement quant à l'*heres necessarius;* or ceci était donner une solution con-

---

[1] La Loi 1, *Pro herede*, 41, 5, porte : « Pro herede ex vivi bonis
nihil usucapi potest. » Cf. aussi C. 3, *De usucap. pro herede*, 7, 29.
Or l'hérédité, quand il y avait des *sui*, devait être regardée comme
le patrimoine d'une personne vivante, parce que, comme le dit Paul
dans le fragment cité au texte (L. 11, *De lib. et post.*, 28, 2) : « *In
suis heredibus evidentius apparet continuationem dominii eo rem
perducere.* »

traire au cas où il y avait des héritiers siens et nécessaires [1]. En second lieu, la C. 2, *De usucapione pro herede*, 7, 29, confirme cette manière de voir et déclare
formellement que si le D. C. a laissé des *sui*, l'*usucapio
pro herede* ne peut se produire. — Que devient alors
l'argumentation de Leist? Que vient-on nous parler du
danger que court le *bonorum possessor* de se voir opposer l'*usucapio* quand il n'est appelé que dans la troisième
ou la quatrième classe? — S'il y a des *sui*, cette prescription ne peut même jamais commencer; s'il n'y en
a point, les agnats sont admis à faire l'*agnitio* au bout
de cent jours; les *gentiles*, la dernière classe, au bout
de deux cents jours : ces successeurs seront donc toujours à temps pour interrompre l'*usucapio pro herede*.
— D'un autre côté, pourquoi Leist se récriait-il sur
l'absence d'un moyen propre à conjurer les effets d'une
prescription aussi injuste? le moyen n'est-il pas trouvé?
En proclamant le principe que la seule présence des
héritiers siens rendait l'*usucapio* impossible, ne dimi-
nua-t-on pas dans des proportions considérables les
cas où elle pouvait se rencontrer encore? — 3° La réponse que nous venons de faire aux objections de Leist,
si elle est péremptoire pour l'époque, seule prévue par
lui, où il n'y avait que quatre classes de *bonorum possessores*, pourrait ne pas le paraître une fois que le système de la succession prétorienne se fut développé, et
qu'il comprit un nombre de classes beaucoup plus
grand. Il nous reste donc à montrer pourquoi, même
alors, la révocation de l'*usucapio pro herede* ne fut nullement nécessaire au *bonorum possessor*. *A priori* déjà,

---

[1] Huschke, *Zeitschrift für geschichtliche Rechtswissenschaft*, XIV,
p. 167 et suiv.; Machelard, *Théorie des Interdits*, p. 80 et suiv.

il est inadmissible que, pour déterminer après quel laps de temps l'*agnitio* d'un successeur était permise, on dut faire la somme de tous les délais attribués aux ordres précédents. Voyez les conséquences où l'on aboutirait sans cela. Supposons qu'il se trouve des *liberi* et que le défunt ait fait un testament. Le délai de la *contra tabulas* sera d'un an, celui de la *secundum tabulas* d'un an aussi, si des *parentes et liberi* ont été institués; les enfants auront ensuite un an pour faire l'*agnitio unde liberi;* mais au bout de ce délai, ils pourront venir encore, soit dans l'ordre *unde legitimi*, soit dans l'ordre *unde cognati*, et chaque fois un nouveau délai d'une année leur sera octroyé; viendra enfin la classe *unde vir et uxor* avec un délai de cent jours. Ainsi *cinq ans et cent jours*[1] pendant lesquels on ne saura si quelqu'un voudra de la succession ! Et c'était là le moyen rapide inventé par le préteur pour satisfaire le plus tôt possible créanciers et pontifes ! — Ces résultats parlent assez d'eux-mêmes, et nous n'aurions pas besoin de montrer que le préteur sut s'arranger pour que dans un délai très-court, dans l'année du décès au moins, un *bonorum possessor* fût constitué. Nous ferons connaître cependant deux causes par suite desquelles ce but devait être en grande partie atteint. D'abord, pour que la *bonorum possessio* fût déférée à une classe, il n'était pas nécessaire que tous les délais des classes antérieures fussent

---

[1] Ce calcul même est fait au plus bas! L'esprit s'effraie des chiffres auxquels on arrive quand on remarque que derrière le *scriptus* pouvaient se placer des substitués, derrière le fils venant comme *legitimus*, un *proximus agnatus*, dans la classe des *cognati*, derrière le plus proche, une série de parents de degrés différents, et que chacune de ces personnes avait droit à un délai d'au moins cent jours!

F.   9

expirés, il suffisait de la preuve que personne n'était appelé dans celles-ci, ou que les appelés, par suite de mort ou de renonciation, ne pouvaient faire l'*agnitio* (Loi 1, § 8, *De successorio edicto*, 38, 9 ; Loi 1, § 3, *Si tabulæ testam. nullæ ex tab.*, 38, 6)[1]. La portée de ce principe se démontre toute seule. Mais le préteur, en instituant le *jus deliberandi*, apporta un nouveau remède à la situation. Mis, par une *interrogatio in jure* des créanciers, en devoir d'opter pour l'acceptation ou la répudiation de l'hérédité, le *bonorum possessor* comme l'*heres* voyait son droit anéanti s'il ne se prononçait dans l'un ou l'autre sens, au cours du délai que lui assignait à cet effet le préteur, et qui pouvait être d'une durée beaucoup moindre que le délai ordinaire de la *bonorum possessio*, au moins quand il s'agissait de *parentes et liberi* (Loi 1, § 12, *De success. edicto*, 38, 9 ; cf. Loi 2, *De jure deliberandi*, 28, 8 ; Paul, *Sentent.*, IV, 8, § 21). — Il me semble que la combinaison de ces deux principes, jointe à ce que nous avons dit précédemment de la présence des *sui*, doit faire regarder comme illusoire le péril que Leist redoutait pour le *bonorum possessor*, et à raison duquel la révocation de l'*usucapio pro herede* lui paraissait indispensable dès longtemps avant le sénatus-consulte d'Adrien.

Le système de Leist réfuté, il faut admettre, comme nous le disions en commençant, que le préteur emprunta au droit civil l'innovation introduite par le sénatus-consulte[2]. Le *jus civile* déniant maintenant à celui qui

---

[1] Voy. Leist lui-même, I, § 21, note 5, p. 103-104 ; *Adde* L. 14, *De bon. poss.* ; 37, 1 ; L. 9, § 1, *Unde cognati*, 38, 8.

[2] Savigny est de cet avis, mais il se contente de dire, en note, que plusieurs auteurs ont appuyé l'opinion contraire sur des raisons très-sérieuses (Savigny, *Vermischte Schriften*, II, p. 239, note 1).

avait usucapé, l'*exceptio justi dominii* contre l'*hereditatis petitio*, rien n'était plus naturel que de voir le préteur lui refuser de même la formule de l'*actio proprietatis secundaria* s'il voulait se retourner contre le *bonorum possessor*, après avoir été vaincu par l'Interdit *Quorum bonorum*. Mais cela ne pouvait point suffire. Nos précédentes recherches ne nous ont-elles pas appris que les possesseurs de *res hereditariæ* n'étaient pas les seules personnes qui pussent usucaper *pro herede*, qu'à côté d'eux et sur la même ligne devaient être mis les débiteurs, soit du défunt, soit de l'hérédité, les *debitores hereditarii*, en un mot? Eh bien! que pouvait contre ceux-ci l'Interdit *Quorum bonorum*? A-t-on oublié les termes si formels de Paul, qui dit dans la Loi 2, *Quorum bonorum*, 43, 2 : « Interdicto Quorum bonorum debitores hereditarii non tenentur, sed tantum corporum possessores? » Mais les actions fictices n'étaient-elles pas également impuissantes? Voit-on le *bonorum possessor* intentant, *ficto se herede*, des actions qui n'auraient pas appartenu à un héritier? exerçant des droits qui avaient cessé d'exister? poursuivant l'exécution d'obligations éteintes? Se figure-t-on une force révocatoire attachée à des actions qui, par leur essence même, supposent que le droit sur lequel on les base est intact? Qu'une *actio universalis* telle que l'*hereditatis petitio*, tendant, en apparence au moins sinon en réalité, à la reconnaissance du titre d'héritier, fasse tomber l'*usucapio pro herede*, cela se comprend; mais que le même effet soit produit par les actions *singulares*, voilà ce qu'on ne peut s'imaginer. — Et la conclusion de tout ceci? c'est qu'une action analogue à la pétition d'hérédité devait, sous Adrien, être donnée au *bonorum pos-*

sessor pour lui permettre d'enlever aux *debitores hereditarii* le bénéfice de l'*usucapio pro herede*, l'Interdit *Quorum bonorum* lui assurant maintenant le même avantage vis-à-vis des possesseurs de corps héréditaires.

80. La règle : «Semper, qui dolo fecit, quo minus haberet, pro eo habendus est, ac si haberet» (L. 157, § 1, *De regulis juris*, 50, 17) ne s'étant établie dans le droit civil que par le sénatus-consulte *Juventianum*, il ne me paraît pas croyable qu'elle ait. été en vigueur, avant cette époque, dans le droit prétorien : d'où il suit que c'est une application du sénatus-consulte à la *bonorum possessio* qui a fait écrire dans la formule de l'Interdit *Quorum bonorum* les mots : «Quod quidem dolo malo fecisti uti desineres possidere [1].» Voilà donc deux dispositions, la révocation de l'*usucapio pro herede* des possesseurs de biens héréditaires, le droit de faire condamner *is qui dolo desiit possidere*, comme s'il possédait encore, qui, créées par le sénatus-consulte d'Adrien, ont été étendues de l'héritier au *bonorum possessor*. Mais il est impossible qu'engagé sur cette voie le préteur s'y soit arrêté, qu'il n'ait pas poussé jusqu'au bout l'assimilation du *bonorum possessor* et de l'héritier, dans leurs rapports avec les tiers. Ce que nous savons qu'il a fait nous est garant qu'il n'a pas manqué à ce qui lui restait à faire. Quoi! grâce à lui tous les avantages du sénatus-consulte *Juventianum* seraient devenus communs au *bonorum possessor* et à l'*heres* [2], tous à

---

[1] L'examen du § 144, Comm. IV de Gaius, nous avait déjà mené à la même conclusion.

[2] Objectera-t-on que l'*her. petitio* était, depuis le sénatus-consulte, donnée contre celui *qui liti se obtulit*, et que malgré cela ce

l'exception du plus important peut-être, de celui que
Paul formule en ces termes : « omne lucrum auferen-
rendum esse tam bonæ fidei possessori quam præ-
doni? » (L. 28, *De hered. pet.*, 5, 3.) Il aurait oublié, lui,
le principe : « bonorum possessorem in omne vice heredis haberi? » Le croire serait faire injure à son an-
tique sagesse. Mais à quel moyen eut-il recours, comment parvint-il à faire restituer au *bonorum possessor*
le prix des biens héréditaires vendus par des tiers (L. 16,
§§ 1, 2, 5, *De her. pet.*, 5, 3; L. 18, *Quod metus causa*,
4, 2), ou les choses nouvelles acquises par eux de ce
prix ou d'autres valeurs de la succession (L. 20 pr., *De
her. pet.*); car tel était le progrès qu'il devait réaliser [1].
L'Interdit *Quorum bonorum* ne pouvait de rien servir à
cet effet : il ne s'appliquait qu'aux biens dont la possession au moins avait appartenu au défunt; or ceux
dont la restitution était poursuivie ici n'avaient pas été
entre les mains de ce dernier au moment de sa mort.
Le préteur n'avait donc qu'une chose à faire, c'était

fictus possessor échappait à l'Interdit *Quorum bonorum?* Mais qu'en
sait-on si, sous ce rapport, la pétition d'hérédité et l'Interdit n'eurent
pas la même portée? Le contraire, en tout cas, ne pourrait s'induire
du silence de l'Édit, car le sénatus-consulte non plus n'avait prévu
expressément cette hypothèse, et pourtant il avait suffi d'un raisonnement bien simple pour la faire rentrer dans ses termes. Celui qui
avait cessé de posséder par dol étant traité comme possesseur, on en
conclut que le dol tient lieu de possession : *dolus pro possessione
est;* mais le tiers qui se laisse actionner commet un dol, il doit donc
être réputé *fictus possessor* (cf. L. 13, § 13; *De hered. pet.*, 5, 3). Eh
bien! le même raisonnement ne pouvait-il, ne devait-il pas être fait
en faveur du *bon. possessor*, intendant l'Interdit *Quorum bonorum?*

[1] Voy. mon travail sur la *Subrogation réelle*, dans la *Revue historique de droit français et étranger*, XIV (livraison septembre-octobre 1868), p. 462 et suiv.

d'accorder *utiliter* au *bonorum possessor* la pétition
d'hérédité du droit civil; car il ne pouvait véritablement songer à créer une action nouvelle pour un cas
aussi spécial.

81. Une *hereditatis petitio* utile dut avoir d'autant
moins de peine à s'établir dans les cas où elle présentait un sérieux intérêt qu'elle se trouvait déjà en germe
dans deux dispositions, l'une de l'Édit provincial, l'autre
du droit en vigueur à Rome. Dans les provinces
d'abord, le *peregrinus* ne pouvant être héritier *ex jure
civili*, un système de succession analogue à la *bonorum
possessio* fut introduit par les proconsuls; mais au lieu
des actions fictices et de l'Interdit, on donna au successeur provincial une action universelle, une sorte de
pétition d'hérédité possessoire[1]. Cela me paraît résulter de la suscription de la Loi 2, *De posses. hered.
pet.*, 5, 5. (Gaius, lib. VI, *ad Edictum provinciale*),
et en outre de la difficulté, je dirais même de l'impossibilité qu'il y aurait eu à attribuer des actions fictices
à un *peregrinus*. Cela n'aurait pu se faire qu'au moyen
de la double fiction : « Si Aul. Agerius civis romanus et
Lucii Titii heres esset. » Or, si les Romains ne deman-
daient pas mieux que d'investir fictivement de la qualité de citoyen le *peregrinus* qui était soumis à une action pénale, ou même celui auquel compétait une pareille
action [2], ils ne devaient guère être disposés à multiplier
les cas où cette fiction était admissible. Sans cela toute
distinction entre le *civis* et le *peregrinus* n'eût-elle pas
bientôt disparu? Et nous savons si le Romain était
jaloux de son titre. — Si des provinces nous retour-

[1] Leist, *Die bonorum possessio*, t. II *b*, § 123, p. 47-50.
[2] Gaius, IV, § 37.

nons à Rome, nous trouverons une action donnée au *bonorum possessor*, qui offre des affinités très-grandes avec l'*hereditatis petitio* : cette action, c'est la *querela inofficiosi testamenti*. Quand des descendants, des ascendants, des frères ou sœurs, ne tiennent leur vocation que du préteur, ils n'en sont pas moins admis à demander la rescision du testament pour cause d'inofficiosité : on exige seulement d'eux qu'ils fassent l'*agnitio* de la *bonorum possessio litis ordinandæ gratia*. Sitôt cette *agnitio* faite, la *querela inofficiosi testamenti* peut être intentée par eux, tout comme s'ils étaient héritiers du droit civil [1]. Qu'est-ce pourtant que la *querela*, sinon une *hereditatis petitio contra scriptum heredem* [2] ? En sorte que le *bonorum possessor*, au moment où la nécessité de lui accorder une *hereditatis petitio possessoria* commença à s'imposer, avait déjà de fait une semblable action, non sans doute à l'encontre de tout possesseur *pro herede* ou *pro possessore*, mais au moins contre l'héritier institué dans un testament inofficieux. — Il ne faudrait pas aller plus loin toutefois et prétendre que le *bonorum possessor quibus ex legibus*, ou le patron, *bonorum possessor contra tabulas liberti*, avaient une

---

[1] L. 19, *De inofficioso test.*, 5, 2 ; cf. Leist, *Die bon. possessio*, t. II *b*, § 122, p. 41.

[2] L. 20, pr. *De bon. poss. contra tabul.*, 37, 4 ; L. 868 ; L. 17 pr. ; L. 19, L. 20 ; L. 21, § 2 ; L. 27, § 3, *De inoff. test.*, 5, 2 ; C. 3, *De hered. pet.*, 3, 31. Cf. Francke, *Das Recht der Notherben und Pflichttheilsberecht.*, p. 253 et suiv. ; Mayer, *Erbrecht*, I (Berlin 1840), p. 206 et suiv. ; Vering, *Röm. Erbrecht* (Heidelberg 1861), p. 401 et suiv. ; Vernet, *Quotité disponible* (Paris 1855), p. 94 et suiv. ; Vangerow, *Lehrbuch der Pandekten* (7e édition 1867), II, § 478, p. 262 et suiv. *Contra* : Fabricius, *Bon. possessio*, p. 136 et suiv. ; Hartmann, *Akadem. Progr. über die querela inoff. testamenti* (Bâle 1864), p. 6 et suiv.

pétition d'hérédité, le premier parce qu'il tirait sa qualité de la loi, celui-ci parce que des textes disent qu'il peut *vindicare partem debitam* (L. 26, *De bonis libertorum*, 38, 2; L. 36, *eod.*). La loi, en appelant une personne à la *bonorum possessio* au lieu de la faire héritière *ex jure civili*, a voulu qu'elle fût mise sur la même ligne que tout *bonorum possessor* quelconque. Quant au *patronus*, sa *bonorum possessio dimidiæ partis* présente des points de contact si nombreux et si frappants avec la *querela inofficiosi testamenti*[1], qu'on a

---

[1] Je signalerai les principales règles communes à la *bon. poss. dimidiæ partis* et à la *querela inoff. testamenti*. 1° C'est au moment du décès et non de la confection du testament qu'il faut se placer pour déterminer qui a droit à la réserve (L. 2, § 1, *De bonis libert.*, 38, 2. Cf. L. 5, L. 6, § 11, *eod.* Pour la *querela* cela ne peut faire doute). 2° Il existe un *successorium edictum* entre les divers réservataires (L. 2, pr.; L. 3, § 9, *De bon. libert.* Cbn. L. 14, L. 31, *De inoffic. test.*, 5, 2). 3° Il faut que le *scriptus* ait fait adition (L. 3, §§ 5, 12, *De bon. libert.* Cbn. L. 8, § 10, *De inoff. test.* Voy. encore L. 35, L. 36, L. 42, § 1, L. 43, *De bonis libert.*). 4° La *debita pars* se calcule sur les biens appartenant au défunt à l'instant de sa mort (L. 3, § 20, L. 26, L. 35, L. 44, § 1, *De bonis libert.* Cbn. C. 6, *De inoff. test.*, 3, 28). 5° Le réservataire peut être rempli de sa réserve, soit par un legs (L. 3, §§ 15, 16, L. 44, § 1, *De bon libert.* Cbn. C. 30, § 5, *De inoff. test.*; J. II, *eod. tit.* 18, § 6), soit par une *donatio mortis causa* (L. 3, § 17, *De bon. libert.* Cbn. L. 8, § 6, *De inoff. test.*) ou même une *donatio inter vivos* faite *contemplatione debitæ portionis* (L. 3, § 18, *De bonis libert.* Cbn. L. 25, pr., *De inoff. test.* C. 35, § 2, *eod.* J. II, *De inoff. test.* 18, § 6), soit enfin par une disposition adressée à un tiers, *conditionis implendæ causa* au profit du réservataire (L. 3, § 19, *De bonis libert.*). Pour la *querela*, la question fait difficulté, mais l'affirmative peut assurément se soutenir (voy. Schmidt, *Das Pflichttheilsrecht des Patronus und des Parens manumissor*, Heidelberg 1868, p. 73, note 123). 6° La réserve doit être immédiatement exigible (L. 21, §§ 1, 2, *De jure patron.*, 37, 14; L. 43, *De bonis libertorum.* (Cf. Schmidt, *op. cit.*, p. 76, note 127.) Cbn. C. 32, *De inoff. test.*) 7° Il y avait lieu à la

pu très-bien dire que, par *l'agnitio* qu'il fait, il reven-
dique en quelque sorte sa *dimidia pars* entre les mains
du *scriptus heres*, de même que l'exercice de la *querela*
constitue une *vindicatio* de la part du *bonorum possessor litis ordinandæ gratia.*

bon. poss. contra tabulas liberti, aussi bien qu'à la *querela*, chaque
fois que la *debita pars* tout entière n'était pas laissée au réservataire
(Gaius, III, § 41. Ulpien, *Lib. regul.*, XXIX, § 1. Inst. III, *De succ.
libert.* 7, § 1. Cbn. Inst. II, *De inoff. test.*, § 3. C. 30, pr., § 1, *eod.* etc.).
Il est vrai que la *querela* faisait obtenir au réservataire sa part *ab
intestat*, tandis que le *patronus* ne recevait jamais que le complément
de la *dimidia pars* (J. III, *De succ. lib.* 7, § 1), et qu'à raison de cela sa
bon. poss. parait avoir, en pareil cas, un caractère supplétoire (L. 10,
pr., *De bonis libert.*). Mais, au fond, le *patronus* était censé ne rien
tenir de la volonté du défunt, aucune action *ex testamento* ne lui
était accordée, il était, pour toute la *dimida pars*, *bon. possessor
contra tabulas* (L. 16, §§ 7, 8, 9, *De bonis libert.* Cf. §§ 5, 6. Voy.
Schmidt, *op. cit.*, p. 90-91, texte et note 158. Lœhr, *Magazin*, III
[1819], p. 279). Aussi la *suppletoria actio* fut-elle introduite à la fois
pour la *querela* et la *bon. poss. dimidiæ partis* (C. 30, *De inoff. test...
vel alio modo subvertendum.* Voy. Schmidt, *op. cit.*, p. 83; le même,
Das formelle Recht der Notherben, Leipzig 1862, p. 155). 8° Le réservataire est déchu de son droit *si judicium defuncti agnovit* (L. 6,
§ 4; L. 50, § 6; L. 8, § 4; L. 8, § 3; L. 8, § 2; L. 50, pr., §§ 1, 2),
De bonis libertorum 38, 2. Cbn. L. 5, pr., *De his quæ ut indignis*, 34,
9; L. 8, § 10; L. 12, pr., § 1; L. 32, § 2; L. 32, § 1, *De inoff. test.*, 5, 2.
Outre ces règles, la terminologie est commune à la *bon. poss. dimidiæ
partis* et à la *querela inoff. test.* La part qui doit revenir dans la
succession au *patronus* est, comme celle que le réservataire reven-
dique par la *querela*, appelée tantôt *debita pars* ou *portio* (L. 114,
§ 1, *De legatis* 1°; L. 28, *De legatis* 2°; L. 60, *Ad. sen. cons.
Trebell.*, 36, 1; L. 2, § 2; L. 3, § 10, §§ 15-20; L. 5, pr.; L. 20,
§§ 1, 4; L. 24, 25, 41, 44, 45, 50, § 4, *De bonis libert.* Cbn. L. 8,
§ 8, § 11, *De inoff. test.*; L. 7, pr., *De bonis damnat.*, 48, 20; C. 2,
De inoff. donat., 3, 29), tantôt *legitima portio* (L. 19, pr. *De bonis
libert.* C. 7, *De bon. poss. contra tab. liberti*, 6, 13; C. 1, *Si in
fraudem patroni*, 6, 5. Nov. 1, cap. 4. Cbn. J. II, *De inoff. test.*, 18,
§ 3; C. 30, *eod. tit.*).

82. Si je ne me trompe, l'origine de l'*hereditatis petitio possessoria* est enfin sortie pour nous des domaines du vague et de l'inconnu. Avant le sénatus-consulte d'Adrien, cette action eût été un luxe inutile ; après, elle fut une arme indispensable au *bonorum possessor* pour faire tomber l'*usucapio pro herede* des *debitores hereditarii*, et empêcher le possesseur de biens héréditaires de s'enrichir aux dépens de la succession. Il me paraît donc hors de doute que c'est à l'occasion du sénatus-consulte *Juventianum*, pour achever d'étendre ses dispositions à la *bonorum possessio*, que l'on créa l'*hereditatis petitio possessoria*. Combien même cette opinion doit-elle gagner en certitude, si l'on considère l'époque où le sénatus-consulte fut rendu ! Sa date est l'an 130 après J.-C., et de la sorte il correspond à un événement législatif des plus importants, à la rédaction de l'Édit perpétuel, qui reçut force de loi en l'année 131. Ainsi c'est au moment même où Salvius Julianus, un préteur, était investi par l'empereur du pouvoir d'ajouter, de suppléer aux anciens édits, de réformer ce qu'il jugerait convenable, de faire en quelque sorte acte de législateur, puisque son Édit devait avoir l'autorité de la loi, c'est à ce moment que le besoin d'une *hereditatis petitio possessoria* se fit sentir : peut-on douter qu'un magistrat aussi éclairé que Julien n'ait pas eu hâte de satisfaire à ce besoin ? l'occasion n'était-elle pas belle d'ailleurs d'introduire dans l'Édit une action qui pouvait devenir d'une utilité capitale au *bonorum possessor*, si l'*hereditatis petitio* subissait encore, par la suite, d'avantageuses transformations, et pense-t-on que cette occasion, Julien l'ait laissée échapper ? L'Édit perpétuel contenait donc un chef que nous

ne pouvons évidemment recomposer à coup sûr, mais
dont le sens était très-probablement celui-ci :

QUIBUS EX EDICTO BONORUM POSSESSIO DATA EST, UT
AUFERATUR OMNE LUCRUM TAM BONÆ FIDEI POSSESSORI
QUAM PRÆDONI, DEBITORIVE HEREDITARIO, HEREDITATIS
PETITIONEM UTILITER DABO.

La disposition devait être conçue en ces termes ou
d'autres analogues, pour qu'il fût bien entendu que,
l'innovation faite par Julien se rattachait au droit civil,
que le principal but de l'*hereditatis petitio* utile qu'il venait d'introduire était de fair participer le *bonorum*
possessor à tous les avantages que l'héritier tenait du
sénatus-consulte, mais pour qu'en même temps cette
action ne fût pas déniée au *bonorum possessor*, s'il se
présentait plus tard d'autres cas où il aurait intérêt à
l'exercer[1]. Pourtant je ne crois pas qu'avant Dioclétien
cela ait eu lieu, que l'*hereditatis petitio possessoria* se
soit rencontrée en des hypothèses autres que celles
qu'on avait eues en vue en la créant. Si elle avait été
généralisée, si elle était devenue d'un fréquent usage,
n'en trouverions-nous pas des traces nombreuses dans
les fragments des jurisconsultes classiques? ceux-ci
ne s'en seraient-ils pas occupés, de préférence même à
l'Interdit et aux actions fictices, qui eussent été relégués
à l'arrière-plan? Au lieu de cela, n'est-ce pas de ces

---

[1] La généralité de la formule proposée par nous est assez grande
pour que l'*her. pet. possessoria* eût pu être intentée par le *bon. posses-*
sor chaque fois qu'il y aurait eu un intérêt quelconque. Tout possesseur d'une chose héréditaire (encore qu'il eût perdu plus tard sa
possession) ne pouvait-il pas être considéré comme s'étant enrichi
jusqu'à concurrence de la valeur de cette chose, et tout *debitor he-*
reditarius comme faisant un *lucrum* tant qu'il ne s'était pas acquitté
complétement de son obligation?

actions, de cet Interdit, seuls qu'on nous entretient?
Y a-t-il un texte dans les titres si abondants du Digeste consacrés aux *bonorum possessiones*[1], ou dans
les écrits de Gaius que nous possédons, qui fasse mention de l'*hereditatis petitio possessoria?* Est-il dans
toute la compilation de Justinien beaucoup de titres
aussi peu nourris que le tit. V, liv. 5, *De her. pet. poss.?*
Deux minces fragments, c'est tout ce que Tribonien a
su tirer des immenses matériaux qu'il était chargé de
compulser. Cela ne nous enseigne-t-il pas que l'*hereditatis petitio possessoria* n'était employée que dans les
cas exceptionnels qui lui donnèrent naissance, que durant toute l'époque classique, jusqu'à Dioclétien même,
comme nous le verrons plus loin, ce ne fut qu'un *re-
medium extraordinarium?* La raison en est facile à saisir : d'une part, ces cas étaient les seuls où l'Interdit
Quorum bonorum et les *ficticiæ actiones* ne procuraient
pas au *bonorum possessor* une protection aussi efficace
qu'à l'héritier l'*hereditatis petitio ;* d'un autre côté, toutes choses égales, le *bonorum possessor* avait beaucoup plus d'avantages à se servir des moyens que le préteur avait autrefois créés pour lui, que de l'*hereditatis
petitio possessoria,* qui du droit civil venait d'être trans-
portée dans le droit prétorien. Ne savons-nous pas que
l'héritier lui-même lui empruntait souvent son Interdit
comme plus avantageux que la pétition d'hérédité?
(Gaius, III, §34.) Et, en effet, l'utilité de l'Interdit *Quorum bonorum,* et même des actions fictices, était grande.
Pour intenter le premier, il suffisait au *bonorum possessor* de se référer à la *delatio* qui, sur simples présomptions, lui avait été faite par le préteur, et, quant aux

[1] Voy. *supra*, n°ˢ 65 et 66.

actions fictices, leur exercice nécessitait la seule preuve
du droit personnel ou réel qu'invoquait le *bonorum
possessor*, comme ayant appartenu au D. C. De combien
cette procédure l'emportait en rapidité et simplicité
sur celle de la pétition d'hérédité ! Tendant par sa
nature même à la reconnaissance de la vocation du
bonorum possessor ou de l'héritier, la *possessoria hereditatis petitio*, comme l'*hereditatis petitio* ordinaire, devait exiger une preuve complète du titre sur lequel
cette vocation se fondait : en aucun cas on ne pouvait
se contenter de la déclaration, émanant même du magistrat, que beaucoup de probabilité militait en faveur de
tel successeur. Cela n'aurait-il pas été directement contraire à l'idée que se faisaient les Romains d'une pétition d'hérédité ?

83. Une objection : Qu'est-ce qui devait guider le
bonorum possessor dans le choix de son action ? Comment savait-il toujours si une *usucapio pro herede*
s'était accomplie au profit des *debitores hereditarii ?*
si des biens de la succession avaient été vendus avec
gain ? si des choses nouvelles avaient été achetées
hereditatis causa ? Et ne fallait-il pas que le *bonorum
possessor* fût fixé d'une manière certaine sur ces divers
points, si l'on doit admettre que l'*her. petitio possessoria*
se restreignit pendant longtemps aux cas où la réponse
à l'une ou à l'autre des questions indiquées était affirmative ? — La difficulté n'est qu'apparente. Nous
avons vu précédemment que l'héritier ne peut faire
valoir les droits réels du défunt au moyen de l'*hereditatis petitio :* il se trouve donc, en certains cas, dans
la même situation où nous venons de représenter le
bonorum possessor ; car le choix qu'il est obligé de

faire entre l'action réelle et la pétition d'hérédité dépend entièrement de la question de savoir en vertu de
quel titre une chose héréditaire est possédée. S'il in-
tentait l'*hereditatis petitio* contre un *juris possessor*,
il succomberait aussi infailliblement que le *bonorum
possessor* qui voudrait poursuivre avec une action fic-
tice des débiteurs ayant usucapé, ou demander à l'aide
de l'Interdit le prix d'un *corpus hereditarium* vendu.
Mais l'héritier sortait de l'incertitude grâce à une
interrogatio in jure[1] : pourquoi n'en aurait-il pas été
de même du *bonorum possessor?* Pour l'un comme pour
l'autre, l'intérêt était égal : il s'agissait d'une option
à faire entre deux actions. — De même donc que l'héritier s'adressait *in jure* au possesseur, afin d'apprendre
de lui s'il possédait *pro herede* ou *pro possessore*, de
même le *bonorum possessor* posait au débiteur héréditaire la question : *An pro herede usuceperit?* et demandait à celui qui s'était emparé de biens de la succession : *An rem hereditariam distraxerit?* ou bien,
An rem comparaverit causa hereditatis? — Suivant
la réponse qui lui était faite, il exerçait l'*hereditatis
petitio possessoria* ou, au contraire, soit l'Interdit, soit
les actions fictices. — A peine est-il besoin de remarquer que ces *interrogationes* n'avaient rien que de conforme à l'esprit qui présidait à l'admission de ce genre
d'incidents[2], qu'elles portaient sur des faits personnels

[1] L. 12, *De hered. pet.*, 5, 3 : C. 11, *De hered. pet.*, 3, 31. Scholiaste aux Basiliques, livre XV, tit. 1 ; schol. 24, p. 6 (*Supplementum
editionis Basilicorum Heimbachianæ... Ed. Zachariæ a Lingen-
thal*, Lipsiæ 1846).

[2] Cf. outre les textes cités à la note précédente : L. 36, *De rei vin-
dicat.*, 6, 1 ; L. 9, § 6 ; L. 20, pr. ; L. 20, § 1 ; L. 21, *De interrog.
in jure faciend.*, 11, 1. Voy. aussi Bonjean, *Traité des actions*, I,

aux défendeurs, enfin qu'elles étaient de nature à être autorisées, *ex æquitate*, par le préteur (Loi 21, *De interrogat. in jure fac.*, 11, 1).

84. Il nous reste à déterminer quelle était la formule de l'*hereditatis petitio possessoria*. La chose n'est pas aisée, et toutes les tentatives qui, jusqu'à ce jour, ont été faites dans ce sens me semblent être demeurées infructueuses. On ne peut songer, en effet, à une formule conçue *in factum*, puisqu'il s'agit d'une action donnée à l'image de l'*hereditatis petitio;* mais, comme nous l'avons dit plus haut, la formule ne pouvait non plus être analogue à celle des actions fictices que Gaius nous a transmise. Ç'aurait été un véritable non-sens qu'une formule rédigée ainsi : « Si A. A. L. Seii heres esset, tum, si ea hereditas, de qua agitur, ex jure Quiritium ejus esse oporteret, » où l'on aurait dit au juge de rechercher si le demandeur devait être héritier, au cas où il serait héritier! J'estime pourtant qu'une fiction était possible, et je proposerais de reconstruire comme suit la formule de l'*hereditatis petitio possessoria :*

Judex esto. Si bonorum possessor heres esset, tum, si eam hereditatem, de qua agitur, ex jure Quiritium Auli Agerii esse oporteret, neque ea hereditas arbitrio tuo A° A° restituatur, quanti ea res erit, tantam pecuniam, judex, Numerium Negidium Aulo Agerio condemna : si non paret, absolvito.

p. 490 et suiv. ; Brackenhœft, *Beiträge zur Lehre vom Geständniss* (*Archiv für civilist. Praxis*, XX, 1837, p. 284 et suiv.); Savigny, *System des heut. röm. Rechts*, VII, Berlin 1848, § 305, p. 20 et suiv.

De même, si le *bonorum possessor* voulait agir *per sponsionem*, il stipulait, sans doute, en ces termes :

SI BONORUM POSSESSOR HERES ESSET, TUM SI EA HEREDITAS, DE QUA AGITUR, EX JURE QUIRITIUM MEA ESSET, SESTERTIUM XXV DARE SPONDES ?

La formule que je viens d'indiquer devait être celle aussi de la *querela inofficiosi testamenti*[1], dans le cas où elle était intentée par un *bonorum possessor*, devant l'*unus judex*[2]. Quant aux hypothèses, beaucoup plus nombreuses[3], où le litige soulevé par la *querela* était soumis au tribunal centumviral, elles ne nécessitaient pas l'emploi d'une fiction. D'abord le préteur, en pareil cas, ne délivrait pas de formule[4], et d'autre part, les termes de la *legis actio*, dont on obligeait les plaideurs d'accomplir préalablement les solennités devant le préteur, étaient sacramentels et ne comportaient aucune amplification. L'indication du titre du demandeur n'y entrait jamais pour rien[5]. C'est donc à tort

---

[1] On y ajoutait peut-être seulement les mots : *ex causa inofficiosi testamenti*.

[2] L. 8, § 16 ; L. 17, § 1, *De inoff. test.*, 5, 2 ; L. 14, pr., *De appell. et relat.*, 49, 1. Gaius, IV, § 31. Pline, le Jeune, *Epist.*, V, 1.

[3] L. 10, pr. 13, 15, § 2 ; 17, pr., *De inoff. test.*, 5, 2 ; L. 76, pr., *De legatis* 2° ; C. 12, *De her. pet.*, 3, 31 ; C. 4, *De liber. præt.*, 6, 28. Valère Maxime, VII, 7, § 2 ; VII, 8, § 1. Cicéron, *De oratore*, 1, 38. Quintilien, *Inst. orat.*, VII, 4, nᵒˢ 11 et 20. C'est la fréquence de ces cas qui aura fait croire Zimmern à la compétence exclusive des centumvirs (*Traité des actions*, trad. Étienne, p. 97).

[4] Zimmern, *loc. cit.* Bonjean, *Traité des actions*, I, p. 206. *En sens contraire :* Krug, *Ueber die Legis actiones und das Centumviralgericht der Römer*, Leipzig 1855, p. 20 et suiv.

[5] La *legis actio* ne servait pas, comme la formule, à articuler les points sur lesquels portait le litige ; c'était une simple solennité de mots qui devait être remplie après que le demandeur avait exposé les motifs de sa demande. Je n'en veux pas d'autre preuve que les

que plusieurs auteurs[1] ont voulu que la *legis actio*
elle-même ait été *ficticia* et se sont demandé comment
cette fiction pouvait être conçue.

85. Si l'*hereditatis petitio possessoria* ne se rencontrait qu'exceptionnellement à l'époque classique, il
n'en fut plus de même après Dioclétien. Son usage alors
devint général, elle fut exercée par le *bonorum possessor* dans tous les cas où la pétition ordinaire compétait
à l'héritier. Veut-on s'en assurer, il suffit de mettre en
regard des Constitutions de cet empereur celles de ses
prédécesseurs ou les écrits des jurisconsultes classiques.
La différence est remarquable! — Dans les premières,
on trouve à chaque pas les expressions *vindicatio successionis, vindicare successionem* ou *bona*, appliquées
à l'action du *bonorum possessor*[2], tandis qu'on les chercherait vainement dans les textes antérieurs à Dioclétien. Or il n'y a pas à se méprendre sur le sens de
cette terminologie nouvelle : *vindicatio successionis* a
toujours été synonyme de *hereditatis petitio*[3]. C'est dire

expressions *sicut dixi*, — *jus peregi*, — qui se trouvent parmi les
paroles que devaient échanger les parties. — Cf. d'ailleurs Tite-Live,
III, 41. — *En ce sens:* Zimmern, *Traité des actions*, § 40, p. 108.

[1] Huschke, *Kritische Jahrbücher de Richter*, V, 1839, p. 24.
Leist, *Die bonorum possessio*, t. II *b*, p. 39-42. -- Cf. Fabricius, *Rheinisches Museum*, 1833, p. 149.

[2] C. 4, *Qui admitti ad bon. poss.*, 6, 9, C. 2. *Unde legitimi*, 6, 15.
C. 2. *De success. edicto*, 6, 16. C. 8, *De legit. hered.*, 6, 58. C. 5.
C. 8, *Communia de success.*, 6, 59.

[3] L. 1, § 5, *Si pars hered. pet.*, 5, 4. L. 3, *Expilatæ hered.*, 47, 19.
C. 3, *De hered. pet.*, 3, 31. C. 1, *De Carb. edicto*, 6, 17. C. 13. *De
collat.*, 6, 20. C. 3, *De testamentis*, 6, 23. C. 8, *De jure deliber.*, 6,
30. C. 9, *Commun. de succ.*, 6, 59. C. 12, *De testam. man.*, 7, 2.
C. 4, *In quibus causis cessat longi temp. præscr.*, 7, 34. — Ce dernier texte surtout me semble probant.

F.   10

que l'*hered. petitio possessoria* était devenue pour le *bonorum possessor* le mode régulier de faire valoir ses droits successifs. Et, en effet, plusieurs Constitutions de cette époque placent sur la même ligne le *bonorum possessor* et l'*heres*, quant au genre d'action leur appartenant à l'un et à l'autre[1]. Bien plus, dans la C. 9, *De petitione hered.*, 3, 31, l'empereur dit au successeur prétorien, comme à l'héritier civil : « res hereditarias, quæ in eadem causa durant, *hereditatis petitione vindicare* potes ! »

Y a-t-il lieu de s'étonner que cette dernière Constitution soit la seule (à ma connaissance du moins) où l'action du *bonorum possessor* soit appelée *hereditatis petitio?* Je ne le crois pas, et cela parce qu'il me paraît bien difficile d'admettre que la dénomination d'*hereditatis petitio possessoria* ait jamais servi à désigner, à l'époque classique, la pétition d'hérédité, qui alors déjà compétait au *bonorum possessor.* Je ne me fonderai pas seulement sur la basse latinité du mot *possessoria,* quoique cet argument ait une certaine valeur, car, si la même épithète était donnée à l'Interdit du *bonorum emptor* dès le temps de Gaius, voyez si ce jurisconsulte ne la traite pas en néologisme! il n'ose se l'approprier : sa conscience de puriste semble s'y refuser; il croit avoir assez fait en nous apprenant que quelques-uns nomment cet Interdit *possessorium* (Gaius, IV, § 145 [2]).

---

[1] C. 14, *De jure delib.*, 6, 30. C. 8, *De legit. hered.*, 6, 58. C. 8, *Commun. de success.*, 6, 59.

[2] Il est vrai que l'expression *possessoriæ actiones* se trouve au Digeste pour désigner les moyens de droit du *bonorum possessor;* mais ce n'est que dans deux textes, la Loi 4, *De Carbon. edicto,* 37, 10, et la Loi 50, § 4, *De bonis libert.*, 38, 2.

Mais je me demande surtout pourquoi Justinien n'aurait pas inséré dans le titre *De her. petitione possessoria* un texte où l'action annoncée dans la rubrique aurait été appelée par son nom. N'est-ce pas ce qu'il a fait pour l'*hered. petitio fideicommissaria?* (L. 1 ; L. 3, *De her. pet. fid.*, 5, 6.) Si l'on considère d'ailleurs qu'à l'époque classique la pétition d'hérédité n'était accordée au *bonorum possessor* que par extension du droit civil et comme complément de l'Interdit *Quorum bonorum*, ne doit-on pas reconnaître que la seule désignation qui lui convînt était celle d'*hereditatis petitio utilis* ou *ficticia?* Après Dioclétien pourtant, cette qualification n'était plus appropriée au nouvel état des choses. Le moyen d'appeler notre action *ficticia*, quand, avec le système formulaire, toute fiction avait disparu ; *utilis*, quand le *bonorum possessor* avait maintenant une vocation propre, qu'il était successeur à aussi bon droit que l'héritier et sans qu'il eût besoin d'emprunter à celui-ci ses actions? Mais, d'un autre côté, la *bonorum possessio* et l'*hereditas* étant deux espèces distinctes de successions, on devait réserver le terme technique d'*her. petitio* à l'action de l'héritier civil, et voilà comme on arriva à désigner habituellement celle du *bonorum possessor* par les mots *vindicatio successionis*, jusqu'à ce que Justinien leur eût substitué l'expression nouvelle d'*her. petitio possessoria*.

86. Un point très-digne de remarque, c'est que toutes les Constitutions[1] qui nous ont paru renfermer la preuve qu'au temps de Dioclétien le *bonorum possessor* obtint une pétition d'hérédité aussi générale que celle

[1] Voy. les textes cités dans les notes 2 p. 145 et 1 p. 146.

de l'*heres*, sont de l'année 294 ou des années suivantes, qu'aucune n'est antérieure. En effet, à l'exception
de la Const. 2, *Unde legit.*, 6, 15, et de la C. 8, *De le-*
git. her., 6, 58, dont la date ne peut être précisée,
mais qu'il y a tout lieu de croire la même que celle
des autres textes cités (c'est-à-dire postérieure à 294),
toutes portent *C. C. consulibus.* Or les Césars Constance
Chlore et Galère (Constantinus et Maximianus), que
Dioclétien s'était adjoints en 292, furent, d'après les
fasti consulares, pour la première fois consuls l'an 294
et le furent plusieurs fois depuis (années 300, 302[1]).
Mais 294 est l'année qui vit disparaître complétement
l'*ordo judiciorum* (C. 2, *De pedaneis judicibus*, 3, 3),
et alors l'idée ne s'impose-t-elle pas d'elle-même que
le développement de l'*hered. petitio possessoria* est intimement lié avec l'abolition du système formulaire? —
Cette déduction s'accorde avec l'opinion que nous avons
soutenue plus haut et suivant laquelle la nature intime
de la *bonorum possessio* a changé quand a été supprimé
l'*ordo judiciorum.* Aucun texte, en effet, ne parlerait
de la *vindicatio successionis* du *bonorum possessor*, aucun ne représenterait ce dernier comme intentant les
mêmes actions que l'*heres*, je n'en affirmerais pas
avec une moindre confiance que, la disparition de
l'*ordo judiciorum* ayant fait subir à la *bonorum posses-*
sio la profonde transformation que je viens de rappeler, tout successeur, qu'il se fondât sur l'Édit ou in-
voquât le droit civil, devait avoir l'*hereditatis petitio.*
— La raison est facile à saisir. — Le droit du *bonorum*
possessor étant devenu équivalent à celui de l'héritier

---

[1] La C. 9, *De her. pet.*, 3, 31, est précisément sous la date de
l'an 300 ap. J. C.

ex jure civili, l'*actio in rem universalis*, l'Interdit *Quorum bonorum*, qu'il avait eu jusqu'à ce jour, ne pouvait plus subsister avec son ancien caractère. D'une
part, il était impossible que le successeur prétorien
triomphât, comme précédemment, d'un héritier plus
proche qui avait négligé de faire l'*agnitio*, ou même des
tiers qui lui opposaient l'existence d'un pareil héritier;
car il n'avait nul droit à la succession, il n'était pas
plus *bonorum possessor* qu'*heres*, si sa vocation ne se
trouvait pas la première. D'un autre côté, une fois que
son titre avait été reconnu, comment admettre encore
que quelqu'un élevât des prétentions à l'hérédité, que
l'*hereditatis petitio* fût dirigée contre le *bonorum possessor?* — Mais à la place de l'ancien Interdit, qui ne
pouvait plus servir au successeur prétorien à faire valoir ses droits, il lui fallait en tout cas une action universelle pétitoire, au moyen de laquelle il pût revendiquer l'ensemble de la succession. Et qu'on veuille bien
le noter, on ne pouvait songer à transformer l'Interdit
Quorum bonorum, à le rendre pétitoire! La suppression du système formulaire venait de faire table rase, et
de la procédure spéciale des Interdits, et des actions
ficticiæ; en même temps elle avait rendu impossibles
les anciens errements, suivant lesquels le préteur déférait la *bonorum possessio* après une enquête sommaire,
et dispensait ainsi le *bonorum possessor* de fournir aucune preuve devant le juge. Mais surtout, nous savons que depuis le sénatus-consulte *Juventianum*
l'Interdit *Quorum bonorum* était devenu insuffisant; il
aurait donc fallu élargir son cercle d'action, lui attribuer des effets qui avaient été inconnus jusque-là, à
moins qu'on n'eût conservé côte à côte l'Interdit *Quorum*

bonorum (devenu pétitoire), les actions spéciales et une *hereditatis petitio possessoria* destinée à compléter l'Interdit : système qui ne se justifiait plus par les mêmes raisons d'utilité qu'à l'époque classique, et aurait même été tout à fait inexplicable, maintenant que le *bonorum possessor* était un véritable héritier. Que serait-il donc resté de l'ancien Interdit? Les conditions, le mode de procéder, l'étendue, les effets, tout aurait été changé! Et ainsi, au lieu de transformer une action existante, c'est à la création d'une action nouvelle qu'on eût abouti! Mais cette action n'aurait différé de l'*hereditatis petitio* qu'en ce seul point que les *debitores hereditarii* se seraient trouvés hors de sa portée! Était-ce bien la peine, pour une différence dont le principal intérêt est purement théorique, de faire une pareille innovation? On aurait pu le penser tout au plus si l'*her. petitio possessoria* n'avait point été introduite avant Diocélétien; mais quand le *bonorum possessor* avait depuis longtemps une pétition d'hérédité, restreinte seulement à des cas spéciaux, la voie la plus simple et la plus logique n'était-elle pas d'étendre cette action, de la généraliser? N'était-ce pas faire preuve de conséquence que d'accorder au successeur prétorien les mêmes moyens de droit qui compétaient à l'*heres*, puisque la vocation de l'un et de l'autre était à mettre dorénavant sur la même ligne?

87. La preuve directe de ce que nous venons d'établir résulte en partie du § 3, Inst., *De interdictis*, 4, 15. Ce texte a été pris, mot pour mot, du § 144, Comm. IV, de Gaius; un seul changement important fut fait par Justinien au passage qu'il copiait. Gaius avait écrit: « Pro herede autem possidere videtur *tam is qui heres*

est, quam is qui putat se heredem esse; » les Institutes
portent: « Pro herede autem possidere videtur, qui putat se heredem esse. » Cette omission évidemment vo-
lontaire des mots *tam is qui heres est*, est pour nous
d'une grande signification : elle montre qu'une personne ne pouvait plus être *bonorum possessor* s'il y avait
un héritier civil plus proche, et confirme ainsi, ce que
nous disions plus haut, que le successeur prétorien
avait besoin d'actions pétitoires, son droit n'étant plus
temporaire, mais définitif. En second lieu, le § 3 est
exclusif de l'idée que l'Interdit *Quorum bonorum* se serait transformé en une *actio in rem universalis* pétitoire; car il le représente comme un interdit *adipis-
cendæ possessionis*. La conclusion à laquelle les Institutes nous mènent ainsi est la suivante : le *bonorum
possessor* a obtenu à un moment donné une action pétitoire; cette action ne peut avoir été que l'*hereditatis
petitio possessoria*, car l'Interdit a toujours eu pour
unique effet de mettre le successeur en possession des
biens héréditaires.

Je crois donc fermement que, lors de l'abolition de
l'*ordo judiciorum*, le successeur prétorien, dont la vocation était devenue analogue à celle de l'héritier, fut
pourvu d'une pétition d'hérédité, et que cela eut lieu par
la généralisation de celle qui lui avait appartenu *utiliter*
dès l'époque classique. — A peine est-il besoin d'ajouter que si le système formulaire entraîna les *actiones
ficticiæ* dans sa chute, le *bonorum possessor* n'en put
pas moins, après Dioclétien, exercer les mêmes actions
spéciales que l'héritier, les actions *in rem* surtout, car
on avait maintenu le principe que les droits réels ne
peuvent être poursuivis par la pétition d'hérédité (C. 7,

De her. pet., 3, 31; cf. C. 4, *In quibus causis cessat longi temp. præscr.*, 7, 34).

§ 2. *Quel a été le sort de l'interdit* QUORUM BONORUM *après Dioclétien?*

88. Nous venons de voir qu'il était impossible, depuis l'an 294, que l'Interdit *Quorum bonorum* conservât la nature et les effets qui précédemment avaient été les siens; mais nous avons vu aussi qu'il ne s'est pas changé en une sorte de pétition d'hérédité, en une *actio in rem universalis* pétitoire. Il semblerait, d'après cela, que cette action dût entièrement disparaître avec l'*ordo judiciorum*, et pourtant nous la retrouvons en pleine vigueur sous Justinien! Non-seulement il en est fait mention dans les Institutes, mais un titre du Digeste et un du Code lui sont consacrés; et nulle part on ne nous la présente comme tombée en désuétude. — Cela ne peut évidemment s'expliquer que par une transformation de l'Interdit, qui lui aura imprimé un caractère nouveau, mais distinct de celui de l'*hereditatis petitio*. Quel fut ce caractère? C'est là une des questions les plus délicates peut-être de notre matière, et je crois qu'on ne peut la bien résoudre qu'après avoir jeté un coup d'œil rétrospectif sur l'époque classique.

89. Une opinion, universellement suivie, enseigne que le préteur déférait la *bonorum possessio* sans s'enquérir si celui qui la demandait y avait droit, mais que le *bonorum possessor* devait prouver, au moment de l'exercice de l'Interdit *Quorum bonorum*, qu'il était appelé par l'Édit. Quel que soit mon respect pour cette opinion, qui a réuni jusqu'à ce jour la presque unanimité des

suffrages, je ne saurais m'y rallier. — Pourquoi le
préteur n'aurait-il pas examiné chaque fois, rapidement sans doute, si celui qui voulait faire l'*agnitio* se
trouvait dans les termes de l'Édit, s'il satisfaisait aux
conditions requises? Ne fallait-il pas écarter toutes
lenteurs, éviter, si faire se pouvait, toute discussion,
nécessairement longue, devant le juge, et pour cela y
avait-il un autre moyen que de rechercher immédiatement si celui qui se présentait était en droit d'élever
des prétentions sérieuses à la *bonorum possessio?* Ceci
une fois reconnu, l'Interdit *Quorum bonorum* lui était
délivré, et, sans preuve nouvelle, lui faisait obtenir la
possession de l'hérédité, à moins qu'un autre n'établît
l'inanité de son titre.

Objectera-t-on qu'en faisant dépendre toute *agnitio*
d'une décision du préteur rendue en connaissance de
cause, nous supprimons la distinction de la *bonorum
possessio* en *decretalis* et *edictalis*, distinction qui repose
précisément sur ce que la *bonorum possessio decretalis*
est précédée d'une *causæ cognitio* et octroyée par un *decretum*, tandis que le rôle du préteur dans la *bonorum
possessio edictalis* est purement passif[1], ce qui a fait dire
aux glossateurs que la première est une *bonorum possessio prætoris vivi*, celle-ci une *bonorum possessio præ·
toris mortui?* J'aurais une réponse toute prête. — Certes,
chaque décision prise *pro tribunali* par le préteur est,
à la rigueur, un décret; mais pourquoi n'aurait-on pas

---

[1] On citerait: L. 4, § 3; L. 5; L. 14, § 1, *De bon. poss. contra
tab.*, 37, 4; L. 6, *De legatis præst.*, 37, 5; L. 4, *De conjungendis
cum em. lib.*, 37, 8; L. 1, § 1, *Ad sen. cons. Tertull.*, 38, 17. Cbn.,
L. 1, § 14; L. 7, § 1, *De ventre in poss. mitt.*, 37, 9; L. 3, §§ 4, 5;
L. 10, *De Carbon. edicto*, 37, 10.

réservé l'expression de *decretum* pour l'opposer à celle
d'*edictum?* La *bonorum possessio decretalis*, n'est-ce
pas celle qui est accordée en dehors des termes de
l'Édit, que le préteur crée au moment même où il la
défère[1]? Et alors, n'est-il pas naturel de penser qu'en
l'appelant *decretalis* on a voulu marquer uniquement
qu'elle a sa source dans le décret du magistat, de même
que la *bonorum possessio edictalis* a la sienne dans l'Édit?
La différence de ces deux espèces de *bonorum possessiones* ne consiste donc pas dans la manière dont la
delatio est faite, mais dans l'origine même du droit du
bonorum possessor. Il est également inexact de prétendre que la *bonorum possesssio decretalis* seule peut donner lieu à une *causæ cognitio* préalable. Nous avons
deux textes d'où le contraire résulte bien clairement :
la Loi 3, § 8, *De bonorum poss.*, 37, 1, et la Loi 2, § 1,
Quis ordo, 38, 15. — La première de ces lois porte :
«Si, causa cognita, bonorum possessio detur, non alibi
«dabitur quam pro tribunali : quia, *neque decretum de
«plano interponi, neque, causa cognita, bonorum possessio
«alibi quam pro tribunali dari potest.*» — Le sens est

---

[1] L. 1, § 7, *De succ. edicto*, 38, 9. On range, il est vrai, parmi les
bon. poss. decretales des cas où l'on ne peut pas dire que le préteur
comble des lacunes de l'Édit (*Bon. possessio ex Carboniano edicto.*
L. 5, *De bon. poss. contr. tab.*, 37, 4; L 1, § 1, *Ad sen. cons. Tertull.*,
38, 17; L. 84, *De acq. vel om. her.*, 29, 2. C. 7, § 3, *De curat. fur.*,
5, 70; L 1, *De bon. poss. furiosi*, 37, 3). Cela serait exact, que notre
raisonnement n'en souffrirait aucune atteinte. Dans toutes ces hypothèses, en effet, le préteur n'est pas lié par l'Édit: s'il accorde la
bon. possessio, c'est qu'il le veut bien, c'est qu'il fait usage de son
imperium. De la sorte, le *bon. possessor* puise véritablement sa
vocation dans la *datio* qui a lieu à son profit, tandis que, dans les cas
ordinaires, cette *datio* n'est que la consécration d'un droit qu'il tire
de l'Édit, consécration que le préteur ne peut lui refuser.

celui-ci : la *bonorum poss.* donnée *causa cognita* l'est
toujours *pro tribunali;* cela est évident quand elle est
decretalis, car un décret ne peut être rendu ailleurs,
mais cela est certain aussi quand il n'y a pas de *decretum* proprement dit, le seul fait de la *causæ cognitio*
exigeant que le magistrat siége *pro tribunali.* — La
causæ cognitio n'est donc rien de spécial à la *bonorum
poss. decretalis :* la *bonorum poss. edictalis*, elle aussi ›
peut être déférée *causa cognita!* Et voilà ce que nous
apprend également la Loi 2, § 1, *Quis ordo,* 38, 15,
par ces mots non ambigus : « Quid si ea (bonorum pos-
« sessio) quæ causæ cognitionem pro tribunali deside-
« rat, *vel* quæ decretum exposcit?» — Quelques auteurs[1] ont cru échapper, il est vrai, à l'argument que
nous puisons dans ces textes en énumérant certains cas
qui, suivant eux, font exception, et où ils veulent bien
reconnaître que la *datio* de la *bonorum poss. edictalis*
n'a lieu qu'après une *causæ cognitio.* Ces cas seraient :
1° Celui où un héritier institué *sub conditione* demande
la *bonorum possessio secundum tabulas*, avant que la condition se soit réalisée : cette *bonorum possessio*, il l'obtient, dit-on, mais à charge de fournir caution ; or la nécessité d'une caution entraîne celle d'une *causæ cognitio.*
— Je ne veux pas rechercher si une caution est effectivement requise au cas dont il s'agit, mais je ferai remarquer
pourtant que le texte qu'on invoque pour l'établir, la Loi 8
pr., *De stipul. præt.,* 46, 5, a dû être mal entendu. —
Cogitur substituto cavere in longiorem diem ne signifie
pas que l'héritier doit constituer une caution, mais

[1] Huschke, *Kritische Jahrbücher für deutsche Rechtsw.* V, p. 27
et suiv., 1839. Hingst, *Commentatio de bon. possessione*, p. 173,
186.

qu'il doit prendre l'engagement verbal (*cautio* [1]) de restituer la succession dans le cas où la condition viendrait à défaillir; la meilleure preuve en est que le jurisconsulte le dispense précisément du cautionnement (*satisdatio*), en disant du substitué : « Potest videri calumniose *satispetere*, quem alius antecedit. » — Quoi qu'il en soit et fût-il même avéré que le *bonorum possessor* conditionnel était astreint à donner caution, je ne vois pas, je l'avoue, comment la nécessité d'une *causæ cognitio* en découlerait! — 2° L'hypothèse où l'*agnitio* est faite par un *negotiorum gestor* ou un *procurator*. — En effet, le *negotiorum gestor*, suivant ces auteurs, devant fournir la caution *de rato*, la *bonorum possessio* ne pouvait être déférée que *causa cognita ;* c'est le même raisonnement que tout à l'heure. — Quant au *procurator*, la Loi 7 pr., *De bonorum poss.*, 37, 1, et la Loi 15, *eod.*, prouvent, assure-t-on, que le préteur ne lui permettait de faire l'*agnitio* qu'après une *causæ cognitio* préalable. Mais sur quoi donc aurait porté cette *causæ cognitio?* Aux termes de la Loi 7 pr., l'esclave qui demande la *bonorum possessio* doit prouver que celui auquel l'Édit la défère est son maître; et d'après la Loi 15, l'*agnitio* faite par la mère ne peut profiter à la fille impubère que si le préteur a su qu'elle avait lieu au nom

---

[1] On a évidemment confondu la *cautio nuda*, simple promesse faite par une personne et se rencontrant surtout dans les stipulations prétoriennes, comme celle dont s'agit au texte cité (cf. L. 1, § 2; L. 4; L. 8, § 1 ; L. 10, *De stipulat. prætor.*, 46, 5), avec la *satisdatio*, cautionnement proprement dit, dans lequel intervient un fidéjusseur. (Cf. L. 6, *Qui satisdare cogantur*, 2, 8; L. 57, *De rei vindic.*, 6, 1), ou *cautio idonea*. (L. 59, § 6, *Mandati vel contra*, 17, 1. Cbn. L. 35, § 2 ; L. 39, § 3 ; L. 45, § 2, *De procurator.*, 3, 3 ; L. 2, § 6, *De judiciis*, 5, 1.)

de cette dernière. Tout cela exige-t-il une longue enquête, une décision solennelle? Je ne veux pas parler
de la connaissance personnelle que le préteur peut
avoir de la situation des parties; mais est-il rien de plus
simple pour le *procurator* que d'établir qu'il est l'es-clave
de l'ayant-droit, pour la mère que de déclarer qu'elle
réclame la *bonorum possessio*, non dans son intérêt,
mais dans celui de sa fille impubère? Pourquoi donc
cette preuve ne pourrait-elle pas être rapportée, cette
déclaration ne pourrait-elle être faite ailleurs que *pro
tribunali?* Pourquoi la *bonorum possessio* cesserait-elle
d'être donnée *de plano?* — Je crois inutile d'insister
davantage, car s'il était même vrai, comme on le prétend, que la Loi 7 pr. a eu une véritable *causæ cognitio*
en vue (de la Loi 15, en tout cas, il ne doit plus être
question, puisqu'elle ne suppose nullement une preuve
à fournir devant le préteur), l'argumentation que nous
combattons n'y gagnerait pas beaucoup. On aurait enfin
trouvé une hypothèse, une seule, où la *bonorum possessio* est donnée *causa cognita!* Le beau succès! Et l'on
pense expliquer par là les Lois 3, § 8, *De bonorum poss.*,
et 2, § 1, *Quis ordo!* — Comment n'a-t-on pas vu que
la Loi 7 pr., si on la rapporte à une *bonorum possessio
causa cognita*, est la condamnation la plus éclatante du
système qu'elle doit étayer? — Quand le préteur oc-
troie la *bonorum possessio pro tribunali*, il rend une véritable sentence après un sérieux examen de la cause :
le *bonorum possessor* peut intenter alors l'Interdit *Quorum bonorum*, sans avoir autre chose à faire qu'à se
prévaloir de la *datio* qu'il a obtenue : la *bonorum possessio decretalis* en est une preuve. Si donc la Loi 7 pr.
avait le sens qu'on lui attribue, l'examen du préteur ne

porterait pas seulement sur la qualité du *procurator*,
mais aussi sur les droits de son maître, et alors on aboutirait à ce résultat, vraiment extraordinaire, que l'hypothèse prévue par cette loi, tout en étant un cas pour ainsi
dire unique, nous serait présentée comme n'offrant rien
d'exceptionnel. Une *causæ cognitio* se rencontrerait ici,
quand nulle part ailleurs il n'en paraîtrait de trace, et
c'est à peine si on nous y rendait attentif! l'Interdit
Quorum bonorum ne devrait exiger que la preuve de la
datio, au lieu que tout autre *bonorum poss. edictalis*
serait obligé de justifier complétement devant le juge
de la légitimité de ses prétentions, et rien encore qui
nous ferait connaître cet effet si remarquable! — Cela
ne peut être : qu'on reconnaisse avec nous que la loi
citée ne prévoit pas une véritable *causæ cognitio*, ou que
l'on se résigne à admettre qu'une pareille *cognitio* était
d'un fréquent usage et qu'il suffisait au *bonorum possessor*, exerçant l'Interdit, de se référer à la *delatio* qui avait
eu lieu à son profit : je ne crois pas qu'il y ait de milieu.

90. L'argument que nous avons tiré des Lois 3, § 8,
De bonorum possessione, et 2, § 1, *Quis ordo*, reste
donc entier : tous les cas que l'on a cités comme devant donner *exceptionnellement* naissance à une *causæ
cognitio* n'ont pas ce caractère, et nous en pouvons
conclure que ce sont les circonstances seules qui décident si la *bonorum possessio edictalis* doit être déférée
causa cognita ou *de plano*. — Il faut s'entendre seulement sur la signification des mots *bonorum possessio
de plano* : indiquent-ils que l'*agnitio* n'est qu'une pure
formalité, que le préteur n'intervient que pour signer
la requête (*libellus*) qui lui est présentée et ne refuse
jamais cette signature; ou, au contraire, faut-il dire

qu'ils n'excluent pas tout examen de la part du magistrat, que celui-ci sans doute ne fait pas une véritable enquête *pro tribunali*, mais que du moins, avant de déférer la *bonorum possessio*, il s'assure que l'impétrant y paraît appelé et, à cet effet, exige de lui certaines preuves, pouvant être rapidement fournies, enfin qu'il dénie toujours la *delatio* quand il connaît le peu de fondement du titre de celui qui la réclame? — Ce qui me décide à les interpréter dans ce dernier sens, c'est que sans cela l'Interdit *Quorum bonorum* aurait présenté un caractère de tout point différent, suivant que la *bonorum possessio* eût été donnée *causa cognita* ou *de plano*, et que d'une pareille différence il n'est fait nulle mention. Nous avons cru voir, d'ailleurs, dans la Loi 7 pr., *De bonorum possession.*, un cas où, tout en accordant la *bonorum possessio de plano*, le préteur veut être fixé d'abord sur la qualité de celui auquel il l'accorde.

91. Si l'*agnitio* n'avait exigé jamais aucune preuve, la *bonorum possessio* aurait été dès le principe une véritable succession : or cela n'est-il pas contraire à tout ce que nous savons, et de son origine, et de ses effets, et, en général, de la manière de procéder du préteur? Ne nous apparaît-elle pas sans cesse comme une mise en possession provisoire qui, plus tard seulement, s'est transformée en une sorte d'hérédité? — D'autre part, l'*agnitio* n'aurait-elle pas été alors tout à fait analogue à l'adition de l'*hereditas*? Eh bien! qu'on concilie cela avec les expressions *dare, dari posse, denegare, denegari debere bonorum possessionem*, dont se servent fréquemment les textes [1], et qui prouvent bien,

---

[1] *Dari posse, dare* (L. 3, § 5 ; L. 3, § 8 ; L. 7, pr. ; L. 15, *De bon. poss.*, 37, 1 ; L. 16, *De bon. poss. contra tabulas*, 37, 4 ; L. 7,

ce me semble, une intervention active du préteur ! —
Voici enfin un argument qui me paraît décisif. — Si la
justification du droit du *bonorum possessor* se faisait
devant le juge, elle ne pouvait en aucun cas être sommaire : c'est une preuve complète qui devait être fournie par le successeur prétorien lors de l'exercice de
l'Interdit *Quorum bonorum,* tout comme par l'héritier
civil intentant la pétition d'hérédité ; et, à ce point de
vue, Savigny a on ne peut plus raison de prétendre que
de simples présomptions n'étaient pas suffisantes [1]. Mais
le même auteur n'a-t-il pas montré aussi que la procédure des Interdits en général, et spécialement de l'Interdit *Quorum bonorum,* n'était pas plus rapide que celle des
actions[2], et alors que devient cette *celeritas* que les textes
nous indiquent comme ayant été le but de l'introduction de notre Interdit [3] ? comme ayant été en tout cas
un de ses signes distinctifs ? Gaius aussi ne nous parle-
t-il pas un langage désormais inintelligible, en nous
apprenant que le seul avantage que les héritiers du droit
civil trouvent dans l'*agnitio* de la *bonorum possessio,*
c'est de pouvoir se servir de l'Interdit *Quorum bonorum*[4] ? Non-seulement on ne voit plus l'utilité que ce
dernier peut leur offrir, mais il faut même reconnaître
qu'ils auraient agi contrairement à leurs intérêts en
l'exerçant ! Quoi ! les héritiers civils se seraient engagés

§ 6, *De Carbon. edicto,* 37, 10 ; L. 7, *De bon. poss. sec. tab.,* 37,
11 etc. *Denegari debere* (L. 3, § 15 ; L. 3, § 16, *De bon. poss. contra tab.,* 37, 4 ; cf. L. 10, *De Carbon. edicto,* 37, 11 ; *Adde :* L. 5,
Si quis a parente manum`, 37, 12).

[1] Savigny, *Vermischte Schriften*, II. p. 275 et suiv.
[2] Savigny, *op. cit.,* p. 256 et suiv.
[3] C. 22, Th., *Quorum appell.,* 11, 36.
[4] Gaius, III, § 34.

dans un procès où l'on aurait exigé la même rigueur dans les preuves, où la marche de la procédure aurait été aussi lente que dans l'instance soulevée par l'*hereditas petitio*, et tout cela pour obtenir des résultats moindres et purement provisoires! moindres, l'Interdit, comme nous l'avons vu, produisant à certains égards des effets plus restreints que la pétition d'hérédité; provisoires, car, à moins que l'on n'admette l'existence au profit de ces héritiers de l'*exceptio rei judicatæ* (ce qui ne serait assurément pas à l'abri de toute contestation), tout aurait été à recommencer si un tiers s'était prétendu appelé par le droit civil à l'hérédité!

92. Admettez, au contraire, que le préteur ne faisait la *delatio* qu'à celui qui lui paraissait nanti d'un titre sérieux, et voyez comme le tableau va changer de face. La *bonorum possessio* se montre ce qu'elle devait être réellement, une mise en possession provisoire, faite *prætoris auctoritate;* l'Interdit devient un moyen avantageux et prompt de prendre à la tête de la succession la place laissée vacante par le défunt. Tout ce que le *bonorum possessor* a à prouver, c'est que l'*agnitio* a véritablement été faite par lui. Sans doute, son titre n'était pas reconnu d'une manière définitive; le préteur avait seulement examiné si, à première vue, il réunissait les diverses qualités requises, et dès lors il n'était pas dit que l'une de ces qualités ne pût être entachée de vice, ou que certaines circonstances ne pussent faire tomber la vocation; aussi bien que la *bonorum possessio* était rendue *non data*, quand le préteur apprenait postérieurement qu'il l'avait déférée à qui n'y était point appelé, aussi bien le défendeur à l'Interdit pouvait contester au *bonorum possessor* son

droit à la succession. Mais ce qu'il faut bien remarquer, c'est que le *bonorum possessor* prend toujours le rôle qui lui convient, le rôle de possesseur : la *datio* le dispense de prouver le fondement de son titre, ou plutôt elle est ce fondement : à celui qui invoque ensuite une nullité, à l'établir !

Dira-t-on que le préteur aurait ainsi oublié son rôle, qu'il serait descendu de sa chaise curule pour s'asseoir sur le *subsellium* du juge, qu'en d'autres termes il n'avait pas mission de vérifier le bien fondé de la demande qu'on lui adressait, aux fins d'obtenir la *delatio?* — Pour répondre, il suffit de rappeler que le préteur ne procède pas autrement dans les *missiones in possessionem*[1], dont l'affinité avec la *bonorum possessio* est si grande: pourquoi aussi l'*agnitio* n'aurait-elle pas pu donner lieu à une *causæ cognitio* aussi bien que l'*apertura tabularum?* (L. 2, § 4. L. 8, *Testamenta quemadm. aper.*, 29. 3); enfin ne sait-on pas que les cognitions extraordinaires reçurent successivement une telle importance qu'elles se substituèrent à l'*ordo judiciorum*, et les textes ne fourmillent-ils pas où, une succession étant ouverte, il est fait mention du *cognoscere* ou du *summatim cognoscere* du préteur[2]? — Du reste, je ne

---

[1] L. 5, § 5, *Ut in possess. legat. serv. causa*, 36, 4 ; L. 1, § 1 ; L. 1, § 14 ; L. 7, § 1, *De ventre in possess. mitt.*, 37, 9 ; L. 1, pr. ; L. 3, § 4, *De Carb. edicto.*, 37, 10 ; L. 5, § 1, *Quibus ex causis in poss. catur*, 42, 5.

[2] L. 9, § 6, *De interrog. in jure*, 11, 1 ; L. 3, § 9, *Ad exhibendum*, 10, 4 ; L. 5, § 8, *De agnosc. liber.*, 25, 3 ; L. 23, § 4, *De heredibus instituend*, 28, 5 ; L. 6, § 3, *Si quis omissa causa testam.*, 29, 4 ; L. 6 ; L. 8, pr., *De optione vel elect. leg.*, 33, 5 ; L. 65, § 2, *Ad sen. cons. Trebell.*, 36, 1 ; L. 1, § 14, *De separat.*, 42, 6 ; L. 1, § 9, *De stipul. præt.*, 46, 5. Cf. L. 3, *De in integr. restit.*, 4, 1 ; C. 2, *De bonis auct. jud. possid.*, 7, 72.

voudrais pas prétendre que le magistrat tranchait toujours la difficulté ; je crois au contraire qu'il devait
renvoyer au juge l'examen des questions qui lui sem-
blaient trop longues à résoudre. (Cf. L. 5, § 1, *De his
quæ ut indignis*, 34, 9 ; cf. L. 3, § 13, *Ad exhibendum*, 10, 4.)

Il ne faudrait non plus nous objecter que dans une
cité comme Rome le préteur ignorait fatalement la
composition des familles, la qualité de ceux qui se pré-
sentaient devant lui, et mille faits, mille détails qu'il
était indispensable de connaître pour ne pas se prononcer en aveugle dans une matière aussi délicate que
celle d'une succession à régler. — Quand la *bonorum
possessio* était déférée *causa cognita*, (ces cas se détermi-
minaient-ils suivant des règles certaines, ou la nécessité
d'une *causæ cognitio*, en cas de silence de l'Edit [1], était-
elle livrée à l'appréciation du magistrat ? La Loi 2, § 1,
Quis ordo 38, 5, se prête à l'une et à l'autre solution.), le
préteur n'avait-il pas à sa disposition les mêmes moyens
d'investigation qui auraient appartenu au juge ? Et s'il
n'y avait pas de *causæ cognitio* proprement dite, ce n'é-
tait encore pas à sa connaissance personnelle des familles que le magistrat s'en rapportait : il exigeait la
production de certaines preuves qui pouvaient être facilement et rapidement fournies, et il en induisait le
degré de vraisemblance qui militait en faveur du pos-
tulant. C'est ainsi que l'apposition de sept *signa* sur un

---

[1] En tout cas, l'Édit s'en expliquait parfois. C'est ainsi que le préteur ne peut refuser la *bon. possessio* au posthume sous prétexte que
l'Édit *de inspiciendo ventre custodiendoque partu* n'a pas été observé, qu'après avoir procédé à une *causæ cognitio* préalable (L. 1,
§ 10, *in fine* ; L 1, § 15, *De inspic. ventre*, 25, 4).

testament lui faisait présumer l'accomplissement de la
mancipatio et par là la validité de l'acte; présomption
qui pouvait plus tard être détruite devant le juge, mais
n'en avait pas moins procuré dans l'intervalle la *bono-*
rum possessio à celui qui s'en était prévalu.

93. Je ne veux plus qu'indiquer quelques textes sur
lesquels on peut fonder encore l'opinion que je viens de
développer, et en écarter quelques autres qu'on pourrait nous opposer. On ne contestera pas que la Loi 7,
De bonorum poss., 37, 1, ne soit favorable à notre
manière de voir; mais que dire de la Loi 15, *eod.?* Si
l'*agnitio* n'était qu'une formalité, pourquoi est-il question de l'intention qu'a eue le préteur d'accorder la
bonorum possessio à telle personne déterminée? n'était-
ce pas devant le juge seul que les droits du *bonorum*
possessor auraient été discutés et reconnus, et par suite,
la fille établissant à ce moment sa vocation, l'*agnitio*
n'aurait-elle pas été présumée faite, en son nom, par
sa mère? On ne comprendrait donc pas, je le répète,
la disposition finale de la Loi 15. Du reste, les expressions mêmes de ce texte sont dignes de remarque: « petitionem matris solam non adquisisse filiæ impuberi
bonorum possessionem, » y lisons-nous : *petitionem*
solam! donc, la *datio* assure la *bonorum possessio* à celui qui l'obtient! il suffit qu'il s'y réfère pour triompher devant le juge; et si la fille impubère a quelque
chose à prouver ici, c'est uniquement que le préteur a
entendu lui déférer à elle et non à sa mère la *bonorum*
possessio dont elle se prévaut. — Voici maintenant la
Loi 9, § 1, *Unde cognati*, 38, 8, qui met en pleine lumière les deux ordres de preuves, successives et distinctes, auxquelles le successeur prétorien est tenu :

devant le magistrat, le neveu, institué pour partie, qui, au lieu de la *bonorum possessio secundum tabulas*, veut obtenir la *bonorum possessio unde cognati* plus avantageuse pour lui, est obligé d'établir la surdité du testateur; devant le juge, il doit justifier que son *agnitio* n'a pas été tardive, qu'elle a été faite dans un délai déterminé dont le point de départ est l'ouverture de la succession. — Aux textes que nous venons de citer, il faut joindre un passage de Valère Maxime, où l'on voit clairement que le préteur appréciait s'il y avait lieu ou non d'obtempérer à la demande de celui qui se présentait devant lui pour faire l'*agnitio* de la *bonorum possessio*. (*Valère Maxime*, liv. VII, chap. 7, § 7.)

Passons aux textes qui semblent contraires à notre doctrine. En première ligne il faut placer la C. 1, *Quorum bonorum*, 8, 2. Aux termes de cette loi, le *bonorum possessor* devant prouver *in judicio* qu'il est fils du défunt et qu'en cette qualité il a droit à la succession, on pouvait dire, et l'on a dit en effet[1], que l'idée d'un examen préalable de la part du préteur se trouve ainsi exclue. Mais avons-nous jamais prétendu qu'un pareil examen dispense le *bonorum possessor* de toute preuve devant le juge? Cela arrivera quand le détenteur d'un bien héréditaire, attaqué par l'Interdit, ne contestera point; mais s'il se refuse à reconnaître le droit du *bonorum possessor*, le seul effet de l'examen sommaire auquel s'est livré le préteur sera que le demandeur pourra attendre les preuves de son adversaire; mais

[1] Vangerow, *Lehrbuch des Pandekten*, 7ᵉ édit., 1867, § 509, p. 363. Machelard. *Théorie des Interdits*, p. 67. Savigny, *Vermischte Schriften*, II, p. 309. — Hingst, *Commentatio de bon. possessione*, p. 177-178.

une fois que celles-ci seront fournies, il est bien évident que le *bonorum possessor* aura à établir sa vocation d'une manière définitive. Voilà ce que Sévère et
Antonin décident. Consultés par un *bonorum possessor*
contra tabulas sur le point de savoir s'il pouvait se retrancher derrière la *datio* qui lui avait été faite, s'il lui
suffisait de l'invoquer pour triompher par l'Interdit de
ceux mêmes qui soulevaient des objections contre sa
vocation, les empereurs répondent que la possession de
l'hérédité ne peut être obtenue par lui s'il ne justifie
complétement (ce qui n'avait été fait que d'une façon
sommaire devant le préteur) que son droit est à l'abri
des attaques qu'on veut diriger contre lui, qu'il est véritablement le fils et l'héritier du défunt. La C. 1 se
concilie donc, on ne peut mieux, avec notre système; se
concilie-t-elle même aussi bien avec le système contraire? Si la *bonorum possessio* n'avait pas été déférée
en connaissance de cause par le magistrat, la question
adressée aux empereurs n'eût-elle pas été dérisoire? On
leur aurait demandé si, après s'être présenté devant le
préteur et avoir fait la simple déclaration qu'on est le
filius praeteritus du défunt, on devait l'emporter, sans
coup férir, sur tous les possesseurs de biens héréditaires! Je doute fort qu'une telle demande aurait eu l'honneur d'un rescrit.

Suivant Hingst[1], il doit résulter des Lois 1, § 4, *De*
juris et facti ignor., 22, 6; L. 10, *De bon. poss.*, 37, 1;
L. 1, § 2, *De bon. poss. sec. tab.*, 37, 11, que la *bonorum*
possessio pouvait toujours être obtenue, sans que l'*aper-*
tura tabularum fût nécessaire. Or, comment le *scriptus*

---

[1] Hingst, *op. cit.*, p. 179.

aurait-il établi sa vocation, quand le testament n'était pas ouvert ? Nous avons expliqué plus haut la Loi 1, § 2, *De bon. poss. sec. tab.*, 37, 11 (voy. *supra*, n° 22, note 1, p. 38), et ce que nous en avons dit peut s'appliquer aux deux autres textes cités. Oui, l'*agnitio* était possible même avant l'*apertura tabularum*, mais dans les cas seulement où la production du testament ne pouvait avoir lieu, à raison de circonstances spéciales. Un pareil obstacle n'existait-il pas, le préteur n'accordait la *bonorum possessio* qu'après s'être assuré par l'ouverture des *tabulæ* que l'impétrant y était institué. Ne savons-nous pas par Cicéron que l'Édit portait de toute ancienneté : *Si tabulæ testamenti obsignatæ non minus multis signis, quam e lege oportet, ad me proferentur*[1] ? La *prolatio* était donc une condition de l'*agnitio*, et qui dit *prolatio* dit certainement *apertura*. — Ensuite, sur quoi se fonde la Loi 10, *De bon. poss.*, 37, 1 ? Sur la connaissance qu'avait l'institué de la mort du testateur, et de sa propre qualité de plus proche héritier *ab intestat !* Ainsi c'est parce qu'il aurait pu faire l'*agnitio*, comme *proximus cognatus*, que le délai court dès avant l'*apertura tabularum ;* donc, s'il n'avait été que *scriptus* sans être héritier du sang, sa *petitio* n'aurait pu précéder l'ouverture du testament. Remarquons maintenant que dans les hypothèses où, par exception, le préteur défère la *bonorum possessio* avant d'avoir pris connaissance du testament, rien, absolument rien, ne s'oppose à ce qu'une autre preuve puisse tenir lieu de celle qui serait résultée de l'*apertura*. Il faut bien l'admettre ; sans cela, comment la

---

[1] Cicéron, *Seconde action contre Verrès*, I, *De prætura urbana*, n° 45.

delatio de la *bonorum possessio secundum tabulas* aurait-
elle pu être faite après la perte totale du testament?
(L. 1, § 3, *De bon. poss. sec. tab.*, 37,11.) N'était-il pas
nécessaire, en pareil cas, de prouver par d'autres moyens
que l'*apertura tabularum* (que ce fût devant le préteur
ou devant le juge) qu'on avait été institué héritier par
le testateur?

On s'est prévalu ensuite des Lois 14, *De bon. poss.*,
37, 1; L. 9, § 1, *Unde cognati*, 38, 8; C. 1, *De bon.
poss. sec. tab.*, 6, 11. D'après ces textes, a-t-on prétendu, le *bonorum possessor*, dès qu'il est convaincu
de sa vocation et encore bien qu'elle ne puisse être établie qu'après de longs débats, est tenu de faire l'*agnitio*;
comment le pourrait-il s'il devait justifier sur-le-
champ devant le préteur de ses droits à la succession?
Mais les Lois 14, *De bon. poss.*, 9, §1, *Unde cognati*,
disent-elles donc que la *bonorum possessio* est *accordée*
à toute personne qui s'y croit appelée? Est-il question
d'autre chose que de la *demande* dans la Loi 14, et
n'avons-nous pas invoqué nous-même la Loi 9, § 1,
à l'appui de notre opinion? Les énonciations de ces lois
n'ont rien qui puisse nous embarrasser. Leur sens, le
voici : quand, appelé dans une classe, un *bon. possessor*
ignore que ceux qui se présentent dans la classe précédente sont sans droit, le délai ne courra pas immédiate
ment contre lui ; mais s'il a des raisons sérieuses de croire
que sa classe doit venir en premier ordre, c'est du jour
du décès que se calculera le délai où la *bonorum possessio* doit être demandée par lui. *Demandée !* quant à donnée, elle ne le sera que le jour où il sera reconnu qu'il
n'existe aucun successeur préférable. C'est ce qui est
décidé de la manière la plus formelle par cette Consti-

tution 1, *De bon. poss. sec. tab.*, 6, 11, que nos adversaires ont eu grand tort de produire. Elle porte, en effet, que si un testament est argué de faux, l'héritier *ab intestat* ne peut pas obtenir la *datio* de la *bonorum possessio*, tant que la nullité du testament n'a pas été définitivement jugée. Mais pourquoi donc, si cette *datio*, comme on le soutient, n'exigeait aucune preuve? Qu'on n'eût pas imposé à l'héritier le plus proche une *petitio* immédiate, s'il n'avait pas connu le vice dont le testament était entaché (ce qui n'est pas le cas ici, où une première sentence a admis la *falsi accusatio*), nous l'eussions compris: mais lui refuser la *bon. poss.*, s'il la demande, déclarer *proximitatis nomine bonorum possessioni locum non esse,* voilà ce qui ne peut s'expliquer, à moins qu'on admette avec nous que pour pouvoir faire l'*agnitio* il fallait justifier de son droit.

En vain s'est-on fondé encore sur la formule de l'Inderdit: les termes *Quorum bonorum ex edicto meo illi possessio data est,* seraient-ils équivalents à ceux-ci: « *Si eorum bonorum...,* » qu'ils ne prouveraient rien, si ce n'est l'obligation pour celui qui intente l'Interdit d'établir que la *bonorum possessio* lui a été donnée par le préteur, et, quand on lui conteste son titre, que cette *datio* est conforme à l'Édit.

C'est également à tort qu'on a invoqué le témoignage de Théophile, suivant lequel il aurait suffi de paraître devant le magistrat et de lui dire: *Da mihi illam bonorum possessionem*, pour que, sans plus ample informé, votre demande vous fût accordée. Le passage auquel on se réfère (Paraphr. ad § 10, Inst. III, *De bon. poss.*, 9) ne touche point à notre question; son unique but est d'indiquer qu'au temps de Justinien l'*agnitio* avait cessé d'être solennelle, comme elle l'était à l'époque classique [1].

94. Il n'est pas difficile de voir la grande utilité que l'Interdit *Quorum bonorum* devait avoir, si le système que je viens de présenter est exact. Quand un héritier civil ou un successeur prétorien se trouvaient appelés dans une classe à laquelle la *bonorum possessio* était déférée, ils n'avaient qu'à prouver une fois pour toutes devant le préteur, et cela d'une manière sommaire, qu'ils avaient droit à la *datio*, et cette preuve fournie, la *datio* faite, ils l'emportaient, grâce à l'Interdit, sur tout possesseur de biens héréditaires, tant qu'on ne démontrait pas que leur titre de *bonorum possessores* était entaché de nullité. Mais il n'était pas même nécessaire d'attendre que les délais des classes antérieures fussent expirés: il suffisait d'établir, *in jure*, qu'il n'y avait personne dans ces classes, ou que ceux qui s'y prétendaient appelés étaient sans droit, pour être admis à justifier de sa vocation et, cela fait, obtenir la mise en possession de l'hérédité. De la sorte, chaque fois qu'il y avait doute sur la dévolution de la succession, que plusieurs y élevaient des prétentions, le rôle de défendeur et la possession de l'hérédité étaient attribués à celui auquel ils convenaient le mieux, à celui en faveur de qui militaient les présomptions les plus fortes. Si rien ne semble plus juste, rien aussi n'était plus nécessaire qu'un pareil réglement du possessoire. Un procès de succession dure généralement pendant un temps assez long : la situation serait donc pleine de dangers si quelqu'un n'était pas constitué, de suite,

---

[1] *Theophili antecessoris paraphrasis*, édit. G. Otto. Reitz, Hagæ 1751, I, p. 600.

administrateur de l'hérédité, si les biens héréditaires
étaient laissés aux mains de ceux qui s'en sont emparés depuis le décès ; d'autre part, l'intérêt des créanciers
et des légataires exige qu'ils sachent à qui demander le
paiement de ce qui leur est dû. Mais dans le conflit de
tous ceux qui prétendent à la succession ou qui possè-
dent des biens héréditaires, qui donc choisirait-on
pour le mettre à la tête de l'hérédité, sinon la personne
dont le droit paraît le plus vraisemblable ? Il n'en est pas
ici comme des procès ordinaires, où le seul fait de la
possession constitue une présomption au profit de la
personne qui peut l'invoquer et lui procure ainsi le rôle
avantageux de défendeur : les possesseurs de choses héréditaires ne doivent cette possession qu'à la célérité
plus grande qu'ils ont déployée au moment où le patrimoine, par suite du décès du D. C., se trouvait sans
maître ; les y maintenir aurait donc été leur accorder,
en quelque sorte, le prix de la course ! N'était-il pas
beaucoup plus équitable de donner la préférence à celui
qui semblait au préteur l'héritier le plus proche, en lui
permettant de se mettre en possession de l'hérédité par
un moyen rapide tel que l'Interdit *Quorum bonorum ?*
Tous les intérêts n'étaient-ils pas ainsi sauvegardés ?
Quand son titre était reconnu plus tard d'une manière
définitive, on se trouvait avoir atteint ce résultat si dé-
sirable que la succession avait été, dès le principe, entre les mains de l'héritier qui y était appelé ; si, au contraire, la *bonorum possessio* devenait *non data*, le véritable héritier n'avait non plus à se plaindre : la succession avait eu un administrateur unique au lieu d'être
livrée à de nombreux détenteurs, et les cautions que le
magistrat ne manquait sans doute pas d'exiger du *bono-*

rum possessor étaient une garantie de la bonté de sa gestion.

95. Est-il possible de croire qu'après Dioclétien on ait laissé tomber des avantages aussi grands que ceux que nous venons de voir attachés à l'Interdit *Quorum bonorum?* Certes, cette action ne pouvait plus avoir son ancien caractère ; elle ne pouvait plus, comme par le passé, faire triompher le droit du *bonorum possessor*, surtout contre l'héritier du droit civil qui avait négligé de demander la *bonorum possessio;* car l'*agnitio* étant faite maintenant sans intervention active du magistrat, l'Interdit aurait demandé une preuve au moment de son exercice, et cette preuve aurait dû être complète et définitive, à raison de la nature nouvelle de la succession prétorienne : le *bonorum possessor*, en d'autres termes, ne l'aurait plus emporté par l'Interdit qu'en établissant que nul n'avait un droit préférable au sien. Mais qu'est-ce qui empêchait de conserver cet Interdit en tant que moyen provisoire, préjudiciel, pouvant servir également, soit à l'héritier, soit au *bonorum possessor*, pour obtenir la possession de l'hérédité pendant le litige qui tient leurs droits en suspens? Ne suffisait-il pas pour cela de remettre au juge les pouvoirs qui précédemment avaient appartenu au préteur, de lui permettre de décider d'après des preuves sommaires[1] qui avait le plus de chances de rester victorieux?

---

[1] Par *preuves sommaires*, il ne faudrait pas entendre des *demi-preuves*, ce qu'on a appelé des *probationes semi-plenæ* (Bartole ad C. 1, *Quor. bon.*, § 3. Raphaël Fulgosius, ad Rubr. C., *Quor. bon.*, § 4. Schneidewinus, *ad Inst. De Interdictis*, § 45 etc.). Le juge devait, comme précédemment le préteur, imposer au demandeur la preuve *complète* de certains points importants, et cette preuve fournie, il en induisait le degré de vraisemblance de son droit.

N'était-il pas naturel aussi que le successeur le plus proche ou celui qui paraissait l'être pût, comme anciennement, enlever la possession au *possessor pro herede* par la voie prompte de l'Interdit *Quorum bonorum?* Quand on songe à l'utilité qui en devait résulter pour tous ceux qui avaient quelque chose à prétendre de la succession, on ne peut douter que telle a bien été la nouvelle forme de l'Interdit *Quorum bonorum.* Par ce moyen, *bonorum possessores* ou héritiers se faisaient restituer rapidement les biens héréditaires qui se trouvaient aux mains de tiers détenteurs, de possesseurs *pro possessore*; et quand nul n'avait fait reconnaître encore d'une manière certaine la légitimité de la vocation, celui dont le titre s'appuyait sur les présomptions les plus puissantes était constitué administrateur de l'hérédité; il triomphait par l'Interdit, soit du possesseur *pro possessore*, soit du possesseur *pro herede*, jusqu'à ce qu'on prouvât qu'il n'était pas l'héritier le plus proche.

Si l'on repoussait l'opinion que je viens d'avancer, je crois que l'on se placerait dans une véritable impasse. D'une part, la *bonorum possessio* ayant subi des transformations profondes, l'Interdit ne pouvait plus rester ce qu'il avait été précédemment, et en effet nous avons cité des textes qui montrent qu'il n'aboutissait plus contre l'héritier préférable qui s'était contenté de l'adition du droit civil. Mais si l'Interdit s'était modifié parallèlement à la *bonorum possessio*, s'il avait continué à être le moyen par lequel le *bonorum possessor* faisait valoir ses droits, il serait devenu une action pétitoire, une véritable pétition d'hérédité, la *bonorum possessio* elle-même ne différant plus de l'*hereditas* que par

quelques formes extérieures. Or n'avons-nous pas vu
que ce résultat n'a pu se produire? Oui, le *bonorum
possessor* a eu, après Dioclétien, une action pétitoire,
une pétition d'hérédité; mais cette action, cette pétition, ce n'est pas l'Interdit *Quorum bonorum*, c'est
l'*hereditatis petitio possessoria!* Dira-t-on que ces deux
actions ont pu exister à côté l'une de l'autre? Mais
l'Interdit n'aurait-il pas fait double emploi avec l'*her.
petitio possessoria*, et un double emploi inexplicable,
puisque cette dernière était plus étendue que lui?
Et comprendrait-on alors qu'il ait subsisté si longtemps encore après Dioclétien, qu'il se soit maintenu en pleine vigueur jusqu'à Justinien et même plus
tard? — Je sais bien ce qu'on va répondre : on préten-
dra que l'Interdit était plus avantageux à raison de la
rapidité plus grande de sa procédure. A quoi se réduit pourtant cet avantage? à la suppression de la *litis
denuntiatio* (C. 6; Th., *De denuntiat.*, 2, 4) et de l'*ap-
pellatio* (C. 22; Th., *Quorum appell.*, 11, 36[1])! Aussi
Savigny, qui regarde l'Interdit comme étant sous un autre
nom l'*her. petitio possessoria*, avoue-t-il que si ces deux
actions se rencontrent toutes deux dans le Corps de
droit, cela ne doit point être attribué à leur utilité res-
pective, mais à l'ignorance où se trouvaient les compilateurs de la véritable nature de l'Interdit ou à leur désir
de conserver religieusement au moins le nom des vieilles
institutions[2]! — Il y a plus, l'interdiction même de la
faculté d'appeler condamne ce système! Est-il croyable

---

[1] Voy. Savigny, *Vermischte Schriften*, II, p. 256-275. Cf. Beth-
mann-Hollweg, *Handbuch des Civilprocesses*, Bonn 1834, I, § 37,
p. 392 et suiv.

[2] Savigny, *Vermischte Schriften*, II, p. 236-237.

qu'une question aussi importante que celle de la dévolution de l'hérédité dût être jugée toujours en dernier
ressort par le premier juge devant lequel on la portait?
Cela ne confirme-t-il pas alors notre opinion que l'Interdit n'avait d'autre but et d'autre effet que de procurer
la possession au véritable héritier ou à celui qui pré-
tendait à ce titre, sans qu'il eût besoin d'intenter l'*her.
petitio*, et dès qu'il établissait à l'encontre du possesseur *pro possessore* ou *pro herede* que sa vocation était
la plus vraisemblable?

Une seule remarque encore. Si l'on voulait accorder
que l'Interdit ne soulevait qu'une question de possession, mais prétendre que le juge ne pouvait la résoudre
d'après la seule vraisemblance, on se heurterait contre
la même objection que nous avons opposée à ceux qui
attribuent à l'Interdit un caractère pétitoire. Cette action aurait fait double emploi avec l'*hered. petitio possessoria*. – Quand un successeur eût voulu l'intenter,
qu'aurait-il été obligé de prouver? — La possession de
son auteur, d'abord: oui, mais autre chose encore: il
était impossible qu'on lui donnât la préférence sur le
possesseur actuel, possesseur *pro herede* ou *pro possessore*, s'il ne justifiait de sa vocation. Or, la simple vraisemblance ne pouvant suffire à cet effet, il fallait une
preuve complète, c'est-à-dire la même preuve qu'exigeait l'*hereditatis petitio possessoria!* Mais alors à quoi
bon l'Interdit[1]?

[1] Il est évidemment inexact de dire, comme je le lis dans une note,
du traducteur de Zimmern (*Traité des actions*, trad. L. Etienne·
Paris 1863, p. 213, § 71, note 22, *in fine*), qu'à la différence de l'*her.
petitio, l'Interdit procurait l'avantage de réclamer une chose
sans être obligé de prouver les droits de propriété du défunt. L'in-

96. Demandons-nous maintenant si le successeur qui veut profiter de l'Interdit est obligé de faire une *agnitio* préalable de la *bonorum possessio*. — Pour l'époque classique, la question ne saurait faire l'objet d'un doute; mais il s'est trouvé des auteurs pour soutenir qu'après la transformation de la succession prétorienne, la nécessité de l'*agnitio* disparut pour l'héritier civil qui voulait faire usage de l'Interdit[1]. — Anciennement on s'était surtout prévalu en ce sens de la C. 1, *Quorum bonorum*, 8, 2, où on lit: «...inter-

terdit et la pétition d'hérédité sont donnés tous deux contre les mêmes personnes, contre les possesseurs *pro herede* et *pro possessore* (L. 1, *Quorum bonorum*, 43, 2; L. 9, *De hered. pet.*, 5, 3). — Ainsi il est tel cas où, quoique le défunt possédât, l'Interdit ne pouvait pas aboutir, où il fallait intenter une *actio in rem ficticia*, à l'époque classique (C. 4, *In quibus causis cessat longi temp. præscr.*, 7, 34). — D'autre part, l'*hered. petitio*, pas plus que l'Interdit, n'était arrêtée par l'*exceptio dominii*, quand le tiers actionné ne possédait pas du vivant du D. C. Les Const., 3, *Quorum bonorum*, 8, 2, et C. un., Th , *Quorum bonorum*, 4, 21, ne contiennent, en effet, rien de spécial, rien d'exceptionnel; elles sont tirées des principes les plus élémentaires du droit romain, de principes également applicables à l'*her. petitio* et à l'Interdit. Celui dont la possession ne remonte pas avant l'ouverture de la succession, fût-il même propriétaire, ne peut jamais être que possesseur *pro possessore:* s'étant emparé d'une chose de sa propre autorité, si on lui demande pourquoi il possède, il est obligé de répondre : *quia possideo* (cf. L. 12, *De her. pet.*, 5, 3), car il ne saurait dire : *quia res mea est*, sans violer la règle : *Nemo sibi causam possessionis mutare potest.*

[1] Lœhr, *Uebersicht der Constitutionen von Constantin I bis auf Theodos II und Valentinian III*, Wetzlar 1812, p. 82. — *Magazin für Rechtsw. und Gesetzgeb.*, III, p. 337. — Heimbach, *Rechtslexicon für Juristen, redigirt von Weiske*, II, Leipzig 1841, p. 313. — Mayer, *Die Lehre von dem Erbrecht*, I, Berlin 1840, p. 417. — *Contra* Vangerow, *Lehrbuch der Pandekten*, 7e édit., II, § 509, p. 362, 363. Leist, *Die bonorum possessio*, t. II b, p. 210 et suiv. Arndts, *Rechtslexicon*, V, p. 616 et suiv.

dicto Quorum bonorum non aliter possessor constitui poteris, quam si te defuncti filium esse et *ad heredita-tem vel bonorum possessionem admissum* probaveris ; » mais on a senti depuis la faiblesse de cet argument, la Const. 1 étant de l'année 198, c'est-à-dire de l'époque classique, et commençant d'ailleurs par les mots « Quam-vis enim bonorum possessionem ut præteritus agno-visti, » d'où ressort la preuve que les empereurs sup-posent une *agnitio* de la *bonorum possessio.* Restait, pour écarter cette dernière et principale objection, l'hy-pothèse d'une interpolation : on n'a pas manqué de la mettre en avant (Mayer, *loc. cit.*; Heimbach, *loc. cit.*), mais à tort évidemment, puisqu'en interpolant, les compilateurs se seraient mis en opposition avec les principes reçus de leur temps, où l'*agnitio* était, à n'en pas douter, une condition de l'Interdit. — La C. un., Th., *Quorum bonorum*, 4, 21, a ensuite été invoquée : on s'est fondé sur son *proœmium* qui commence ainsi : « Quid jam planius, quam ut *heredibus* traderentur quæ in ulti-mum usque diem defuncti possessio vindicasset.»— Mais n'est-il pas possible que l'expression *heredes* désigne à la fois les héritiers civils et prétoriens ? En tous cas, rien dans le texte n'indique qu'on n'a pas sous-entendu qu'une *agnitio* avait été faite par les successeurs dont il y est question.

Ainsi, d'une part, les textes ne fournissent pas un indice certain d'où l'on pourrait induire qu'à un mo-ment donné la nécessité de l'*agnitio* fut supprimée, et d'un autre côté, nous savons que, non-seulement à l'é-poque classique, mais sous Justinien encore[1], l'Interdit

---

[1] Theophilus ad Inst., § 3, *De interdictis*, 4, 15. — L. 1, pr., *Quorum bonorum*, 43, 2. C. 1, *Quorum bonorum*, 8, 2. C. 2, *eod, tit.* — Cf.

fut un *beneficium* attaché à la *bonorum possessio;* il me
paraît donc impossible de nier qu'il ne fallût de tout
temps être *bonorum possessor* pour pouvoir intenter l'Interdit *Quorum bonorum.* Par contre, je crois que l'acquisition de la qualité de *bonorum possessor* et la faculté
de se servir de l'Interdit durent marcher de pair, et
qu'une fois que la *gestio pro herede* put tenir lieu de la
déclaration que le successeur prétorien était précédemment obligé de faire devant le magistrat[1], ce fut aussi
bien au point de vue de l'adition de l'hérédité qu'à celui
de l'exercice de l'Interdit; qu'en un mot la solennité de
l'*agnitio* cessa d'être en aucun cas nécessaire. Comment,
en effet, aurait-on pu la justifier comme condition de l'Interdit, quand elle ne fut plus requise pour l'acceptation
de la *bonorum possessio?* — Il me paraît pourtant
qu'une restriction doit être apportée à ce qui vient d'être

Vangerow, *loc. cit.* — Lœhr, *Ueber das Interdictum Quorum bonorum. Archiv für civilist. Praxis*, XII, p. 99, note 52. — Leist, *Die
bonorum possessio*, t. II *b*, p. 238.

[1] Je ne voudrais pas préciser l'époque exacte où ce changement eut
lieu : en tout cas il se place entre les années 339 (date de la C. 9,
Qui admitti) et 533. Justinien, en effet, se référant dans ses Institutes à cette Constitution 9, n'exige plus comme elle que l'*agnitio*
soit faite *apud quemlibet judicem* (Inst. III, *De bonorum poss.*, 9,
§ 10). — Voy. d'ailleurs Theophilus *ad* § 10, Inst. *De bonorum poss.*
C. 12, C. 19, C. 22, § 1, *De jure delib.*, 6, 30; C. 14, C. 15, *De
legit. hered.*, 6, 58. — Inst. III, *De legit. agnat. success.*, 2, pr. —
Cf. *Scholiast. ad Basilica*, XXXIX, I, 6 (Heimbach, *Basilicorum
libri*, XL. Leipzig 1833-1848, IV, p. 8, n° 6). *Schol. ad Basil., loc.
cit* (Heimbach, p. 8, n° 5, p. 9, n° 1). — *Schol. ad Basil.*, XL, 1. L.
24 (Heimbach, IV, p. 58, nᵒˢ 1-2). — *Schol. ad Basil.*, XL, 9, L. 3
(Heimbach, IV, p. 88). — *Schol. ad Basil.*, XLV, 5, L. 1 (Heimbach,
IV, p. 543, n° 1). — *Theodori Scholiastici Breviarium Novellarum,
ad* Nov. 66, n° 1, p. 69 (Zachariæ *Anecdota*. Leipzig 1843). — *Schol.
ad Basil.*, XL, 1, L. 3 (Heimbach, IV, n° 6, p. 51).

dit. — Nous avons vu plus haut (*supra*, n° 43) qu'après la C. 8, *Qui admitti*, 6, 9, le *bonorum possessor* qui n'avait pas fait l'*agnitio* dans les délais du *successorium edictum* pouvait toujours être relevé de la déchéance que l'Édit lui faisait encourir, en sorte qu'il était maintenant aussi libre que l'héritier de différer son adition [1]. Eh bien! je suis disposé à admettre qu'il devait observer strictement les délais, s'il voulait profiter de l'Interdit. Quelle cause aurait-il alléguée pour se dispenser en pareil cas d'une prompte *agnitio?* N'eût-il pas été mal venu à demander une arme rapide, un moyen sommaire d'obtenir la possession, après qu'il aurait attendu volontairement un long temps sans se prononcer? — Voilà pourquoi Justinien (Inst. III, *De bonorum poss.*, 9, § 10), et Théophile (Paraphrasis ad Inst. *De bono-*

---

[1] Sous Justinien, et après lui, cela devient manifeste : Dans les Novelles, la succession du droit civil et celle du droit prétorien sont appelées de noms entièrement synonymes, κληρονομία (hereditas), et διαδοχή (successio), expressions dont une seule sert même souvent à désigner à la fois ces deux espèces de successións. — Voir entre autres : Nov. 15, *præf. in fine*. Nov. 22, cap. 24; cap. 44, §§ 7-9; cap. 46, §§ 1-2. — Nov. 38, cap. 2. — Nov. 40, cap. 1, § 1. Nov. 51, cap. 1. — Nov. 53, cap. 5. — Nov. 57, cap. 1, *in fine*. — Nov. 60, cap. 1, pr. — Nov. 61, cap. 1, § 3. — Nov. 66, cap. 1, pr. — Nov. 84, præf., § 1. — Nov. 89, præf., cap. 2-6; cap. 8. — Nov. 98, cap. 1. — Nov. 101, præf. — Nov. 112, cap. 1 — Nov. 117, cap. 5 et 7. — Nov. 131, cap. 9-11. — Nov. 144, cap. 2. — Nov. 166. — *Adde :* Nov. 12, cap. 2-4. — Nov. 72, cap. 2. — Nov. 68, cap. 1. — Nov. 108, præf. — Nov. 119, cap. 6 et 11. — Nov. 120, cap. 1. — Nov. 136, cap. 3. — Nov. 139, præf. — Nov. 158, præf. — Nov. 159, præf., cap. 3. — Nous trouvons de même dans les Scholiastes le mot κληρονομία employé pour marquer le droit des successeurs prétoriens (*Schol. ad Basil.*, XLV, I, L. 44. Heimbach, IV, p. 502), et réciproquement l'expression διακατοχή (*bonorum possessio*) appliquée à la vocation d'un héritier *ex jure civili* (*Schol. ad Basil.*, XLV, 1, L. 9. Heimbach, IV, p. 474).

rum poss., § 10, I, p. 600, Éd. Reitz), tout en déclarant
la *gestio pro herede* équipollente à l'ancienne *agnitio*,
exigent cependant qu'elle soit faite *intra statuta tempora*,
intra tempus congruum, pour que le *bonorum possessor*
ait le *plenum*, le *perfectissimum beneficium* [1].

[1] Les expressions *intra statuta tempora*, *intra tempus congruum*, ne peuvent vouloir indiquer que le *bonorum possessor* était
obligé de se prononcer dans les délais, sous peine de déchéance : en
effet, la C. 9, *Qui admitti*, d'où elles sont prises, a été modifiée par
la C. 8, *eod.* ; et Justinien déclare, § 10, *De bonorum possessione*,
Inst., qu'il n'innove rien, au moins dans un sens restrictif, mais qu'il
maintient, en les élargissant même, les conditions de forme et de
temps dans lesquelles ses prédécesseurs avaient permis au *bonorum
possessor* de faire l'*agnitio*.

DROIT FRANÇAIS.

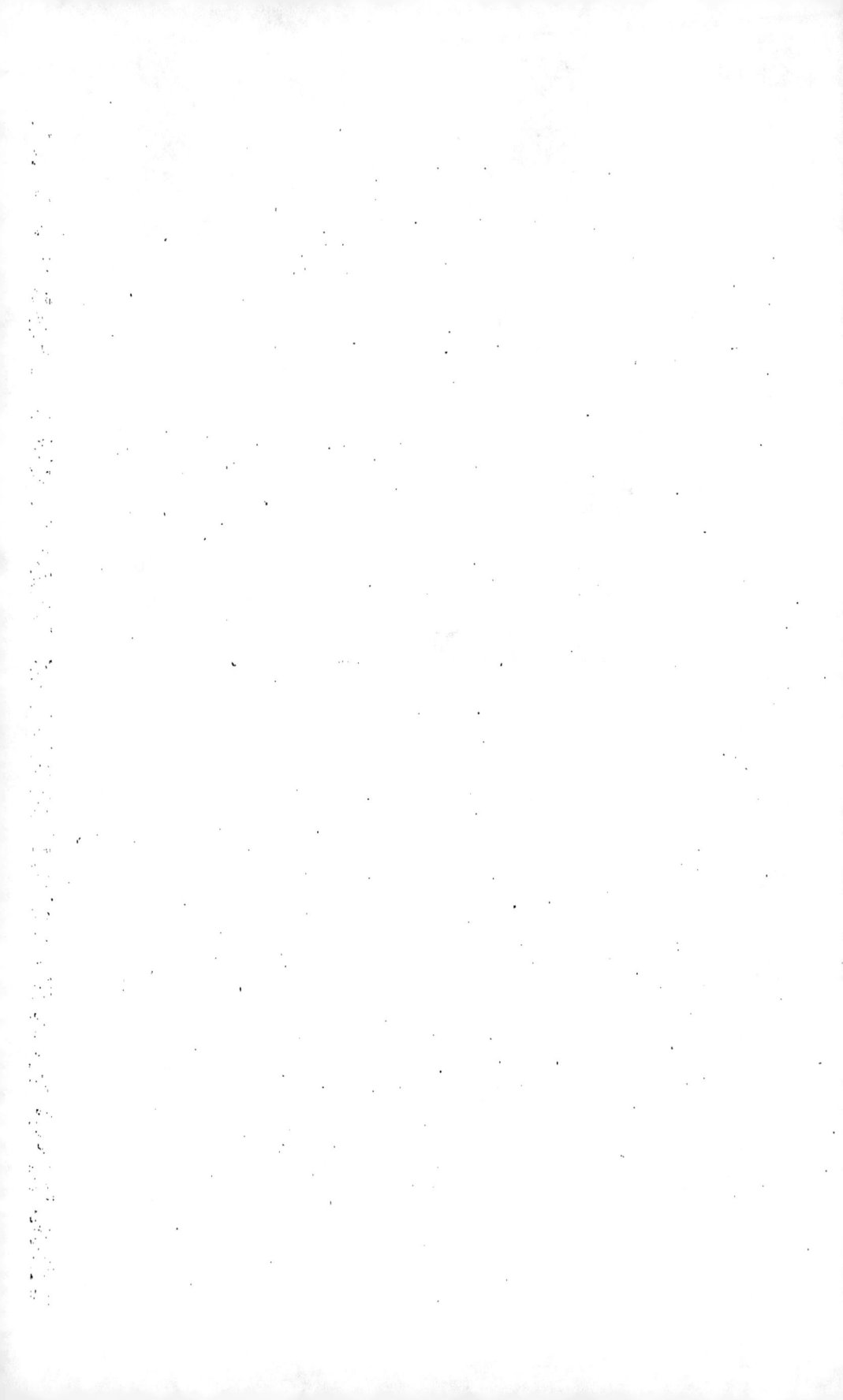

ÉTUDE HISTORIQUE

SUR

LA DURÉE ET LES EFFETS DE LA MINORITÉ

EN DROIT ROMAIN ET DANS L'ANCIEN DROIT FRANÇAIS

suivie de l'examen de cette question :

Quelle est, en règle, d'après le Code civil, la capacité de contracter du mineur non émancipé?

> L'intérêt des mineurs, celui des familles, le respect dû à la morale publique, exigeaient que la personne et les biens des mineurs fussent entourés de toute la protection de la loi.
> (*Rapport du tribun Jaubert. — Séance du Tribunat du 13 pluviôse an XII. — Locré, XII, p. 497.*)

AVANT-PROPOS.

Éclairer le Code par l'ancien droit, celui-ci par le droit romain, tel m'a toujours semblé un des premiers devoirs de la doctrine : c'est aussi la tâche que je me suis imposée dans ce travail. Je n'ai cru pouvoir la réaliser qu'en étendant souvent mes investigations à tout le système de protection par lequel ces législations anciennes avaient cherché à couvrir le mineur contre sa faiblesse et son inexpérience, aux effets de cette protection, à sa durée. En cela, il faut le dire, j'ai obéi encore au désir de toucher à plusieurs points fort dé-

F.

13

licats de l'histoire du droit romain, et de porter quelque lumière dans une des parties les plus obscures,
mais aussi les plus intéressantes de notre vieille jurisprudence.

Étude historique sur la **DURÉE** et les **EFFETS** de la minorité en droit romain et dans l'ancien droit français.

———

CHAPITRE PREMIER.

Droit romain.

1. Une circonstance tout extérieure, le développement physique de l'individu, parut d'abord aux Romains devoir déterminer la capacité juridique. Pubère et *sui juris*, on était maître de sa personne, on était jugé apte à administrer ses biens, à en disposer; impubère, on ne pouvait, à l'origine du moins, ni s'obliger ni obliger les autres. Rien n'était donc plus important que de marquer d'une manière précise l'instant où la puberté commence. Faut-il croire, comme Justinien voudrait le faire entendre[1], qu'on avait recours, dans ce but, à un examen corporel de l'enfant? j'avoue que cela m'a toujours semblé inadmissible. — La puberté n'était-elle pas aussi le point de départ de la faculté de tester[2]? Or la validité du testament ne peut être mise en question qu'après la mort du testateur! Comment donc

---

[1] Inst. I, *Quibus modis tutela finitur*, 22, pr. C. 3, *Quando tutor vel curat.*, 5, 60.

[2] L. 5, pr.; L. 19, *Qui testamenta facere poss.*, 28, 1. — L. 2; L. 4 etc., *De vulgari et pupill. subst.*, 28, 6.

aurait-on pu s'assurer à ce moment que la *testamenti factio* avait appartenu au disposant, lors de la confection de l'acte, si le seul moyen de constater la puberté avait été l'*inspectio corporis?* Et cette même difficulté ne se serait-elle pas rencontrée aussi quant à la capacité de contracter mariage? Il suffisait qu'un certain temps se fût écoulé depuis la célébration, pour qu'il devînt impossible de prouver qu'à un moment donné le mariage avait été nul, à raison de l'impuberté de l'un des époux. S'il était indispensable, d'après cela, de fixer un âge à partir duquel l'enfant fût *présumé pubère,* à l'effet de pouvoir disposer de ses biens par testament, ou de se marier, pourquoi, cet âge une fois fixé, n'aurait-il pas été adopté en tous cas possibles, comme limite de l'enfance et de la virilité? Cette raison de douter n'est point la seule. — En effet, ou bien la tutelle ne finissait jamais que par l'*inspectio corporis,* et alors qui ne voit les inconvénients d'un système où la visite corporelle de l'enfant devait être répétée jusqu'à ce qu'elle donnât un résultat satisfaisant? ou, au contraire, cette visite était jugée inutile en cas d'accord du tuteur et du pupille, et alors encore la situation était grosse de dangers : l'arbitraire était substitué à la loi, la porte ouverte aux abus, rien ne devait plus retenir le tuteur pressé de se décharger d'une obligation qui lui pesait, le pupille ardent à secouer un joug incommode, et comme résultat final, plus de sécurité pour les tiers; car pourquoi aurait-on refusé à l'enfant sorti de tutelle sans examen préalable, le droit de leur opposer son impuberté? — Voilà pour le pupille : mais le fils de famille? Comment aurait-on su jamais s'il est ou non pubère? Il eût donc fallu qu'avant de traiter avec lui, chacun se fût assuré s'il est propre aux actes de la génération !

2. A mon sens, c'était bien mieux qu'un examen physique, c'était une vieille institution romaine qui servait à marquer le point où finissait la tutelle, où la capacité juridique prenait naissance. Le 17 mars de chaque année (le XVI des Kalendes d'avril), aux fêtes de Bacchus (*Liberalibus*)[1], il y avait au forum une animation inaccoutumée. De toutes parts arrivaient, au milieu d'un nombreux concours de parents, d'amis et de clients[2], des jeunes gens qui avaient revêtu pour la première fois la toge blanche. Ils avaient quitté, dans leur demeure, la robe prétexte, la toge ornée d'une large bande de pourpre, qu'ils portaient jusqu'à ce jour[3], ils avaient consacré aux dieux Lares la bulle d'or ou de cuir (*bulla aurea, scortea*)[4] qu'une pieuse superstition attachait au cou des enfants; leur barbe inculte avait été taillée[5]; on ne leur voyait plus la longue chevelure qui la veille encore tombait sur leurs épaules[6]. Et maintenant ils venaient au forum, pour faire leur entrée dans la vie publique, pour s'entendre saluer du titre de citoyens, auquel désormais ils avaient droit[7]. Demandons-nous leur âge? la plupart avaient de 14 à

---

[1] Ovide, *Fasti*, III, v. 771 et suiv. *Tristia*, IV, Eleg. 10, v. 28.

[2] Appien, *Guerres civiles*, IV, 977. Plutarque, *Brutus*, n° 16. Suétone, *Octavianus*, chap. 26.

[3] Perse, *Satires*, V, v. 31.

[4] Properce, *Elégies*, liv. IV, 1, v. 121. Perse, *Sat.*, V, v. 31.

[5] Martial, III, *Epigr.* 58, v. 30, 31 ; VI, *Epigr.* 52. Suétone, *Caligula*, chap. 10.

[6] Martial III, *Epigr.* 58, v. 31. Martial, IV, *Epigr.* 45, v. 8.

[7] On disait du jeune homme : *forum attigit* (Cicéron, *Epistol. ad divers.*, V, 8 ; XV, 16).

15 ans[1], aucun n'était plus jeune[2], mais quelques-uns
avaient attendu jusqu'à 16 ou 17 ans, ou même plus[3],
avant de quitter la robe de l'enfance. — Eh bien! je
crois que cette cérémonie, appelée *tirocinium* par les
Romains[4], ne donnait pas seulement accès au forum,
qu'elle rendait aussi propre à tous les actes de la vie
civile. — Tant qu'il n'avait pas revêtu la robe virile,
l'enfant était frappé d'une incapacité complète de tester,
de contracter mariage, de s'obliger; devenu *tiro*, tout
ce qui lui était défendu jusqu'à ce jour, dorénavant lui était
permis. Pour celui, en effet, qui connaît l'esprit religieux
des anciens Romains, il doit être hors de doute qu'un fait
aussi capital que le passage de cette incapacité absolue
à cette pleine capacité dût être consacré par quelque
cérémonie du culte; or la seule qui puisse y être rapportée est celle du *tirocinium*. Faire concorder la fin
de la tutelle avec la prise de la toge virile, cela n'offrait-
il pas aussi le grand avantage que le vêtement même
apprenait si l'on se trouvait en face d'un incapable? — Au reste, nous avons des preuves directes qu'il
en fut ainsi. Il apparaît de nombreux passages des
écrivains de Rome que la toge blanche était le signe

---

[1] Scholiast. *in Juvenalem*, X, v. 99. Prætexta genus erat togæ qua
utebantur pueri, adhuc sub disciplina, usque ad XV annum : deinde
togam virilem accipiebant. Cf. Capitolinus. *M. Anton.* IV. — *Non
obst.*, Noris, *Cenotaphia Pisana*, Dissert. 2, chap. 4, p. 113.

[2] Il n'y a pas d'exemple dans les auteurs anciens d'un jeune homme
ayant pris la robe virile avant cet âge.

[3] Suétone, *Octavianus*, chap. 8; *Caligula*, chap. 10.

[4] Suétone, *Caligula*, chap. 10. — Il serait peut-être plus exact de
dire qu'elle était le commencement du *tirocinium*, de l'apprentissage
civique.

distinctif de la puberté[1]; c'est dire que le pupille sortait de tutelle au moment où il la prenait, l'impubère
seul ayant un tuteur. Et voyez encore les textes : la robe
virile, qui se prend aux *liberalia*, y est appelée *libera
toga*[2]; le chemin qui se déroule maintenant devant le
jeune homme, *vitæ liberioris iter*[3]; au contraire, on nous
montre l'enfant *sub disciplina*, jusqu'à ce qu'il ait dé-
posé la prétexte[4], et voici enfin qui doit lever toute incertitude; tant que la bulle d'or, nous dit Festus, est
suspendue au cou de l'enfant, il ne peut pas se gou-
verner lui-même, il est en tutelle : « Bulla aurea insi-
gne erat puerorum prætextatorum..... ut significaretur
eam ætatem alterius regendam consilio[5]. »

3. En général, tuteur et pupille devaient être d'accord sur le moment où aurait lieu la prise de la robe
virile, et ce moment ne pouvait pas être avancé à volonté, puisque l'usage s'était introduit, probablement
dès longtemps, de ne pas revêtir la toge avant l'âge de
14 ou 15 ans, époque à laquelle arrive d'ordinaire la
puberté sous le ciel ardent de l'Italie. Cependant un
dissentiment était possible, au cas, par exemple, où
même après l'âge de 14 ans le tuteur aurait voulu

[1] Ulpien, L. 3, § 6, *De liber. exhib.*, 43, 30. — Aulu Gelle, liv. V,
chap. 19 : Arrogari non potest nisi jam *vesticeps*. — Festus, v° *Vesticeps*. *Vesticeps* puer, qui jam vestitus est pubertate; e contra
investis, qui necdum pubertate vestitus est. — Ausone, *Idylle* IV.
v. 73. Idem *vesticipes*, motu jam *puberis* ævi Ad mores artesque
bonas... produxi. *Add.*, Inst., IV, *De injuriis*, 4, § 1.

[2] Ovide, *Tristia*, lib. IV, 10, v. 28. *Fasti*, III, v. 777. — Properce,
Elégies, liv. IV, 1, v. 132.

[3] Ovide, *Fasti*, III, v. 778.

[4] Scholiaste *ad Juvenal.*, Satir. X, v. 99.

[5] Festus, v° *Bulla*.

conserver ses fonctions. Le pupille pouvait établir alors en justice qu'il est pubère. Mais comment devait se faire cette preuve? C'est là la question qui fit naître entre les écoles sabinienne et proculéienne cette dispute dont Ulpien [1] et Gaius [2] nous parlent, et que Justinien a prétendu trancher par sa Constit. 3, *Quando tutores vel curat.*, 5, 60. Proculus voulait que chacune des parties pût forcer le consentement de l'autre dès qu'il était seulement prouvé que l'enfant avait 14 ans. — Sabinus, au contraire, sans avoir aucun égard à l'âge, permettait, soit au tuteur, soit au pupille, de faire finir la tutelle dès que la puberté de ce dernier était démontrée *ex habitu corporis.* — Mais cette opinion fut amendée ensuite par Priscus, qui exigeait bien, comme Sabinus, le développement physique, mais qui se joignait à Proculus pour demander en outre l'âge de 14 ans. Et ainsi tout le monde se trouva d'accord pour reconnaître que l'existence de la puberté ne pouvait être admise tant que l'enfant n'avait pas atteint sa quatorzième année. Je crois que la controverse cessa même complétement une fois que la toge virile ne fut plus le seul vêtement des Romains [3] et que la cérémonie du *tirocinium* fut tombée en désuétude. L'opinion des Proculéiens put alors seule répondre à la nécessité de tracer une ligne de démarcation, à la fois nette et uniforme, entre l'enfance et la virilité, l'incapacité et la capacité juridique. Aussi, à partir de cette époque,

---

[1] Ulpien, *Lib. regul.*, tit. XI, § 28.

[2] Gaius, I, § 196.

[3] Tacite déjà reproche aux avocats d'avoir quitté la toge pour adopter la *pænula*, où ils sont *adstricti et velut inclusi* (Tacite, *De oratoribus*, cap. 39).

l'âge de 14 ans est-il indiqué partout comme le point de départ de la puberté[1]. Personne assurément ne songeait plus à l'*inspectio corporis :* il fallait vouloir, comme certains auteurs[2], faire montre d'érudition, ou, comme Justinien, prendre plaisir à rassembler des fantômes pour avoir le mérite de les disperser[3], à ressusciter de vieilles querelles d'écoles, éteintes depuis longtemps, pour se donner la satisfaction de les trancher.

Ce que nous venons de dire ne s'applique qu'aux hommes: on admit de tout temps que, pour les femmes, la puberté commençait à 12 ans[4]. Le véritable motif en est que les jeunes filles conservaient leur *prœtexta* jusqu'au moment de se marier[5].

4. Dans mon opinion, tous les impubères étaient, aux temps anciens de Rome, mis sur la même ligne[6] : tous étaient incapables de figurer dans aucun acte

---

[1] Macrobius, *Saturn.*, VII, 7 : Secundum jura publica duodecimus annus in femina et quartusdecimus in puero definit pubertatis ætatem. Macrobius *in Somnium Scipionis*, I. 6. — Festus, v° *Pubes.* — Seneca, *Consol. ad Marciam*, cap. 24. — Ulpien, L. 2, pr., *De vulgari et pupill. subst.*, 28. 6. *Lib. reg.*, XVI, § 1. L. 11, pr., *Quod falso tutore*, 27, 6.

[2] Isidori *Origines*, XI, 2. — Servius *in Virgilium*, Ecloga VIII, v. 39. — Æn., VII, v. 53.

[3] « Probabile videtur Justinianum hic cum larvis pugnasse, ritumque abolevisse, cujus nunquam Romanis in mentem venerat, » a dit Heineccius, sentant déjà combien peu il serait raisonnable d'admettre que la sortie de tutelle ne se faisait qu'après un examen corporel préalable (*Antiquitat. Roman. Syntagma*, lib. I, tit. 22, n° 3).

[4] Inst., I, *Quibus modis tut. fin.*, 22, pr.

[5] Properce, *Elégies*, liv. IV, Eleg. XI, v. 33. — Cicéron, Seconde Action contre Verrès, I, cap. 44.

[6] En ce sens, Savigny, *System des heutigen römisch. Rechts*, III, § 106, p. 24, § 107, p. 26. Berlin 1840.

de la vie civile; leur tuteur les représentait et agissait pour eux. Mais les inconvénients de ce système étaient grands dans une législation où l'on ne pouvait ni acquérir ni transmettre un droit réel par mandataire, et où il fallait avoir été partie à l'acte pour qu'une obligation prît naissance. On ne tarda sans doute pas à s'en apercevoir, en même temps qu'on se disait que l'enfant, aux abords de la puberté, devait avoir un certain discernement, puisque, devenu pubère, il était pleinement capable. Ainsi s'introduisit la règle que ceux dont l'intelligence était suffisamment développée pour qu'on pût les assimiler dans une certaine mesure aux pubères (une question qui était probablement abandonnée à l'appréciation du magistrat[1]) avaient capacité d'obliger seuls les autres vis-à-vis d'eux, et de promettre eux-mêmes avec l'assistance (*auctoritas*) de leur tuteur. Ce furent les *pubertati proximi*. — On ne s'en tint pas là. Peu à peu, par une *benignior juris interpretatio*, on étendit cette règle à ceux qui avaient dépassé l'âge où l'enfant n'est pas encore apte, sinon à prononcer, au moins à comprendre les paroles solennelles exigées pour la formation des contrats[2]. Cet âge fut fixé à *sept ans*[3], sous l'influence de la philosophie

[1] Peut-être aussi avait-on admis une présomption de discernement à l'égard de ceux qui se trouvaient tout près de la puberté, par exemple dans l'année qui la précède.

[2] Inst., III, *De inutil. stipul.*, 19, §§ 9-10. — Gaius, III, §§ 107, 109 — L. 9, *De adquir. vel omitt. hered.*, 29, 2. — L. 1, § 13, *De oblig. et act.*, 44, 7. — L. 6, *Rem pupilli salvam fore*, 46, 6. — Theophili *Paraphrasis* ad § 9, Inst., *De inutil. stipul.*, édit. Reitz, II, p. 651.

[3] Cela montre bien que les expressions *fari non posse*, *infantia*, n'ont jamais désigné l'aptitude de l'enfant à articuler des mots, aptitude qu'il acquiert ordinairement vers l'âge de deux ans. *Contra*, Pont, *Revue de législation*, t. XXI, 1844, p. 220. — Unterholzner,

grecque, qui attribuait une puissance mystérieuse au nombre sept[1], et l'*infantia* devint ainsi une subdivision de la puberté. Ce fut d'ailleurs la seule, car la distinction entre les *pubertati proximi* et les *infantiæ proximi*[2] n'eut jamais d'importance qu'au point de vue de l'imputabilité des délits[3].

5. En même temps que la capacité des impubères tendait à s'accroître, celle des pubères était renfermée dans des bornes plus étroites. Il en a été ainsi de toutes les institutions primitives de Rome : nettes, tranchées, inflexibles à l'origine, présentant des lignes parfaitement arrêtées, pleines d'oppositions et de contrastes,

---

Zeitschrift für gesch. Rechtsw., I, n° 3, p. 44 et suiv. — De nombreux témoignages des sources indiquent au reste l'âge de sept ans comme limite de l'*infantia*. Voy. L. 14, *De sponsalibus*, 23, 1 ; L. 1, § 2, *De admin. tut.*, 26, 7. — C. 18, pr., § 4, *De jure deliberandi*, 6, 30. — C. 8, Th., *De maternis bonis*, 8, 18. — Cf. Savigny, § 107, p. 33 et suiv.

[1] *Heidelberger Jahrbücher*, 1815, p. 669 et suiv. Savigny, III, § 107, p. 32.

[2] On a beaucoup agité la question de savoir ce qu'il faut entendre par *pubertati* ou *infantiæ proximi*. — Voy. notamment, Gothofredus *Comm. in tit. De reg. juris.*, l. 111. — Accursius *ad eamd. leg.* — Glück, *Pandekten*, 30, p. 432 et suiv. — Gensler, *Archiv für civ. Praxis*, IV, 1821, p. 227 et suiv. — Dirksen, *Rheinisch. Museum*, I, 1827, p. 316 et suiv. — Savigny, § 107, p. 37 et suiv. — L'opinion la plus logique me paraît être que l'enfant qui allait atteindre la puberté était présumé capable de s'obliger par son délit et que s'il venait de sortir de l'*infantia*, la présomption contraire était admise ; qu'enfin, s'il n'y avait lieu ni à l'une ni à l'autre de ces présomptions, le juge appréciait son degré de discernement.

[3] Je ne crois pas même qu'elle ait eu de l'intérêt au point de vue de l'acquisition de la possession. Goldschmidt, *Von der Verpflichtung der Unmündigen*. Archiv für civ. Praxis, 39, p. 434 et suiv. Vangerow, *Lehrbuch*, I, § 204, p. 366. — *Contra*, Savigny, *System* III, p. 50 et suiv., etc.

rigoureuses enfin jusqu'à l'excès, elles perdaient peu à
peu ce qu'elles avaient de trop absolu, sous l'influence
de cette jurisprudence de l'équité, contre-poids nécessaire d'une législation aussi rigide, que les préteurs
créèrent en s'aidant de l'expérience acquise, et s'inspi-
rant des besoins nouveaux de leur temps. — Ici on ne
fut pas long à s'apercevoir que livrer entièrement à
eux-mêmes des adolescents qui venaient de quitter la
robe de l'enfance et entraient dans l'âge des passions,
c'était les exposer à des surprises sans nombre. La nécessité d'obvier à ce danger s'imposa même avec une
force si grande qu'avant que le préteur intervînt, une
loi fut rendue: c'est la loi *Plætoria*, dont la date ne peut
être précisée, mais que quelques-uns placent déjà en
l'an 387; elle est en tout cas antérieure à 570, époque
de la mort de Plaute (voy. *Pseudolus*, vers 290). —
Les innovations introduites par cette loi peuvent être
ramenées aux trois points que voici : 1° Un *judicium
publicum*, d'où découlait l'*infamie*, fut ouvert contre
celui qui, en traitant avec un pubère âgé de moins de
25 ans, aurait surpris sa bonne foi[1]. — 2° Le *minor
viginti quinque annis* put, en pareil cas, repousser par
une *exceptio* les actions que le tiers aurait voulu puiser
dans le contrat[2]. — 3° Faculté fut donnée au mineur

---

[1] Table d'Héraclée, lin. 111-112; cf. 117 et suiv. — Voy. Savigny,
Schutz der Minderjährigen (*Vermischte Schriften*, II, p. 335 et
suiv.).

[2] Sous le règne des *legis actiones*, la sanction de la loi fut probablement obtenue par une *sponsio* (voy. Plaute, *Rudens*, act. V,
scène 3, vers 1287-1288). Dans le système formulaire, le mineur se
défendit à l'aide d'une *exceptio legis Plætoriæ*, qui fut plus tard
absorbée par l'*exceptio doli mali*, et dont pour ce motif on ne trouve
nulle trace dans les sources. Voy. cependant L. 7, § 1, *De except.*,
44, 1.

de se faire assister d'un curateur, dont la présence mettait les tiers à l'abri des conséquences de la loi : personne sans cela n'aurait plus consenti à traiter avec le *minor XXV annis*[1]. — Il paraît du reste que la sanction de la loi tombait, une fois écoulée l'année qui suit la pleine majorité[2]. — En tout cas les pubères, mineurs de 25 ans, n'étaient aucunement déclarés incapables de s'obliger, et notamment il n'est pas vrai de dire, comme on l'a fait, qu'ils ne pouvaient plus, après cette loi, se lier par une *stipulatio* ou un *prêt*[3].

La loi *Plætoria* ne prévoyait que le cas de dol[4]; le préteur alla plus loin : il accorda la *restitutio in integrum* chaque fois qu'un mineur établissait devant lui qu'il avait éprouvé une lésion[5]. — Ce bénéfice devait être demandé pendant la minorité ou dans l'année de la majorité accomplie[6].

6. La curatelle, qui jusque-là avait été spéciale, c'est-à-dire limitée à une ou plusieurs affaires déterminées, et entièrement facultative pour le mineur, fut généralisée et à certains égards rendue obligatoire sous Marc-Aurèle. Voici comment ce nouveau progrès dut se réa-

---

[1] Capitolinus *in Marco*, cap. 10.

[2] Savigny, *System*, VII, § 340, p. 254.

[3] Heineccius l'avait soutenu (*Antiquitat. Roman. Synt.*, lib. I, tit. 23, § 6). — *Contra*: Savigny, *Vermischte Schriften*, II, p. 346 et suiv.

[4] Cicero, *De officiis*, lib. 3, cap. 15.

[5] C'est par une extension, abusive il faut le dire, que cette *restitutio* fut appliquée plus tard aux actes passés par le tuteur, ou par l'impubère, *tutore auctore*.

[7] L'introduction du bénéfice de la *restitutio in integrum*, et la généralisation de l'*exceptio doli*, accordée maintenant aux majeurs aussi bien qu'aux mineurs, firent tomber la loi *Plætoria* en complète désuétude.

liser. — En principe, le pubère continue à être libre
de demander ou non un curateur, et, s'il prend le premier parti, de désigner une personne au choix du préteur[1]. Mais une fois que sur sa demande un curateur
lui a été nommé, celui-ci a, jusqu'à la pleine majorité,
l'administration de tout le patrimoine que le pubère
possède actuellement. En d'autres termes, si le *minor*
XXV annis réclame du magistrat la nomination d'un
curateur, ce sera toujours un curateur *général* qu'on
lui donnera, un curateur aussi dont les fonctions
ne cesseront que le jour où il aura parfait sa 25e
année. — Ce qui ajouta beaucoup à l'importance de
cette innovation, c'est qu'en trois cas spéciaux le mineur pouvait être contraint de se faire assister d'un
curateur. Il en était ainsi : 1° *in litem*[2]; 2° *ut ei solva-
tur pecunia*[3]; 3° *ut tutor rationem ei reddat administra-
tionis*[4]. — Dans ces divers cas, soit le tiers qui actionne
ou est actionné, soit le débiteur qui veut ou doit payer,
soit le tuteur qui désire rendre compte et obtenir dé-
charge, peuvent exiger la présence d'un curateur. Il
faut en conséquence qu'ils avertissent le mineur qu'il
ait à se faire pourvoir d'un curateur (le tuteur y est
même toujours obligé, sous peine d'être poursuivi par
l'*actio tutelæ*[5]), et, comme nous l'avons vu, ce n'est pas
un curateur spécial, c'est toujours un curateur général
qu'il doit demander. Or le pubère ne négligeait sans

---

[1] Voy. Savigny, *Vermischte Schriften*, II, p. 381.
[2] Inst. I., *De curatoribus*, 23, § 2. L. 1, §§ 3, 4, *De admin. tut.*,
26, 7. — C. 1, *Qui petant. tut.*, 5, 31 ; C. 2. *Qui legit. pers.*, 3, 6. —
C. 11, *Qui dare tut.*, 5, 34.
[3] L. 7, § 2; L. 27, §§ 1, 2, *De minoribus*, 4, 4.
[4] C. 7, *Qui petant tut.*, 5, 31.
[5] L. 5, § 5. *De administr. tut.*, 26, 7. — L. 33, § 1, *eod. tit.*

doute que rarement de se rendre à l'avis qui lui était donné, car ne le faisait-il pas, le préteur lui nommait un curateur de sa propre autorité et sans le consulter. A la vérité, le curateur qu'il recevait alors n'était donné qu'*in certam causam*, n'était qu'un curateur spécial; mais un procès, la réception d'un compte de tutelle, ne sont-ce pas là des actes d'une importance telle que le pubère avait le plus grand intérêt à choisir lui-même celui qui devait veiller à la conservation de ses droits? Comme, enfin, l'un au moins des trois cas que nous avons indiqués, la réception du compte de tutelle, se présentait pour toute personne, à moins qu'elle ne fût restée sous la puissance paternelle jusqu'après l'époque de sa puberté, et que les deux autres cas étaient d'une fréquence assez grande, il dut arriver rarement qu'un mineur de 25 ans n'eût pas un curateur général.

7. En résumé, on maintint toujours le principe que nul n'est placé malgré lui sous l'autorité d'un curateur; mais il n'en devint pas moins de règle, après Marc-Aurèle, que la plupart des pubères étaient en curatelle tant qu'ils n'avaient pas atteint l'âge de 25 ans. En effet, presque chaque mineur fut amené à demander un curateur au magistrat, soit pour donner plus de sécurité aux tiers, soit surtout pour éviter qu'on ne lui en imposât un qui ne fût de son choix : et le curateur nommé à la demande du mineur n'était jamais qu'un curateur général restant en charge aussi longtemps que durait la minorité. — Voilà, je crois, la seule manière de concilier les textes qui, d'une part, déclarent que les pubères ne sont pas soumis *inviti* à la curatelle[1],

---

[1] Inst. I, *De curatoribus*, 23, § 2. L. 43, § 3, *De procurat.*, 3, 3; L. 43, § 2, *De tutor. et curat.*; L. 2, § 4, *Qui petant*, 26, 6. — C. 6, *Qui petant*, 5, 31.

ou supposent qu'ils n'ont pas de curateur universel [1], et, d'autre part, nous apprennent que depuis Marc-Aurèle les mineurs de 25 ans n'ont plus l'administration de leur patrimoine qu'en des cas exceptionnels [2], ou que tous ils ont à côté d'eux un curateur qui les aide de ses conseils et supplée à leur inexpérience [3].

8. Il nous reste à déterminer l'influence qu'exerçait la curatelle sur la capacité du mineur qui s'y trouvait soumis. Elle peut, je crois, se formuler ainsi :

1° Le patrimoine est administré par le curateur [4] au lieu de l'être par le mineur [5].

2° Le mineur, pour pouvoir *aliéner ses biens*, a besoin du *consensus* de son curateur. Une vente faite par le mineur seul est *nulle*, tandis qu'elle ne serait que *rescindable pour lésion* (*restitutio in integrum*), s'il n'y avait pas de curatelle. — La Const. 3, *De in integrum restitutione*, 2, 2, s'explique à cet égard dans les termes les plus clairs.

9. Telles sont les seules restrictions que la curatelle apporte à la capacité du pubère, et ainsi il n'est aucunement exact de dire que le mineur pourvu d'un curateur est incapable de s'*obliger, ex jure civili*. Une pareille obligation est aussi valable quand elle a été contractée par le mineur seul que si elle l'avait été avec

[1] L. 7, § 2, *De minoribus*, 4, 4 ; C. 3, *De in integr. restit.*, 2, 22.
[2] L. 1, § 3 ; L. 2 ; L. 3, pr., *De minoribus*, 4, 4 ; L. 32, *eod.*
[3] L. 1, § 3, *De minoribus*, 4, 4. Inst. 1, *De curatoribus*, 23, pr. — Gaius, *Inst. Epitome*, lib. I, tit. 8. — Ulpien, *Liber regul.*, 12, § 4.
[4] Le curateur seul paie les dettes, perçoit les revenus, este en justice etc. Cf. Savigny, *Schutz der Minderjährigen* (*Vermischte Schriften*, II, p. 386).
[5] Il faut remarquer d'ailleurs que la curatelle ne s'appliquait qu'aux biens composant le patrimoine du mineur à l'époque de la nomination du curateur.

le concours et l'assistance de son curateur ; dans l'un et l'autre cas, on ne peut l'attaquer que par la voie de la *restitutio in integrum* [1]. Les témoignages des sources sont positifs : il suffit de se reporter aux Lois 101, *De verbor. obligat.*, 45, 1 ; Loi 141, § 2, *eod. tit.* ; Loi 43, *De oblig. et act.*, 44, 7. — Quant à la Const. 3, *De in integr. restit.*, 2, 2, dont on a voulu se prévaloir en sens contraire, elle n'a trait, comme nous l'avons vu, qu'à l'aliénation des biens du mineur et ne saurait être généralisée [2]. Il y avait, en effet, pour défendre au pubère la vente de ses biens, des motifs spéciaux et nullement applicables à toute convention quelconque.

Le mineur qui voulait se procurer de l'argent à l'insu de son curateur [3], sans compter qu'il était porté plus facilement à vendre qu'à s'obliger pour l'avenir, ne devait-il pas trouver dix acheteurs pour un prêteur, si la *restitutio in integrum* était seule ouverte contre la vente? L'acheteur n'avait-il pas une sorte de gage entre les mains, et ne lui suffisait-il pas d'attendre tranquillement l'expiration de l'année qui suit la majo-

---

[1] La *restitutio* était même donnée contre les actes faits par le curateur ou par le mineur avec son *consensus* (C. 2, 3, 5, *Si tutor vel curat. interv.*, 2, 25. C. 5, *Si advers. rem judicat.*, 2, 27).

[2] *En ce sens:* Göschen, *Vorlesungen über das gemeine Civilrecht*, II, § 429, p. 171 et suiv. — Savigny, *Vermischte Schriften*, II, p. 383 et suiv. — Mackeldey, *Lehrbuch des heut. röm. Rechts*, § 595. — Vangerow, *Lehrbuch der Pandekten*, I, § 292, p. 531, 7° édit. — *En sens contraire :* Puchta, *Vorlesungen über das heut. röm. Recht*, I, p. 104 et suiv., 4e édit., 1854. *Cursus der Institut.*, II, § 202, 5e édit., 1866. — Sintenis, *Das praktische gemeine Civilrecht*, III, § 145, 2e édit., 1861. — Machelard, *Des obligations naturelles*, p. 261 et suiv. Paris 1861.

[3] La Const. 2, *De in integr. restit.*, semble avoir ce cas en vue quand elle assimile le mineur au prodigue.

14

rité pour que son contrat fût inattaquable, tandis que le
créancier pouvait être obligé d'agir avant cette époque;
et puis la *restitutio* ne devait-elle pas être accordée difficilement contre une vente faite à un tiers de bonne
foi et pour un juste prix? Enfin et surtout, sans qu'il
y ait lésion véritable, quand même tout le prix tourne
au profit du mineur, l'acte d'aliénation peut être inop-
portun, la vente peut être un acte de très-mauvaise
administration, et pour ce motif encore il convenait
de la déclarer nulle quand le mineur l'avait faite sans
consulter son curateur. Cette distinction entre la vente
et les autres contrats s'affirme d'ailleurs avec une netteté décisive dans un sénatus-consulte rendu sous
Septime Sévère et antérieur par suite à la C. 2, *De in
integr. restitutione.* — D'après ce sénatus-consulte, toute
aliénation des *prædia rustica* ou *suburbana*, faite,
soit par le tuteur, soit par le curateur, soit enfin par
le mineur non en curatelle[1], est frappée de nullité si
elle n'a pas été autorisée par le testament du père de
famille, ou provoquée par un copropriétaire ou un
créancier hypothécaire, ou enfin nécessitée par les
dettes du mineur, auquel cas même un décret du
magistrat est indispensable[2]. La sagesse de cette prohibition fut reconnue aussi par les successeurs de

[1] C. 2, § 1, *De his qui veniam ætat.*, 2, 45; C. 7; C. 11, *De prædiis et aliis reb. minor.*, 5, 71; C. 3, *Quando decreto*, 5, 72; C. 3,
Si major factus alien., 5, 74. *Non obstat.* C. 3, *De in integr. rest.*,
2, 22. Le mot *res*, dans cette Constitution, désigne évidemment tous
biens autres que les *prædia rustica* ou *suburbana*. Cf. Savigny,
Vermischte Schriften, II, p. 389.

[2] L. 1, *De rebus eorum qui sub tutela*, 27, 9. — L'engagement
des immeubles est mis sur la même ligne que leur aliénation.

Septime Sévère : Constantin[1] et Justinien[2] étendirent successivement la nécessité du décret à tous les biens du pupille et du mineur, autres que les fruits et les choses dispendieuses à conserver[3]. — On comprend, d'après cela, que le mineur pourvu d'un curateur ait pu s'obliger, tout en étant incapable d'aliéner ses biens : telle fut, à peu de chose près, sous Justinien, la situation de celui même qui (hypothèse bien rare sans doute) n'était pas en curatelle : et ainsi la seule différence qui subsista au fond entre ces deux espèces de mineurs fut que les uns avaient l'administration de leur fortune, tandis que les autres en étaient privés.

10. Retournons aux impubères pour voir de plus près le sort des actes passés par eux. Des enfants placés sous la puissance d'un tuteur ceux âgés de moins de sept ans, les *infantes*, étaient les seuls restés dans l'état d'incapacité absolue qui, à l'origine, leur avait été commun à tous. Ils ne pouvaient jamais agir, ni seuls, ni assités; leurs actes ne donnaient naissance à aucune obligation civile, pas même à une obligation naturelle. Tout autre était la position des *infantia majores*, des *pupilli*. Assistés de leur tuteur, ils contractaient valablement : la *restitutio in integrum* était bien ouverte contre leurs actes; mais ne l'était-elle pas aussi contre ceux passés par le tuteur lui-même ? Seuls, ils s'obligeaient par leurs délits, pourvu qu'ils

---

[1] C. 2, *Si adversus venditionem*, 2, 28; C. 22, *De administr. tut. vel cur.*, 5, 37; C. 4, *Quando decreto opus non est*, 5, 72.

[2] C. 28, § 5, *De administr. tut. vel cur.*, 5, 37.

[3] Le *decretum*, au reste, ne faisait pas obstacle à la *restitutio* (C. 2, *De fideicomm. min.*, 2, 24; C. 11, *De prædiis*, 5, 71.

eussent un discernement suffisant[1], et par leurs contrats, quand ils augmentaient leur patrimoine; enfin,
ils obligeaient les autres envers eux. La règle est en
effet : « Meliorem quidem suam conditionem licere eis
facere etiam sine tutoris auctoritate, deteriorem vero
non aliter quam tutore auctore[2]. » Les textes nous
en offrent de nombreuses applications : le pupille peut
acquérir et non aliéner — *adquirere*[3], *nihil alienare*[4];
recevoir et non donner — *ei dari potest*[5], *nihil potest
dare*[6]; obliger, mais non s'obliger — *sibi obligare*[7], *non
obligari*[8]; stipuler, mais non promettre — *stipulari*[9],
non promittere[10]; se libérer, mais non libérer son débiteur — *liberari*[11], *non obligationem dissolvere*[12].

---

[1] Ce discernement devait être présumé exister chez le *pubertati
proximus*, et faire défaut chez l'*infantiæ proximus*. Cf. Savigny,
System, III, § 108, p. 42 et suiv.

[2] Inst. I, *De auctoritate tutorum*, 21, pr. L. 28, pr., *De pactis*,
2, 14. Gaius II, § 83.

[3] L. 9, pr., *De auctor. tut.*, 26, 9; L. 11, *De acq. rer. dom.*, 41, 1.

[4] L. 9, pr., §§ 1, 2, *De auct. tut.*, 26, 9; L. 11, *cit.*; Inst. II, *Quibus
alien.*, 8, § 2.

[5] Inst. II, *Quib. alien.*, 8, § 2. Gaius, II, § 83.

[6] Inst., *loc. cit.* Gaius, *loc. cit.*

[7] Inst. I, *De auct. tut.*, 21, pr., *De inutilibus stipul.*, III, 19, § 9.
Gaius, III, § 107.

[8] L. 8, § 15, *Ad sen. cons. Velleian.*, 16, 1; L. 5, pr.; L. 9, pr.,
De auct. et cons. tut., 26, 8; L. 1, pr., *De contraria tut. act.*, 27, 4;
L. 8, pr., *De adquir. hered.*, 29, 2; L. 32, pr., *De adq. vel amitt.
poss.*, 41, 2; L. 141, § 2, *De verb. oblig.*, 45, 1; L. 66, *De solut.*,
46, 3; C. 1, *De inutil. stipul.*, 8, 39.

[9] L. 9, § 7, *De rebus creditis*, 12, 1; L. 1, § 13, *De oblig. et act.*,
44, 7; L. 141, § 2, *De verb. oblig.*, 45, 1 etc.

[10] L. 41, *De condict. indebiti*, 12, 6; L. 7, §§ 1, 2, *De auct. et
cons. tut.*, 26, 8. Gaius, III, § 119, § 176.

[11] L. 1, *De rescind. vend.*, 18, 5; L. 2, *De acceptilatione*, 46, 4.

[12] Gaius, II, § 84; L. 14, § 8; L. 15, *De solut.*, 46, 3.

Ainsi un contrat unilatéral passé au profit du pupille sortit tous ses effets, tandis qu'il resterait inefficace s'il avait été passé à sa charge. S'agit-il d'un contrat synallagmatique, le tiers avec lequel l'impubère a traité se trouve obligé pour le tout; le pupille lui-même ne l'est pas si la convention n'a rien fait entrer dans son patrimoine; mais, au cas contraire, il est tenu civilement; le tiers, depuis Antonin-le-Pieux, a son action contre lui jusqu'à concurrence du profit qu'à l'époque de la *litis contestatio* il avait retiré du contrat[1]. Le maintien ou le rejet de ce contrat sont donc entièrement aux mains du pupille ou de son tuteur; en poursuivent-ils l'exécution, le tiers est obligé de satisfaire à l'engagement qu'il a pris (sauf les garanties qu'il peut demander), mais il peut à son tour poursuivre le pupille, soit *de in rem verso*, soit même pour le tout, si le tuteur est intervenu et a déclaré maintenir le contrat. Au contraire, pupille et tuteur restent-ils dans l'inaction, refusant l'exécution qui leur est offerte, l'autre partie n'a aucune prétention à élever, n'a droit d'exercer aucune action du chef de la convention qu'elle avait souscrite.

11. Il y a plus : si le pupille s'était déjà acquitté de son obligation, il pourrait répéter ce qu'il aurait payé[2], et le tiers ne pourrait jamais faire valoir ses droits par voie d'exception, pour tout ce qui excède la *versio in rem* du pupille. Ce dernier point a été contesté dans l'hy-

[1] L. 5, pr., *De auct. et consensu*, 26, 8; L. 1, pr., *eod.* Cf. L. 3, pr., *Commodati*, 13, 6; L. 1, § 15, *Depositi*, 16, 3; L. 66, *De solut.*, 46, 3 etc.

[2] L. 19, § 1, *De rebus creditis*, 12, 1; L. 41, *De cond. indeb.*, 12, 6; L. 29, *eod.*; L. 9, § 2, *De auct. et cons.*, 26, 8; L. 14, § 8; L. 15, *De solution*, 46, 3; Inst. II, *Quibus alien.*, 8, § 2.

pothèse d'un contrat synallagmatique. Vangerow, en
se fondant sur les Lois 7, §1, *De rescind. vend.*, 18, 5,
et L. 3, § 4, *De negot. gest.*, 3, 5, a soutenu que le
pupille, en pareil cas, pourra être forcé indirectement, à l'aide des *retentiones*, des exceptions de compensation ou autres, d'exécuter l'obligation que son
contractant avait entendu mettre à sa charge[1]. Je ne
saurais partager cette manière de voir. Il est bien vrai
que la Loi 7, § 1, *De rescind. vend.*, porte : « Idem
potest quæri, si sine tutoris auctoritate pactus fuerit,
ut discedatur ab emptione, an perinde sit, atque si ab
initio sine tutoris auctoritate emisset, ut scilicet ipse
non teneatur, *sed agente eo retentiones competant?* »
Mais Vangerow donne à ces dernières expressions une
signification qu'elles ne peuvent comporter. — Le cas
prévu est celui-ci : un achat a été fait par le pupille
tutore auctore, puis est intervenu un pacte où le pupille
a figuré seul et suivant lequel chacune des parties devait avoir le droit de résilier le contrat. Quel est le
sort de ce pacte? se demande alors le jurisconsulte.
Doit-il être maintenu, ne doit-il pas l'être? — Maintenu, il le sera toujours à l'encontre du tiers; mais le
sera-t-il aussi à l'encontre du pupille? Si cela n'avait
pas lieu, le pacte n'étant pas obligatoire pour ce dernier, et l'étant pour l'autre partie, il en serait de
même de la vente, et alors les deux contractants se
trouveraient placés dans le même état que si dès le
principe le pupille avait agi seul. — Les conséquences
d'une pareille situation sont indiquées par ces mots :
« scilicet ipse (pupillus) non teneatur, sed agente eo

---

[1] Vangerow, *Lehrbuch der Pandekten*, I, § 279, p. 518-519, 7e édit.,
1863.

retentiones competant.» En effet, de deux choses l'une :
ou la vente n'a pas été exécutée encore, ou bien elle
l'a été[1]. Dans le premier cas, le pupille seul peut
agir : ne le fait-il pas, le contrat reste sans effet; au
contraire, en poursuit-il l'exécution, le tiers ne peut
se soustraire à son action; le seul droit qu'il aurait, ce
serait de retenir la chose (*retentio*) jusqu'à ce que le
pupille lui eût offert des garanties suffisantes, et notamment eût fait intervenir le tuteur. Dans la seconde
hypothèse possible, celle où le prix a été payé, la chose
livrée[2], le pupille n'est non plus lié par la vente, *non
tenetur;* il l'est même si peu qu'il est en droit de répéter
le prix qu'il avait payé; mais s'il exerce l'action qui lui
appartient de ce chef, le vendeur peut lui faire subir
une *retentio*, jusqu'à concurrence du profit qu'il a retiré du contrat; car, dans cette mesure, le pupille est
obligé *civiliter.* Là s'arrête aussi le droit du tiers, et
rien ne nous autorise à penser que Paul a entendu
dire dans la Loi 7, § 1, *De rescind. vend.,* que les
retentiones peuvent avoir lieu pour le tout. A moins
qu'on n'exprimât clairement le contraire, n'allait-il
pas de soi qu'elles étaient renfermées dans les limites
de l'enrichissement du pupille? était-il besoin de rappeler un principe si fondamental, si universellement
connu, que le pupille peut bien rendre sa condition
meilleure, mais pire en aucun cas? Du reste, admettre
qu'il s'agit dans la Loi 7, §1 *cit.,* de *retentiones* qui supposent une obligation civile de l'impubère, ce n'est pas

[1] Nous laissons de côté les cas où la vente n'aurait été exécutée
que par l'une des parties : les principes sont les mêmes.

[2] Tout porte à croire que c'est là l'hypothèse que le texte a eu surtout en vue, et à laquelle Vangerow a uniquement songé.

se mettre en contradiction avec l'expression *ipse non teneatur*, dont se sert le texte. Il ressort, en effet, des explications que nous avons données, que ces termes marquent seulement la faculté laissée au pupille de maintenir ou rejeter la vente, et que ce sont les mots suivants : *sed agente eo retentiones competant* qui indiquent dans quelles bornes cette faculté peut être restreinte, si le pupille ne restitue pas ce qu'il tient du vendeur.

12. Reste la Loi 3, § 4, *De negotiis gestis*, 3, 5, qui semble décider effectivement, et comme Vangerow le soutient, que l'obligation contractée par le pupille *negotiorum gestor* peut, sous forme de compensation, lui être opposée pour le tout: « Pupillus sane, si negotia gesserit, post rescriptum Divi Pii etiam conveniri potest, in id quod factus est locupletior : agendo autem compensationem ejus, quod gessit, patitur. » — Mais quelle foi faut-il ajouter à cette disposition? Pour se convaincre qu'elle a été altérée, ne suffit-il pas de jeter un coup d'œil sur le contexte de la Loi dont elle fait partie? — Dans le proœmium est rapporté l'Édit *de negotiis gestis :* « Si quis negotia alterius, sive quis negotia, quæ cujusque, cum is moritur, fuerint, gesserit, judicium eo nomine dabo. » — Puis Ulpien commente les termes de cet Édit en les prenant un à un et comme ils se suivent : le § 1 est consacré aux mots *Si quis*; le § 2 au mot *negotia ;* les §§ 3 et 5 à l'expression *alterius ;* les §§ 6 et suiv. au reste de l'Édit. Ainsi le § 4 romprait seul cet ordre, seul il ferait exception! tandis que le paragraphe précédent, aussi bien que le suivant, s'occupent du mot *alterius*, et dès lors du *dominus* dont les affaires ont été gérées, le § 4 sortirait complétement de cet ordre d'idées, il parlerait du *negotiorum gestor*,

et expliquerait les mots *si quis* qui forment pourtant la matière du § 1 ! Il ne faut d'ailleurs pas perdre de vue que si le § 4 prévoyait le cas où le pupille gère les affaires d'autrui, il contiendrait une dérogation aux principes, dont nulle part ailleurs, ni dans ce titre *De negotiis gestis*, ni dans aucun autre, on ne trouve de trace, au lieu que la solution qu'il donne s'adapte très-bien au cas où ce sont les affaires du pupille qui sont gérées par un tiers, cas prévu et résolu de même par plusieurs autres textes, soit du Digeste, soit du Code[1].
— Je propose donc de lire ainsi la Loi 3, § 4 : « Pu-pill*i* sane si negotia gesser*im*, post rescriptum Divi Pii etiam conveniri potest, in id, quod factus est locuple-tior : agendo autem compensationem ejus quod gess*i* patitur. » — Cette correction, confirmée par le paragraphe suivant qui commence par ces mots : « *Et si furiosi negotia gesserim*, » répond à toutes les objections que M. Machelard a soulevées[2] contre l'opinion de Cujas, de Noodt, de Pothier, lesquels avaient songé déjà à une altération du texte, mais ne l'avaient fait porter que sur le mot *pupillus.* — Je ne saurais admettre de toute manière l'explication donnée par M. Machelard lui-même, qui voit quelque chose de spécial dans l'hypothèse de la Loi 3, § 4, et pense que la décision qu'elle renferme n'est applicable qu'à la *negotiorum gestio*, cas où elle s'explique, dit-il, le contrat se formant sans le consentement du *dominus.* Qu'importe ce caractère spécial du contrat ? La règle est que le pupille n'a pas assez d'expérience et de discernement pour pouvoir

---

[1] L. 6, pr.; L. 24, § 1 ; L. 37, pr., *De negotiis gestis*, 3, 5; C. 2, *eod. tit.*, 2, 19.
[2] Machelard, *Des obligations naturelles*, p. 229.

s'obliger au delà de la *versio in rem;* tant pis donc pour le *dominus* s'il a abandonné ses affaires, s'il n'a pris des précautions suffisantes pour qu'un incapable ne pût s'immiscer dans leur gestion ! — La disposition de la Loi 3, § 4, aurait, d'ailleurs, été irrationnelle et injuste au plus haut point. Le pupille qui eût géré d'une manière déplorable les affaires d'un tiers, qui eût retiré de cette gestion, mais pour les dissiper, des fruits d'une valeur considérable, se serait trouvé hors de toute atteinte, et celui qui aurait fait à la fois et des dépenses utiles et des fautes de gestion aurait pu n'avoir droit à aucune indemnité !

13. D'après ce que nous venons de voir, que le pupille a la *soluti repetitio*, et qu'au delà de son enrichissement il n'est pas même tenu *ope exceptionis*, il semblerait que pour tout ce qui dépasse cet enrichissement il n'existe point d'*obligation naturelle* à sa charge. Une pareille conclusion pourtant serait erronée. Il est bien vrai que les effets ordinaires d'une obligation naturelle ne sont pas tous produits, puisqu'au nombre de ces effets se trouvent précisément la *soluti retentio* et les autres exceptions, et en ce sens la Loi 41. *De condict. indeb.,* 12, 6, a pu dire: *pupillus nec natura debet;* la Loi 59, *De oblig. et action.,* 44, 7: *ne quidem jure naturali obligatur;* mais ce n'est là qu'une conséquence de la règle : « Pupillo meliorem quidem suam conditionem facere licet sine tutoris auctoritate, deteriorem vero non aliter quam tutore auctore, » règle qui ne peut pas plus être violée sur le fondement d'une obligation naturelle qu'elle ne pourrait l'être sur celui d'une obligation civile. Chaque fois donc que cela pourra avoir lieu sans que cette règle en reçoive at-

teinte, les effets d'une véritable obligation naturelle du pupille naîtront de la convention passée par lui. — Ainsi : 1° Le paiement effectué par le pupille autorisé de son tuteur, ou devenu capable de disposer de ses biens, par l'héritier du pupille, par un tiers, ne peut plus être l'objet d'une *repetitio :* il est irrévocable[1]. — 2° L'obligation du pupille est susceptible d'être *cautionnée* valablement[2]. — 3° Elle peut être *novée*[3]. — 4° Elle peut faire l'objet d'un *legatum nominis*[4]. — Ce sont là des applications : quant au principe lui-même que le pupille est obligé *jure naturali*, il est formulé en des textes nombreux[5].

14. On s'est demandé quelle est la source de cette obligation naturelle du pupille, et la plupart des auteurs ont répondu qu'elle est puisée dans le *jus gentium*[6].

---

[1] L. 13, § 1, *De condict. indeb.*, 12, 6; L. 21, pr., *Ad leg. Falcid.*, 35, 2; L. 25, § 1, *Quando dies legat. cedat*, 36, 2; L. 95, § 2, *De solut.*, 46, 3.

[2] L. 35, *De receptis qui arbitr.*, 4, 8; L. 127, *De verb. oblig.*, 45, 1; L. 2; L. 25, *De fidejuss.*, 46, 1; C. 1, 2, *De fidejuss. minor.*, 2, 24 etc.

[3] L. 19, § 4, *De donation.*, 39, 5.

[4] L. 25, § 1, *Quando dies leg.*, 36, 2.

[5] Tous les textes cités dans les notes précédentes ; de plus : Inst. III, *Quibus modis oblig. toll.*, 29, § 3; L. 42, pr., *De jurejur.*, 12, 2; L. 1, § 13, *De oblig. et act.*, 44, 7; L. 1, § 1, *De novation.*, 46, 2; L. 44, *De solution.*, 46, 3.

[6] Savigny, *Das Obligationenrecht*, I, p. 61-76, Leipzig 1851. — Erxleben, *Die Condictiones sine causa*, I, *Condictio indebiti*, p. 6 et suiv, p. 125 et suiv., Leipzig 1850. — Schulze, *De naturali pupillorum obligatione*, Gryphiæ 1853. — Anciennement déjà on avait prétendu que d'après le *droit de la nature*, celui-là seul est incapable qui n'a pas la conscience de ses actes. Cf. Wolff, *Jus naturæ*, VIII, §§ 895, 897, La Haye 1740. Schulting, *De naturali oblig.*, cap. 10. (Comment. academ., diss. I, La Haye 1770). — Weber, *Lehre von der natürl. Verbindlichkeit*, § 71, 5e édit., 1825.

Ils ont dit : l'impubère est incapable de volonté ; il ne
peut jamais s'obliger valablement, d'après le droit civil de Rome; mais, le *jus gentium,* lui , s'attache avant
tout à l'époque où chacun commence à comprendre la
portée et la signification de ses actes, et par suite il
était impossible que l'on regardât toujours comme nuls
les contrats faits par les impubères. — En raisonnant
ainsi, ces auteurs n'ont pas vu que les *infantiæ proximi*
étant censés dépourvus de toute intelligence , leur système les conduirait logiquement et malgré eux à distinguer entre ces derniers et les *pubertati proximi,* distinction à laquelle les glossateurs et ceux qui les suivirent
étaient arrivés par un autre chemin[1], mais qui est repous-
sée par les textes. Aussi je crois que c'est dans un ordre
précisément inverse que les choses doivent être présentées : les pupilles sont en principe capables, mais
pour qu'ils soient à l'abri de toutes surprises, on les
laisse maîtres d'empêcher que leurs actes fassent sortir
un bien, une valeur, de leur patrimoine. Sans doute, la
capacité suppose la volonté, et les textes nous repré-
sentent les *infantiæ proximi* comme en étant privés;
mais il ne faut pas oublier que les règles qui gouver-
nent la capacité juridique des pupilles ont été originairement faites pour les *pubertati proximi ;* ce n'est que
postérieurement , *secundum humaniorem ratiocinatio-*

---

[1] Voy. entre autres : Glose ad Leg. 59, *De oblig. et act.,* 44, 7 ;
25, *De fidej.,* 46, 1 etc. (Accurse). Cf. Bartolus ad Leg. 1, *De no-
vat.,* 46, 2. — Merillius, *Observ.,* lib. VII, cap. 4, 5, Naples 1720, I,
p. 245 etc.

Voy. aussi : Fritz, *Erläuterungen, Zusätze und Bericht. zu
Wening-Ingenheim's Lehrbuch,* II, 1re livr., p. 269 et suiv., Carls-
ruhe 1839. — Christiansen, *Zur Lehre von der naturalis obligatio
und condictio indebiti,* Kiel 1844, p. 120.

nem, contra juris rigorem, qu'elles furent étendues aux autres pupilles. Pour apprécier la capacité des pupilles, il faut donc les considérer comme si tous ils étaient *pubertati proximi.* Or quelle a été la marche de la législation quant à ces derniers? On commença par leur reconnaître la capacité d'obliger les autres envers eux, en la fondant sur une présomption d'*intellectus.* Mais celui qui comprend qu'un tiers s'oblige vis-à-vis de lui comprend aussi qu'il s'oblige lui-même; si donc le pupille n'a pas été déclaré pleinement capable, c'est uniquement qu'il peut être déçu, qu'il n'a pas la *pleine intelligence* de l'acte qu'il passe. — Les textes disent-ils rien d'autre[1]? — Ainsi chaque pupille est présumé savoir qu'il s'oblige: le contrat se forme pour le tout, et il est seulement paralysé dans ceux de ses effets qui peuvent rendre la condition du pupille plus mauvaise. Voilà en quel sens il est vrai de dire qu'il naît une obligation naturelle pour le pupille des conventions qu'il a faites sans l'*auctoritas* de son tuteur.

15. Résumons les principaux résultats auxquels nous venons d'arriver.

1° Les *infantes* (enfants au-dessous de l'âge de sept ans) sont entièrement incapables de contracter; ils ne s'obligent pas même *natura.*

2° Les *pupilli* (de 7 à 12 ou 14 ans) sont considérés comme capables de volonté; mais on les laisse souverains arbitres du maintien ou du rejet des contrats

[1] Voy. surtout: Ulpien, *Lib. reg.,* XX, § 12 : Impubes facere testamentum non potest, quia nondum *plenum judicium animi* habet. — C. 18, *De test. milit.,* 6, 21 : Stabilem mentem nondum adeptus est. — Boëthius, lib. IV, *ad Ciceron. Topic.,* XI, 46 : Nullum suæ rei administrandæ utilitatis judicium habere potest etc.

faits par eux. Optent-ils pour le rejet, la convention
sera dépourvue de tout effet ; au contraire, s'ils pré-
fèrent le maintien, l'autre partie est tenue de satisfaire
à ses engagements; mais eux, on leur permet encore
d'écarter toutes les conséquences du contrat qui pourraient leur devenir préjudiciables. Ainsi ils seront bien
obligés *civiliter* dans la mesure de leur enrichissement,
et au delà de cet enrichissement, les effets d'une obligation naturelle au moins seront produits, en tant qu'il
n'en résultera pas une diminution de leur patrimoine;
mais, pour le surplus, ils pourront se refuser à exécuter la convention, ou revenir même sur l'exécution
qu'ils en auraient faite.

Quant aux actes passés par eux *tutore auctore*, ils ne
donneront jamais lieu qu'à la *restitutio in integrum*, à
moins qu'ils ne soient soumis à des formes spéciales
dont l'observation ait été négligée (vente, hypothèque).
— La *restitutio*, d'ailleurs, est accordée aussi contre les
actes faits par le tuteur lui-même, fût-ce après décret.

3° Les *minores viginti quinque annis* ne jouissent
pas de toutes les immunités des pupilles : ils n'obligent
pas seulement les tiers vis-à-vis d'eux, ils s'obligent
toujours eux-mêmes d'une manière définitive, sauf la
restitutio in integrum. L'assistance d'un curateur n'est
requise que dans trois cas spéciaux (procès, compte de
tutelle, réception de paiement). — Sans doute, depuis
Marc Aurèle beaucoup de mineurs avaient des curateurs généraux, jusqu'à la pleine majorité; mais leur
capacité de s'obliger n'en recevait aucune atteinte. La
curatelle leur enlevait uniquement le droit d'administrer leur patrimoine et de vendre leurs biens. Et encore, leur situation quant à ce dernier point n'offrait

plus rien de spécial, sous Justinien; puisque toute
vente d'un bien quelconque ne pouvait plus être faite,
soit par un mineur, assisté de son curateur ou non en
curatelle, soit par le tuteur d'un impubère, sans les
formes que Septime Sévère avait prescrites d'abord pour
les seuls *prædia rustica* ou *suburbana*.

Tels furent les principes du droit romain touchant
la capacité des mineurs; nous allons rechercher quelles
transformations notre ancienne jurisprudence leur fit
subir.

CHAPITRE II.

Ancien droit français [1].

SECTION I.

PAYS DE DROIT ÉCRIT.

16. Les pays de droit écrit du midi de la France commencèrent par exagérer l'idée romaine que le pubère est capable de s'obliger : laissant de côté les correctifs que l'expérience y avait fait introduire à Rome, les Coutumes particulières de ces pays assimilèrent les pubères mineurs de 25 ans aux majeurs, sauf la restitution en entier qu'elles accordaient aux premiers en cas de lésion. — « Est observatum et obtentum ...*a tempore a quo non extat memoria*, disent les Coutumes de Toulouse rédigées dès 1280 et depuis lors confirmées souvent par les rois de France [2], *quod major XIV annis, minor XXV*, patre mortuo, *potest se obligare, emere et vendere, et contractus alios celebrare, et potest esse in causa, seu causis, et habet personam standi in judicio* [3]. » — Les nouvelles Coutumes d'Auvergne, dont la publication a eu lieu le 1er mars 1510, portent de même : « Combien que *par cy-devant* par la Coutume du païs

---

[1] Nous ne nous occuperons pas de l'âge auquel le mineur devenait capable de *tester* : il y aurait à cela peu d'intérêt au point de vue où ce travail est fait.

[2] Klimrath, *Travaux sur l'histoire du droit français*, II, p. 226, note 2.

[3] Coutumes de Toulouse. Rubrica de minoribus XXV annorum, n° 1 (Bourdot de Richebourg. *Coutumier général*, IV, p. 1040, Paris 1724).

coutumier d'Auvergne, le *masle aagé de quatorze ans et la*
fille de douze ans accomplis fussent réputés d'aage parfait
pour ester en jugement, faire et passer tous contrats comme
majeurs de vingt-cinq ans....[1]» On peut présumer d'après
cela que les pubères ne devaient pas toujours avoir des
curateurs chargés d'administrer leurs biens ; en tout
cas, la nomination d'un curateur, ou sa présence si le
mineur en avait un, n'était jamais requise, ni pour ester en justice, ni pour donner quittance, ni pour recevoir le compte de tutelle ; de plus, la vente faite par le
pubère de ses biens, même immeubles, était toujours
valable, sans qu'il fût besoin, soit de l'autorisation du
curateur, soit d'un décret du juge.

Cette capacité de l'enfant âgé de 14 ans était évidemment excessive. Aussi, dès le seizième siècle, la validité
de l'aliénation des immeubles du pubère fut-elle subordonnée au consentement du curateur et à la nécessité d'un décret rendu par le juge : d'une part, en effet,
les nouvelles Coutumes d'Auvergne décident en l'art. 2
du chap. XIII: «Et par ce dorénavant le mineur de 25 ans
ne pourra, par contract de mariage ny autrement, *dis-*
poser de ses biens immeubles, sans authorité de curateur
et decret de juge, soit par convenance de succéder ny
autre.» D'un autre côté, l'Ordonnance de François Ier du
mois d'août 1539 contient (art. 134) cette disposition :
« Ordonnons qu'après l'âge de 35 ans parfaits et accomplis, ne se pourra pour le regard du privilége ou
faveur de minorité, plus déduire, ne poursuivir la cas-

[1] Coutumes du haut et bas pays d'Auvergne, chap. XIII, n° 1 (Bourdot de Richebourg, IV, p. 1168). Si même cette coutume n'avait pas
été reçue dans les pays de droit écrit de l'Auvergne, elle n'en reflète-
rait pas moins la législation qui devait être en vigueur dans ces pays.

F.   15

sation desdits contrats, en demandant ou défendant, par lettres de relièvement ou restitution ou autrement, *soit par voie de nullité, pour aliénation des biens immeubles faite sans decret, ne autorité de justice....*[1]» Enfin les auteurs s'expliquent dans le même sens : c'est ainsi que nous lisons dans Imbert, l'un des plus suivis parmi nos vieux praticiens : « Minor si immobilia sine judicis decreto alienaverit, *nullius momenti alienatio est*[2]. » — Le droit d'ester seul en justice fut de même enlevé successivement aux mineurs pubères ; si en 1586 (1er février) nous trouvons encore un arrêt du Parlement de Toulouse, rapporté par la Roche Flavin[3], qui déclare valable le jugement obtenu contre le mineur seul, Graverol remarque sur cet arrêt que de son temps « on est plus exact, que les poursuites qu'on fait contre les mineurs sans leur avoir fait pourvoir de curateur, quand ils n'en ont point, ou sans avoir fait appeler le curateur, quand ils en ont un, sont nulles[4]. » Dans le ressort du Parlement de Grenoble, Guy Pape nous apprend que dès le seizième siècle il fallait nommer des curateurs aux mineurs pour qu'ils pussent *ester à droit*[5]. — Enfin la réception de cette règle dans tous les pays de

---

[1] *Recueil gén. des anciennes lois franç.*, par Isambert, XII, p. 628.

[2] Imbert, *Enchiridion juris scripti Galliæ*, Lyon 1558. — Voy. aussi : Charondas le Caron, *Pandectes ou décisions du droit français*, liv. II, chap. 40, p. 402, Paris 1607. — Bouvot, *Nouveau recueil des Arrêts de Bourgogne*, II v° *Mineur*, quest. 16 p. 687; quest. 24, p. 691 etc., Genève 1628. — Boniface, *Arrêts de Provence*, t. I, liv. IV, tit. IX, chap. 4, n° 1.

[3] La Roche Flavin, *Arrêts notables du Parlement de Toulouse*, Toulouse 1720. Arrêt du 1er février 1586, p. 211.

[4] Graverol, sur la Roche Flavin, *loc. cit.*

[5] Guy Pape, *Jurisprudence ou décisions traduites avec des remarques de Chorier*, Lyon 1692, p. 286.

droit écrit est attestée par Berthon de Fromenthal.
« Le mineur, dit-il, peut être restitué envers un arrêt rendu contre lui, par la seule raison qu'il n'a pas été assisté de son curateur... On ne suit plus l'ancienne jurisprudence attestée par Albert, lettre A, art. 24, et Maynard, p. 1342, suivant laquelle le mineur n'était pas restitué par le seul défaut de l'avoir fait pourvoir de curateur, lorsqu'il avait été légitimement condamné et qu'il n'avait pas été lésé [1]. » — De cette nécessité pour le mineur d'être assisté d'un curateur pour pouvoir paraître en justice, devait découler la conséquence qu'il ne pouvait recevoir seul le compte de tutelle, car la reddition de ce compte ne pouvait avoir lieu à l'amiable, si les deux parties n'étaient pas majeures [2]. — D'un autre côté, on déclara nul le paiement fait au mineur hors de l'assistance d'un curateur, à moins que le débiteur n'établît qu'il avait tourné au profit de l'incapable [3]. — Dans tous ces cas les tiers avaient donc le plus grand intérêt à empêcher le mineur d'agir seul, puisqu'ils étaient exposés sans cela à une action en rescision [4], et ils durent le forcer à prendre un curateur,

[1] Gabriel Berthon, seigneur de Fromenthal, *Décisions du droit civil, canonique et français..., avec des observations sur l'ancienne et la nouvelle jurisprudence des pays qui se régissent par le droit écrit*, Lyon 1740, p. 505.

[2] Voy. Ordonnance civile d'avril 1667, tit. 29, art. 22.

[3] Arrêt de Toulouse du 25 octobre 1548 (voy. Papon, *Recueil d'arrêts notables*, liv. 16, tit. 1, Arr. 6. Paris 1624). — Maynard, *Notables et singulières questions de droit*, liv. III, chap. 53, I, p. 307. Toulouse 1751.

[4] Les tiers eux-mêmes ne pouvaient pas attaquer l'acte : la nullité n'était que relative ; c'est ce que fait remarquer par exemple Berthon de Fromenthal pour le cas où le mineur a esté à droit sans curateur (*Décisions du droit civil*, p. 508).

chaque fois qu'ils voulaient faire avec lui l'un des actes
dont nous venons de parler. Ainsi s'introduisit l'usage
des *curateurs autorisants*. Leur fréquence devint ensuite très-grande, car plusieurs autres actes importants
du mineur, l'acceptation d'hérédité, l'emprunt, tom-
bèrent sous le coup d'une présomption de lésion quand
ils étaient faits en dehors de la présence d'un curateur.
Que dut-il résulter de là? D'abord que les tiers qui
voulaient traiter avec un mineur manquaient rarement
de le faire pourvoir d'un curateur s'il n'en avait pas,
ou d'exiger l'assistance du curateur qu'il avait: c'est en
effet ce que Maynard nous apprend: « Aujourd'hui,
dit-il, il faut que les mineurs soient régis par curateurs,
et à cela ils peuvent être contraints par ceux à qui ils
auront à faire, » et le même auteur ajoute un peu plus
loin: « La Cour de Toulouse a reçu toujours les con-
traintes contre les mineurs à se faire pourvoir de curateurs à leur nomination ou autrement comme il appartient, à la requête et pour l'assurance de ceux qui ont
affaire et à contracter ou quasi-contracter avec eux [1]. »
— Mais pour que le mineur ne fût pas obligé de se
choisir ou de se voir même imposer un curateur chaque fois qu'il voulait passer un acte juridique, on lui en
nomma un dès qu'il atteignait la puberté: ce curateur
restait alors en fonctions jusqu'à la pleine majorité, et
devait donner son consentement dans tous les cas où
nous venons de voir qu'il était requis [2].

---

[1] Maynard, *Notables et singulières questions de droit écrit*,
liv. III, chap. 53, 1, p. 309.

[2] D'après le nouveau Denisart: « *Si l'adulte ne se choisit pas de
curateur*, la personne qui était auparavant chargée de la tutelle devient son *curateur de plein droit* (Denisart, *Collection de décisions*

17. Quelle était donc au vrai la situation du mineur pubère? Un certain nombre d'actes ne pouvaient être maintenus que s'ils étaient passés avec l'assistance du curateur *autorisant* et les formalités requises, ou quelquefois si le tiers prouvait qu'ils avaient tourné au profit du mineur; c'étaient : l'hypothèque ou l'aliénation d'immeubles (par vente, échange, transaction etc. [1]), le procès, la réception du compte de tutelle, la réception de paiement des capitaux, l'emprunt [2], l'acceptation d'hérédité ou la renonciation [3]. — Les actes qui ne rentraient pas dans cette catégorie, sans être non plus des actes d'administration, l'achat d'immeubles par exemple, l'obligation personnelle du mineur [4], ne pouvaient jamais être attaqués que par la restitution en entier, et c'était au mineur à prouver la lésion. — Enfin le mineur pubère avait pleine capacité pour tous les actes d'administration [5]. Ainsi nous lisons dans Berthon :

nouvelles, v° *Émancipation*, § 5, n° 2, t. VII, p. 500. Paris 1788). Ailleurs il dit... « La famille ou celui qui quitte la tutelle pourrait obtenir une condamnation contre le mineur, pour que dans un délai fixé il ait à se nommer un curateur, sinon que la famille s'assemblera pour en choisir un » (Denisart, *Collection de décisions nouvelles*, v° *Curatelle*, § II, n° 9, t. V, p. 704. Paris 1786).

[1] Rousseau de la Combe, *Recueil de jurisprudence civile*, v° *Restitution*, p. 575. Paris 1746. — Berthon de Fromenthal, *Décision du droit civil*, p. 502.

[2] Argou, *Instit. au droit français*, liv. 1, chap. 9, I, p. 72.

[3] Berthon, v° *Mineurs*, p. 500. — Bretonnier sur Henrys, liv. I, chap. 1, quest., 1, n° 1, II, p. 161. Paris 1738. — Arrêt du Parlement de Provence du 30 avril 1674. — *Dictionnaire des Arrêts*, par Brillon, t. IV, v° *Mineur*, n° 28, p. 376. Paris 1727.

[4] Voy. les auteurs cités aux deux précédentes notes.

[5] Néanmoins il eut d'abord la restitution en entier contre ces actes. Ce ne fut qu'à la fin du dix-septième siècle qu'une jurisprudence nouvelle, inaugurée par un arrêt du Parlement de Grenoble du

« Quoique les mineurs ne puissent donner des acquits valables des capitaux qui leur sont dus, sans l'autorité de leur curateur et celle du juge, ils peuvent néanmoins sans ces formalités recevoir et exiger des revenus de leurs biens, supposé toutefois qu'ils soient pubères. » — « Le mineur peut sans l'intervention de son curateur passer des baux à ferme de ses biens. » — « Le mineur n'est pas restitué contre les fermes qu'il prend, si ce n'est pour lésion énorme [1]. » Meslé dit dans le même sens : « Il est demeuré d'usage ordinaire dans les Parlements de droit écrit, que le mineur, à l'âge de puberté, entre en jouissance de ses biens et devient maître de ses meubles et du revenu de ses immeubles [2]. » — C'était évidemment là la conséquence capitale de la puberté : le mineur pubère était mis à la tête de son patrimoine, il pouvait, et se gérer lui-même, et gérer ses biens. Aussi trouverons-nous tout naturel que l'on soit arrivé à ne plus regarder la puberté que comme une *émancipation de plein droit*, le pubère que comme un *mineur émancipé*. Ce point est aussi intéressant à noter, qu'il est, du reste, facile à établir. — « En pays de droit écrit, dit Ferrière [3], il ne faut point d'é-

16 avril 1668, commença à lui refuser cette restitution. Cf. Pothier, *Procéd. civile*, 5e partie, chap. IV, art. 2, § 1, *in fine*. — Par contre, le curateur qu'il recevait à la puberté dut, d'après un usage qui s'introduisit, l'assister de ses conseils dans les divers actes qu'il pouvait faire. Cf. Denisart, *Coll. de décis. nouvelles*, v° *Émancipation*, § 5, n° 2, t. VII, p. 500.

[1] Berthon de Fromenthal, *Décisions du droit civil*, v° *Mineurs*, p. 504, 505.

[2] Meslé, *Traité des tutelles et curatelles*, chap. 9, n° 8, p. 241. Paris 1752.

[3] Ferrière, *Dictionnaire de droit et de pratique*, v° *Mineurs*, II, p. 310, 311.

mancipation pour sortir de tutelle; le pupille devient
de plein droit mineur à 14 ans accomplis... *C'est cet
âge de puberté qui les émancipe* à l'effet de pouvoir disposer de leurs meubles et revenus de leurs immeubles,
sans avoir besoin pour cela des lettres d'émancipation
du prince. » — Denisart s'exprime non moins clairement : « Lorsqu'un mineur cesse d'avoir un tuteur, soit
par l'*émancipation*, soit par la *puberté*, il peut bien disposer de sa personne et de ses meubles, mais il n'a que
la simple administration de ses immeubles [1]. » — Enfin
Meslé énonce la même idée en de nombreux passages
de son traité des *Minorités*; je ne rappellerai que celui-ci : « Par les usages des Parlements de droit écrit,
l'âge de puberté donne aux mineurs le privilége de l'é-
mancipation, à l'effet de pouvoir disposer de leurs revenus et de leurs meubles, de pouvoir même s'obliger
sans l'autorité du curateur, pourvu qu'ils n'aliènent pas
ou n'hypothèquent pas leurs immeubles [2]. »

Il paraît cependant qu'en certains cas (par exemple
si le patrimoine était considérable ou pouvait être facilement dissipé), l'administration n'était pas confiée
au mineur, mais remise entre les mains d'un *curateur
comptable* [3], qui restait alors en fonctions, soit jusqu'à la
pleine puberté, soit même jusqu'à la majorité. Mais
cela ne se rencontrait que très-exceptionnellement [4].

---

[1] Denisart, *Collection de décisions nouvelles*, v° *Curatelle*, § II,
n° 1, t. V, p. 701. Paris 1786.

[2] Meslé, *op. cit.*, chap. 9, n° 8, p. 244. Voy. aussi chap. 11, n° 47, p. 358.

[3] Maynard, *Notables et singulières questions de droit*, II, liv. 9,
chap. 55. Arrêt de Toulouse, 8 janvier 1571. Cf. Meslé, *op. cit.*,
chap. 10, n° 10, p. 279.

[4] Cf. Meslé, *op. cit.*, chap. 2, n° 16, p. 20, 21; chap. 11, n° 47,
p. 358; chap. 14, n° 6, p. 488 etc. — Furgole, *Observ. sur l'ordonn.
de 1731*, p. 27, 28. Toul. 1733. — Il ne faut pas confondre, en effet,

18. Il résulte de ce que nous venons de dire au paragraphe précédent que si l'on fait abstraction d'un certain nombre d'actes importants passés sans l'assistance d'un curateur, les obligations du mineur ne peuvent jamais être anéanties si la lésion n'est prouvée : c'est un point qui ne saurait être sérieusement contesté. Certains auteurs, égarés par une fausse interprétation des lois romaines, prétendaient distinguer, il est vrai, entre le cas où le mineur a un curateur et celui où il en est dépourvu : dans le premier cas ils déclaraient nuls les actes faits par le mineur seul, présumant toujours la lésion ; dans l'autre, ils exigeaient que le mineur justifiât de la lésion, pour qu'il pût être relevé de son obligation [1]. Mais cette opinion n'a jamais été reçue et elle ne pouvait l'être. N'avons-nous pas vu qu'à l'origine le mineur pubère était regardé comme capable de contracter, à l'instar d'un majeur, sauf la restitution en entier qui lui était accordée ? Le principe était : « *Minor non restituitur tanquam minor, sed tanquam læsus,* » et il allait de soi que la lésion devait être prouvée par celui qui l'invoquait [2]. Or de ce principe on ne s'est jamais départi ;

l'administration du *curateur comptable* avec les avis que le *curateur autorisant* peut, comme nous l'avons vu, être appelé à donner au pubère qui administre lui-même.

[1] De Bezieux, *Arrêts notables du Parl. de Provence,* liv. 7, chap. 2, § 2. Paris 1750.

[2] Bœrius, *Decisiones Burdegalenses,* Francfort 1573. — « Minor quando petit se adversus actum judicialem vel extrajudicialem restitui, debet probare se minorem et *læsum* ad causam quam si defendisset et jura deduxisset sua, foveret bonam » (*Decisio,* 79, n° 6, p. 195). — Adde : *Decisio* 23, n° 57, p. 62. — Bouvot, *Nouveau Recueil des Arrêts de Bourgogne;* Genève 1628 : « A esté respondu que la minorité seule n'est suffisante pour enerver le contrat... que pour la lesion c'était au mineur à la preuver... » (v° *Mineur,* quest. 15, t. II, p. 686).

tant que l'ancien régime a duré, il a été la base de toute la jurisprudence relative aux actes des mineurs[1]. Qu'importe qu'en certains cas la lésion ait été présumée, quand le mineur agissait sans l'assistance d'un curateur; qu'importe aussi qu'*en vue de ces cas* un curateur autorisant ait été donné? Le principe lui-même en recevait-il la moindre atteinte? tous les actes pour lesquels l'exception n'avait pas été admise ne restaient-ils pas sous l'empire de ce principe? — Si nous consultons aussi la grande majorité des auteurs, nous ne trouvons pas la moindre distinction entre le mineur pourvu de curateur et celui qui n'en a pas: tous posent d'une manière générale[2] la règle: « *Minor non restituitur tanquam minor, sed tanquam læsus* », et cela est d'autant plus significatif que, nous le savons, les cas étaient bien rares où les mineurs n'avaient pas un curateur autorisant. — Un témoignage plus positif peut-être encore nous est fourni par les auteurs qui énumèrent les actes à l'égard desquels la lésion est présumée, quand le mineur les a faits seuls. Ils mentionnent bien l'aliénation

---

[1] Guy Pape, *Jurisprudence ou décisions*; Lyon 1692 : « La minorité est une exception de droit qui attaque l'acte, et qui l'anéantit quand le mineur y souffre quelque préjudice. C'est la jurisprudence du Parlement de ne pas le relever comme mineur, mais seulement comme lésé; c'est le mot des praticiens » (p. 321). — Henrys, *Œuvres*, liv. I, chap. 1, quest. 1, n° 1 ; II, p. 158. Paris 1738. — Boutaric, *Explication de l'Ord. de* 1731, p. 26. Avignon 1744. — Ferrière, *Dictionnaire de droit et de pratique*, v° *Mineurs*, p. 311-312. — Rousseau de la Combe, *Recueil de jurisprudence*; Paris 1746, v° *Restitution*, sect. II, n° 1, p. 575. — Denisart, *Collection de décisions nouvelles*, 8e édit., Paris 1773, t. III, v° *Mineurs*, p. 293 etc. — Furgole, *Observations sur l'Ordonnance de* 1731, art. 7, p. 27-28. Toulouse 1733.

[2] Voy. les auteurs cités à la note précédente.

d'immeubles, l'emprunt etc. ; mais de la circonstance
que le pubère est pourvu d'un curateur, pas un mot,
pas une trace [1]. Eh bien ! s'expliquerait-on que, voulant
indiquer les cas où le défaut d'assistance engendre une
véritable nullité de l'acte, ils eussent pu omettre le plus
général, le plus fréquent de tous, celui où le mineur a
un curateur *autorisant*, si ce seul fait d'avoir un curateur et de passer sans lui un acte quelconque avait dispensé le mineur de prouver la lésion ? — Enfin je veux
enregistrer encore quelques passages de nos anciens jurisconsultes, où la doctrine que je crois avoir été admise dans les pays de droit écrit se trouve mise en
pleine lumière. C'est d'abord Meslé qui nous apprend,
on s'en souvient, que « par les usages des Parlements
de droit écrit l'âge de puberté donne aux mineurs le
privilége de l'émancipation, à l'effet ...de *pouvoir même
s'obliger sans l'autorité du curateur*, pourvu qu'ils n'a-
liènent pas ou n'hypothèquent pas leurs immeubles.[2] ».

---

[1] Bretonnier sur Henrys., liv. I, chap. 4, quest. 4, n° 4, t. II, p. 464.
— Rousseau de la Combe, *op. cit.*, v° *Restitution*, p. 575-576. —
Berthon de Fromenthal, *Décisions du droit civil*, p. 500. — Claude
Serres dit expressément : « La nomination ou assistance du curateur
n'est qu'une précaution... dont le *défaut seul n'opère pas que l'acte
soit emporté, s'il n'y a pas de lésion.* » Il est vrai qu'il continue
ainsi : « tout au plus la lésion est-elle présumée de droit quand le
mineur a traité sans curateur, au lieu qu'autrement c'est au mineur
à la prouver; » mais cela ne peut se rapporter qu'aux actes importants qui exceptionnellement donnent lieu à une présomption de
lésion (Claude Serres, *Les Institutions du droit français*, liv. I,
tit. 22, p. 85. Paris 4753).

[2] Meslé, *Traité des minorités*, chap. 9, n° 8, p. 241. — Ce que
Meslé dit en un autre endroit (p. 487), que si les pubères ont un
curateur, « ce qui est fait sans l'autorité du curateur est nul, ou du
moins sujet à restitution, sans que le mineur soit obligé à prouver
qu'il y ait lésion, » cela ne doit évidemment s'entendre que des cas où,

C'est ensuite Berthon de Fromenthal, suivant lequel « le mineur peut, *sans l'intervention de son curateur,* contracter des obligations personnelles valables, » et qui ajoute : « *Les actes obligatoires passés par les mineurs sortis de la tutelle ne sont pas nuls de plein droit,* quand ils ne contiennent pas aliénation de leurs immeubles, *mais peuvent seulement être annulés par le bénéfice de la restitution, en cas de lésion*[1]. » Merlin enfin, une autorité en de pareilles questions, pense que d'après les principes du droit romain, suivis dans les pays de droit écrit, le mineur pubère qui avait un curateur pouvait faire valablement (sauf la restitution) tous actes autres que les aliénations[2].

19. Jusqu'à présent nous n'avons parlé que des mineurs qui ont atteint l'âge de puberté; nous dirons quelques mots de ceux qui sont au-dessous de cet âge. Quand on parcourt nos vieux auteurs des pays de droit écrit, on est frappé d'abord du peu de place qu'ils accordent dans leurs ouvrages aux mineurs impubères : la plupart ne s'en occupent même pas. Mais il suffit d'une réflexion bien simple pour s'expliquer cette lacune apparente. Notre ancien droit ne connaissait pas comme le droit romain l'*auctoritas tutoris* : c'était le tuteur, ce n'était point l'impubère, avec son assistance, qui devait agir : et dès lors il n'arrivait presque jamais que des en-

---

par exception, l'on présume la lésion, car il rectifie lui-même sa première proposition par cette autre : « L'autorité de ce curateur est nécessaire pour tous les *actes importants*,... pour tous les cas où en pays coutumier.. on donnerait un tuteur *ad hoc* » (Meslé, *op. cit.,* chap. 14, nᵒ 6, p. 487).

[1] Berthon de Fromenthal, *Décisions du droit civil,* p. 504. — *Journal du Palais, Blondeau et Gueret,* I, p. 10.

[2] Merlin, *Répertoire,* vᵒ *Mineur,* § 1, nᵒ III, p. 188.

fants âgés de moins de douze ou de quatorze ans eussent des rapports contractuels avec les tiers. Si pourtant
cela avait lieu, quel était le sort de leurs actes ? D'abord,
si l'impubère n'avait pas même accompli sa septième année, on devait dénier toute existence juridique aux conventions dans lesquelles il était intervenu [1]. Avait-il dépassé, au contraire, la période de l'enfance, on décidait, comme en droit romain, qu'en principe, il pouvait acquérir (l'acceptation de la donation était néanmoins défendue par l'Ordonnance de février 1731),
mais ne pouvait s'obliger : malgré cela, les conséquences de cette incapacité n'étaient plus ce qu'elles avaient
été à Rome. Une règle s'était introduite : *Voies de nullité
n'ont point de lieu en France*, d'après laquelle on ne pouvait pas repousser l'action née d'un contrat, sous prétexte
que ce contrat était nul, selon le droit romain, si l'on
n'en avait obtenu la *rescision* préalable [2]. Il ne suffisait
donc plus au pupille actionné de se retrancher derrière
son impuberté ; s'il voulait résister à la demande ou revenir sur l'exécution effectuée déjà, il devait commencer
par faire tomber l'acte qu'il avait consenti. Mais toute
action en rescision exigeait l'obtention de *lettres de rescision* [3], qui, délivrées par les chancelleries des Parle-

---

[1] Prévôt de la Jannès, *Les principes de la jurisprudence française*, I, n° 12, p. 17-18. Paris 1759. — Meslé, *op. cit.*, chap. 8,
n° 13, p. 182-183.

[2] Loisel, *Institutes coutumières*, liv. V, tit. 2, reg. 5, n° 706 ; II,
p. 115, éd. Dupin et Laboulaye, Paris 1846. — Imbert, *Enchiridion
juris scripti Galliæ* ; Lyon 1558, v° *Contrats* et v° *Nullités*. — *Pratique judiciaire tant civile que criminelle*, liv. I, chap 3, n° 3.
Paris 1609.

[3] Il fallait que la nullité fût prononcée expressément par la Coutume ou les Ordonnances (*nullité de coutume* ou *d'ordonnance*),
pour qu'elle pût être opposée directement *par voie d'exception*, ou

ments, n'étaient *enthérinées* qu'en connaissance de cause, après un examen approfondi de l'affaire[1] ; d'un autre côté, il était de principe que *sans grief* (préjudice) *point de nullité* (rescision)[2], et ainsi on aboutissait à ce résultat que la rescision du contrat fait par le pupille ne pouvait être prononcée que s'il en découlait un préjudice réel à son encontre. Sans doute, c'était au tiers qui avait traité avec lui de prouver l'absence du dommage[3] ; mais il n'en est pas moins vrai que les actes du pupille n'étaient pas nuls par eux-mêmes, qu'ils donnaient naissance à une action, qu'ils étaient maintenus chaque fois que l'impubère n'était pas constitué en perte.

poursuivie, sans lettres du prince, par une *action en nullité* dont la durée était, en général, de trente ans. Mais précisément pour les mineurs cette durée avait été réduite à *dix ans*, à compter de la majorité, c'est-à-dire rendue égale à celle des actions en rescision, quand les formalités prescrites pour les aliénations immobilières n'avaient pas été observées (Ordonnance de François Ier, d'août 1539, art. 134).

[1] Voy. Meslé, *op. cit.*, chap. 14, n° 5, p. 486.

[2] Charondas le Caron, *Pandectes ou décisions du droit français*, liv. II, chap. 40, p. 398. Paris 1607. — Domat, *Lois civiles*, liv. IV, tit. 6, sect. 4, n° 4, p. 296. Paris 1745. — Merlin, *Répertoire*, v° *Mineur*, § 9, n° 4 etc.

[3] La *rescision* avait correspondu d'abord à la *restitution en entier* du droit romain : c'était seulement dans les cas où cette dernière était nécessaire à Rome, que des lettres du prince devaient être obtenues, et que la durée de l'action était restreinte à dix ans. Quand plus tard, abusivement, il faut le dire, les actes mêmes que le droit romain déclarait nuls et non pas seulement sujets à restitution ne purent être attaqués que par des *actions en rescision*, au moins fallut-il présumer en pareil cas la lésion, et permettre au demandeur d'attendre la preuve contraire. Cf. Louet et Brodeau, *Recueil d'arrêts*, II, lettre M, somm. 19. — Boniface, *Recueil des arrêts notables du Parlement de Provence*, I, liv. IV, t. 6, chap. 4. — Meslé, *op. cit.*, chap. 14, n° 25, p. 503.

SECTION II.

PAYS DE DROIT COUTUMIER.

20. Les lois germaniques, qui, fondues avec le droit romain, furent la principale source des Coutumes du Nord de la France, fixaient à un âge fort peu avancé l'époque de la majorité. Il est vrai que nous ne trouvons pas à cet égard de disposition précise dans les lois franques, mais nous y trouvons au moins des indications suffisantes pour nous permettre de croire que chez les Saliens l'enfant devenait majeur à douze ans, chez les Ripuaires à quinze ans. C'est à douze ans que la loi salique regarde l'homme comme capable de se défendre, car la peine du meurtre varie du simple au triple, suivant que la victime a ou non atteint cet âge [1]. — C'est à douze ans aussi qu'elle fait commencer la véritable imputabilité, jusque-là si la *faida*, part attribuée à l'offensé, est due, le *fredum* ne l'est point [2]. — C'est à douze ans enfin que l'enfant peut être actionné en justice, avant il ne le peut... « De hereditate paterna « vel materna si aliquis eum interpellare voluerit, usque « ad spatium duodecim annorum exspectare judicatum « est. » Telle est la disposition d'un Capitulaire des rois francs, interprétatif de la loi salique [3]. Quant à la loi des Ripuaires, elle déclare incapables de contracter

---

[1] Loi salique, tit. 26, *De his qui pueros vel puellas occiderint*, n° 1 (Walter, *Corpus juris germanici*. Berlin 1824, 1, p. 40). Cbn. tit. 43, *De homicidiis ingenuorum*, n° 1 (Walter, *op. cit.*, I, p. 59).

[2] Loi salique, tit. 26, n° 9 (Walter, I, p. 41). — Le *fredum* paraît avoir été le tiers de la composition (Pardessus, Loi salique, Dissertat. XII, p. 652).

[3] *Capitularia regum Francorum*, Capitul. 3, cap. 5, an 819 (Walter, II, p. 338).

le *puer*, la femme, le serf d'autrui, sans indiquer les limites dans lesquelles la *pueritia* est renfermée[1]; mais elle a un chapitre 81 qui porte dans sa rubrique : *Ut parvulus non respondeat ante quindecim annos*, et fixe à quinze ans l'âge où l'enfant peut paraître en justice, soit comme demandeur, soit comme défendeur[2] : on en peut induire avec quelque vraisemblance qu'à ce moment cesse la minorité. Nous nous croyons d'autant plus autorisé à tirer de pareilles inductions, à généraliser les dispositions des lois salique et ripuaire qui viennent d'être relevées, que, d'après des textes précis, formels, de la plupart des Codes barbares, l'âge de la majorité, arrive soit à douze, soit à quinze ans. — A douze ans, dans le *Gragas*, Code des anciennes lois islandaises, qui remonte à la première moitié du douzième siècle, mais constate un droit bien plus vieux encore[3], — dans le *Gulathing*, recueil des statuts qui régissaient le district de Gulé, l'un des quatre *nomes* de la Norvége, et qui furent réunis en Code l'an 940, sous le règne d'Hakon Adelstein[4], — dans les *lois d'Helsinge-*

[1] *Lex Ripuariorum*, tit. 74 (Walter, I, p. 189-190).

[2] *Lex Ripuariorum*, tit. 81 (Walter, I, p. 191).

[3] Voy. les textes du Gragas cités par Rive, *Geschichte der deutschen Vormundschaft*. Braunschweig 1862, I, p. 51-52. Cf. aussi p. 53. Voy. sur le Gragas : Schlegel, *Codex juris islandorum antiquissimus qui nominatur Gragas... Præmissa commentatio historica...* Hauniæ 1829. — Pardessus, *Collection de lois maritimes*. Paris 1834, III, p. 47 et suiv. — Maurer, *Beiträge zur Rechtsgesch. d. german. Nordens. Die Enstehung des isländ. Staats und seiner Verfassung.* München 1852.

[4] A douze ans, dit le Gulathing, l'enfant doit gagner son pain. (voy. Rive, *op. cit.*, p. 52, note 70). — Le Gulathing de 940 a été publié pour la première fois en 1846, par Keyser et Munch; Christiania 1846-1849); jusque-là on n'en avait que la traduction danoise de Paus, 1731.

land[1], province septentrionale de la Suède, lois anciennes aussi, quoique rédigées seulement au quatorzième siècle par les soins du roi Magnus Smek[2], —
dans la législation anglo-saxonne des dixième et onzième
siècles[3], enfin dans le droit lombard, car l'Édit de
Rotharis, qui fut publié en 643, porte : « Legitima ætas
« est postquam fili duodecim annos habuerint[4]. » Il est
surtout très-intéressant de noter, quoique je n'en aie
vu la remarque nulle part, que nous trouvons au commencement du onzième siècle, vers l'année 1027, un
acte législatif émané de Conrad II, duc de Franconie,
roi d'Allemagne, qui fait voir qu'à cette époque encore
l'âge de douze ans était, en Allemagne, le point de départ de la majorité, au moins de la majorité féodale[5].
— Quant à l'âge de quinze ans, nous pouvons citer,
comme l'ayant adopté, la loi du district norvégien de
Frœsté[6], *Frostathing*, qui date du dixième siècle[7], quoique la rédaction que nous possédons ne soit probable-

---

[1] Voy. Rive, *Geschichte der deutschen Vormundschaft*, 1, p. 73,
note 43.

[2] Cf. Pardessus, *Lois maritimes*, III, p. 92.

[3] Schmid, *Die Gesetze der Angelsachsen*. Leipzig 1832, p. 157,283.
— Par les lois plus anciennes il apparaît même que la minorité finissait à dix ans (Schmid, p. 13, 25, 157; cf. Rive, *op. cit.*, I, p. 215).

[4] Edictum Rotharis, chap. 155 (Walter, *Corpus juris germ.*, I,
p. 705).

[5] *Fränckisches und Reichs-Recht, oder Keyser-Recht*. Senken-
berg, *Corpus juris feudalis' germanici*. Francfort 1740, Introd.,
p 11 et suiv. — Au § 9 du livre III il est dit.... « Si ætas liberorum XII annos excesserit, accipiunt ipsi bona sua, et de iis pro
habitu disponere non prohibentur, quousque vero infra XII annos
sunt, nihil juris in bonis consequentur... » (Senckenberg, *op. cit.*
p. 9).

[6] Voy. Rive, *op. cit.*, I, p. 52, note 71.

[7] Du règne d'Hakon Adelstein (936-950).

ment que du quatorzième [1]; le *Biarkeyar-rett* [2], sorte
de droit municipal commun à toutes les villes de la
Norvége et qui se place au douzième siècle; les lois
suédoises de l'Ostrogothie [3], auxquelles on peut assi-
gner la date de 1260, et celles d'Uplande [4], le plus ancien des Codes suédois, dont nous avons une rédaction
faite en 1295; les lois de Scanie et de Jutland [5], qui
régissaient les Danois aux douzième et treizième siècles; la loi des Bourguignons (467), qui contenait
plusieurs dispositions remarquables touchant les mineurs de quinze ans, et notamment ne leur permettait
de revenir sur les actes consentis par eux que s'ils
avaient été circonvenus. « Minorum ætati, y lit-on, ita
« credidimus consulendum, ut ante XV ætatis annos
« eis nec libertare nec vendere, nec donare liceat. —
« Et *si circumventi per infantiam fuerint*, nihil valebit.
« — Ita ut quod ante quintum decimum annum gestum
« fuerit, intra alios XV annos, si voluerint, revocandi
« habeant potestatem [6]. » Enfin, nous mentionnerons
la loi des Wisigoths, dont il suffira de citer ces deux
passages : « Patre vel matre infra quindecim annos filios
« post mortem relictos, pupillos per hanc legem decer-
« nimus nuncupandos [7]. » — « Venientes usque ad ple-

[1] Du règne d'Hakon VI (1247-1263).

[2] Voy. Rive, *op. et loc. citt.*

[3] Voy. *Corpus juris Sueo-Gotorum antiqui*, éd. Collin et Schlyter. Stockholm 1827, II, p. 76. — Rive, *op. cit.*, I p. 73, note 42.

[4] *Corpus juris Sueo-Got.*, II, p. 133. — Rive, *op. et loc. citt.*

[5] Rive, *op. cit.*, I, p. 73, note 44. Ces lois sont connues sous le nom de *Skanske Lov* et de *Jydske Lov*; la première est de 1163, celle-ci de 1241.

[6] *Lex Burgundiorum*, tit. 87, nos 1-3 (Walter, I, p. 343). Cf. tit. 47, nos 2, 3 (Walter, I, p. 326).

[7] *Lex Wisigothorum*, liv. IV, tit. III, chap. 1 (Walter, I, p. 501).

F.   16

« num quartum decimum annum in omnibus judicandi
« de rebus suis liberam habeant absolutamque licen-
« tiam[1]. »

21. Il est vrai que l'âge de la majorité ne resta pas
toujours stationnaire, et que dans plusieurs des Codes
scandinaves ou germaniques que nous avons cités, les
progrès de la législation l'avaient déjà reculé, pour certains actes importants, jusqu'à seize, dix-huit ou vingt
ans[2], établissant ainsi une sorte de majorité à deux ou
même trois degrés, quelque chose comme les *majorités
coutumières*[3], dont bientôt nous aurons à parler. Mais
nous n'en pouvons pas moins regarder, je crois, comme
certain, d'après les témoignages des Codes mêmes qui
furent en vigueur dans la Gaule, et de ceux qui, reçus
chez d'autres nations barbares, peuvent servir au moins
de termes de comparaison, que Francs et Germains
qui vinrent s'établir dans notre pays au cinquième siècle,
y introduisirent la majorité de douze et de quinze ans.
Cette dernière dut prendre le dessus; c'est elle que
nous avons trouvée dans les lois des Ripuaires, des
Bourguignons, des Wisigoths, et elle répondait à la
tendance, fort naturelle dans une sage législation, de
ne pas admettre une majorité trop hâtive.

22. Si l'on remarque seulement combien cette majorité de quinze ans de la loi germanique ou franque
était près de se confondre avec la puberté romaine, on

---

[1] *Lex Wisigoth.*, liv. II, tit. 5, chap. 11 (Walter, I, p. 460).

[2] Voy. Rive, *Geschichte der deutschen Vormundschaft*, 1, p. 52,
73, 214-215.

[3] Les lois de Jutland, par exemple, le *Jydske*, tout en déclarant
majeur l'enfant âgé de quinze ans, ne lui permettent qu'à dix-huit
l'aliénation de son immeuble. Voy. Rive, *op. cit.*, p. 73, note 45.

ne sera pas étonné qu'elle ait poussé en France de profondes racines, et qu'au moyen âge elle ait presque été
de droit commun dans les pays que ne régissait pas le
droit romain. Ceci résulte, en effet, de nombreux documents de cette époque. « Nul enfant merme (mineur)
d'aage, voyons-nous dans les Assises de Jérusalem, qui
datent du treizième siècle[1], ne prent droit, ne ne donne
droit, tant qu'il ait XV ans d'aage, car ce est droit et
raison par l'assise de Jérusalem[2]; » et ailleurs: « puisque li fis-familias est d'aage, c'est puis que il a XV
ans[3]... » Les Établissements de saint Louis (1270) ren-
ferment une disposition semblable: « Home coustumier
(roturier), si est bien aagié, quand il a passé XV ans,
d'avoir sa terre, et de tenir service de seigneur, et de
porter garantise[4]. » D'après le *Livre de Jostice et de
Plet*, qui fut découvert par notre regretté Klimrath
et dont la publication a été faite en 1850 par les soins
de M. Rapetti[5], l'enfant jusqu'à l'âge de *quinze ans* est
incapable de vendre, acheter, contracter (p. 117), de
respondre (p. 131), de *porter garentie* (p. 177), de tester (p. 224). — Beaumanoir dit sur les Coutumes de
Beauvoisis (1283): « tant qu'ils sunt sous aage de
quinse ans, ils sunt enfant, ne en eus ne pot avoir sa-

---

[1] La rédaction primitive de 1099 ne nous est pas parvenue : celle
que nous possédons, due à Jean d'Ibelin, a été faite par lui vers 1250.

[2] *Assizes de la Court des Bourgois du Roiaume de Jerusalem*,
chap. 235, éd. Foucher 1840, I, p. 684.

[3] *Assizes de la Court des Bourgois*, chap. 14, p. 26. — Voy. aussi
Assizes de la Haute-Court, chap. 71, 169, éd. Beugnot, Paris 1841,
I, p. 114 et 259.

[4] Établissements de saint Louis, liv. I, chap. 142 (*Recueil général
des anciennes lois françaises...*, par Isambert; II, p. 541-542).

[5] Collection de documents inédits sur l'histoire de France, 1re série.
Paris 1850.

pience[1] ; » il fait même voir que c'était un usage général de la France, dans ce passage qui mérite d'être
cité : « Aucun si dient que li enfant de poeste sont toujours en aage, mes c'est gas; car se c'estait voirs don-
ques porroit uns enfès qui alaiteroit encore se mere,
dessaisir se de son heritage, et nus drois ne nule coustume ne s'i acorde, ains *uze communement* que ce que
il fet dessoz *quinse ans*, ou la femme dessoz *douze ans*,
en soi *ostant de son heritage*, ne vaut riens qu'il ne le
puist après rapeler[2]. » Contemporain de Beaumanoir,
Pierre de Fontaines, en le *Conseil* qu'il *donna a son
amy*, ne manque pas d'indiquer, comme terme de la
minorité, le même âge de quinze ans. Le chap. XIV,
*Chi Parole des sous-aagiés qui ont vendu tere et autres
choses*, commence par ces mots : « *Cil qui ont meins
de XV ans[3]... »*

23. Je ne voudrais pas prétendre que la majorité de
quinze ans était admise, avant le quatorzième siècle,
par tous les pays coutumiers de France, mais je crois
qu'on peut dire qu'elle était de règle, et je ne sais vraiment pas sur quoi M. Beugnot s'est appuyé quand il a
écrit que, « sous les deux premières races, l'on reconnaissait deux majorités : le *plein aage* à vingt et un ans,
et le *meindre aage* à quatorze ans[4]. » Cette proposition

---

[1] Philippe de Beaumanoir, *Des Coustumes et usages de Biauvoisis*,
Chap. XLI, n° 12, II, p. 154, éd. Beugnot. Paris 1842.

[2] Philippe de Beaumanoir, chap. XV, n° 22, I, p. 256.

[3] Le Conseil de Pierre De Fontaines, chap. XIV, n° 1, p. 83, éd.
Marnier. Paris 1846. — Voy. surtout aussi chap. XV, n° 35, p. 132-
133.

[4] Beugnot, *Essai sur les Institutions de saint Louis*, p. 335. Paris
1821. — Dans le même sens, Kœnigswarter, *Histoire de l'organisa-
tion de la famille en France*. Paris 1851, p. 228.

ne pourrait être exacte que si l'on entendait le *plein
aage* de la majorité féodale, le *meindre aage* de la majorité roturière, et si, en abaissant le premier à vingt
ans, l'on élevait l'autre à quinze. Le noble, en effet, ne
pouvait ni combattre ni faire hommage avant vingt ans[1];
jusqu'à cet âge il restait en garde ou en bail, et les procès
qu'il pouvait avoir au pétitoire, relativement à la succession de ses parents, étaient différés jusque-là (ce qui fut
changé ensuite par Philippe de Valois, en 1330[2]). Mais
le vilain devenait capable à 15 ans. Ducange, que M. Beugnot invoque, ne contredit aucunement notre opinion:
il cite une charte de 1214 qui ne s'appliquait évidem-

---

[1] Au moins dans les contrées occidentales de la France, — l'Ile de
France, la Normandie, la Bretagne etc. — Plus à l'Est, la majorité
féodale était de quinze ans, comme la majorité roturière. — « Scachez,
dit Bouteillier dans sa *Somme rurale,* que tout que le mineur passe
à quatorze ou quinze ans, il peut revenir à sa terre, ne le bail n'y a
plus que toucher. » — Voy. aussi Beaumanoir, chap. XV, n° 14, I,
p. 251 ; chap. XV, n° 30, I, p. 260. — Nous devons encore faire remarquer que l'auteur des *Établissements de saint Louis,* liv. I, chap. 17;
II, p. 383, chap. 73, p. 450; celui du *Livre de Justice et de Plet,*
liv. 1, chap. 9, § 3, p. 58; liv. X, chap. 23, § 3, p. 221 ; et enfin Loisel,
Institutes coutumières, regl. 843, II, p. 194, semblent fixer la majorité féodale des régions occidentales, non à vingt, mais à vingt et
un ans. Mais ils entendent par là vingt et un ans commencés, car en
d'autres passages c'est l'âge de vingt ans qui est indiqué par eux
(Loisel, règle 187, I, p. 214. *Livre de Justice et de Plet,* liv. XII,
p. 233, 238), et une Ordonnance de 1246 porte : « Est autem ætas
heredis masculi faciendi homagium domino et habendi terram suam
quam cito idem heres *ingressus fuerit vicesimum primum annum* »
(Ordonn. de mai 1246, *Recueil général* d'Isambert, I, p. 251). Voy.
aussi le *Grand Coutumier de Charles VI,* liv. II, titre *de Garde et
Bail.*

[2] Isambert, IV, p. 385-387. Le mineur devait être pourvu, en cas
de procès, d'un tuteur *ad litem.*

ment qu'aux nobles[1]. Le Grand Coustumier du pays et Duché de Normandie, qui date du treizième siècle[2], ne parle du *non-aage* de vingt ans qu'au point de vue de la garde[3] et de la *prolongation des querelles*[4], ce qui semble bien indiquer que là aussi il n'est question que de la majorité féodale, car Loisel nous apprend que si, par l'ancienne Coutume de France (avant 1330), « les nobles mineurs de *vingt ans* ne pouvaient intenter ni être contraints de défendre en action pétitoire, » il en était différemment des *non-nobles* : il suffisait qu'ils fussent âgés de quatorze ans pour avoir voix et répons en cour[5]. Cette opinion trouve d'ailleurs un naturel et puissant appui dans les anciennes lois anglaises qui, sorties de notre droit normand, en sont pour nous un précieux reflet. L'âge où le bourgeois devient majeur n'est pas fixé d'une manière uniforme par ces lois; il se détermine d'après son aptitude au commerce, aux affaires; mais le *Sokemann*, tenant obligé au *service de charrue*, atteint son âge à quinze ans. — « Si vero heres et filius Sokemanni fuerit, etatem habere intelligitur tunc cum *quindecim compleverit annum :* » telle est la décision de

---

[1] Ducange, *Glossaire*, v° *Ætas*.

[2] Voy. M. de Rozière, dans la *Revue historique de droit français et étranger*, t. XIII, 1867, p. 72.

[3] Grand Coustumier de Normendie, chap. 33 (Bourdot de Richebourg, *Coutumier général*, IV, p. 16).

[4] Grand Coustumier de Normendie, chap. 43 (Bourd. de Richebourg, IV, p. 21). Cf. Établissements et coustumes de Normendie au treizième siècle, p. 59-61, éd. Marnier, Paris 1839.

[5] Loisel, *Institutes coutumières*, liv. 1, tit. 4, reg. 12, I, p. 214, éd. Dupin et Laboulaye. — Loisel dit *quatorze ans*, parce que, suivant une autre de ses règles, c'était là l'âge parfait, par l'ancienne Coutume de France (règle 52, 1, p. 76). Mais cela n'est complétement exact qu'à partir du quatorzième siècle.

Glanvilla[1]. La Fleta en contient une semblable[2], et
Littleton dit du tenant en *socage* (roture ou censive) :
« Quant l'heire vient al age de quatorze ans compleat
(15 ans commencés, comme le montre ce qui vient
immédiatement avant), il poit enter et oustre le gardien
en socage et occupier la terre luy-même s'il voit[3]. »
Même pour les nobles il y a, à côté de l'âge parfait de 21
ans, un *âge de discrétion* « qui est celui de 14 ans,
parce qu'à cet âge on peut consentir ou refuser avec
réflexion le mariage[4]. » — On le voit, la majorité de
quinze ans était loin d'être inconnue en Angleterre, et
nous pouvons ajouter en Normandie. Houard le reconnaît, mais il prétend[5] que la majorité de tous les hommes libres ayant été fixée à 21 ans quant au service mi-
litaire, et que les hommes libres n'ayant pas été obligés moins fréquemment que les feudataires à porter
les armes sous les premiers ducs de Normandie, la majorité de 14 ans, à l'égard de l'administration des
biens roturiers, fut, *dans la suite des temps*, anéantie
en Normandie et en Angleterre[6]. A supposer même

---

[1] Glanvilla, *Tractatus de legibus et consuetudinibus regni Angliæ*
(1190), liv. 7, n° 9, dans Houard, *Traités sur les coutumes anglo-
normandes*, Paris 1776, I, p. 484-485.

[2] Fleta, *seu commentarius juris anglicani*, chap. 11, n° 6 (Houard,
op. cit., III, p. 16).

[3] Littleton, chap. 5, *De socage*, sect. 123 (Houard, *Anciennes lois
des Français conservées dans les Coutumes anglaises recueillies
par Littleton*. Rouen 1716. I, p. 184).

[4] Littleton, chap. 4, *De service de chevalier*, sect. 104 (Houard,
Anciennes lois, I, p. 163).

[5] Comment se fait-il alors qu'elle se retrouve dans les textes que
nous avons cités, et surtout dans Littleton, qui écrivait au quinzième
siècle ?

[6] Houard, *Anciennes lois des Français*. I, p. 163.

que cette théorie, qui prête certainement le flanc à la
critique, fût exacte, ce serait là quelque chose de
spécial, d'où il n'y aurait rien à induire pour le reste
de la France.

Nous n'avons plus besoin de faire remarquer que
c'est aussi à la majorité féodale qu'a songé l'auteur du
Livre de Jostice et de Plet quand il a écrit : « En totes
les choses où cil qui n'a vingt un an est conchiez (lésé),
la chose est rapelable[1], » car nous avons cité de nombreux passages et nous aurions pu en citer d'autres où
il fait cesser la minorité à quinze ans.

24. Parmi les documents antérieurs au quatorzième
siècle, qui tous font de l'âge de quinze ans le point de
départ de la majorité, je ne veux plus mentionner que
le *Fors de Béarn*, législation du onzième au treizième
siècle, suivant laquelle, si le fils est majeur à quinze
ans, la fille l'est à douze[2]. — On devrait croire que les
bornes de cette majorité si précoce ne tardèrent pas à
être reculées : au lieu de cela, nous les voyons rétré-
cies encore. Au quatorzième siècle, l'âge de quinze ans
a disparu presque complétement; on ne peut, en effet,
rapporter à cette époque les livres du Plédéant et du
Playdoier[3], qui, écrits de 1325 à 1350, ne sont qu'un
écho des Assises de Jérusalem; et si Bouteillier continue
à dire : « Pupilles sont ceux qui sont en minorité si
comme les hoirs masles qui sont dessous 15 ans et la
femelle dessous 11 ans et selon droit écrit dessous 25

---

[1] *Li Livres de Jostice et de Plet*, liv. 3, chap. 8, § 1, p. 115.

[2] *Fors de Béarn*, art. 194 et 251, *De etat*, p. 74 et 77, éd. Mazure
et Hatoulet. Paris 1840-43.

[3] Le Plédéant, chap. 16, p. 86, éd. Foucher, 1840. — Le Playdoier,
chap. 55, p. 305, éd. Foucher, 1840.

ans[1], » il nous montre lui-même en un autre passage
que l'ancienne majorité de quinze ans était déjà singu-
lièrement ébranlée de son temps : « Scachez, dit-il,
que tout que le mineur passe à *quatorze* ou *quinze* ans,
il peut revenir à sa terre, ne le bail n'y a plus que toucher [2]. » — Mais comment s'expliquer qu'on ait réduit
encore l'âge si peu avancé déjà de quinze ans? Je crois
qu'il faut l'attribuer à l'influence considérable que le
droit romain a exercée en France à partir du quatorzième siècle, et qui était secondée ici par l'idée que
l'on se faisait de la majorité roturière. Le bourgeois devient majeur en devenant propre à pratiquer la pro-
fession de son père : « cum discrete sciverit denarios
numerare, et pannos ulnare et alia paterna negotia si-
militer exercere [3]; » en d'autres termes, quand il a
terminé son apprentissage. Mais cela ne devait-il pas
avoir lieu la plupart du temps aux abords de l'âge de
quatorze ans? N'est-ce pas à cet âge aussi que les lois
de l'Écosse qui, rédigées d'après le livre de Glanvilla,
avaient admis le même principe, fixent la majorité du
bourgeois [4]? — Rien donc, absolument rien ne s'opposait à ce que les légistes du quatorzième siècle cédas-

---

[1] Bouteillier, *Somme rurale*, I, tit. 92. *Des pupilles et mineurs
d'âge.*

[2] Il est vrai qu'il ne s'agit dans ce passage que de la majorité féodale; mais celle-ci était la même que la majorité roturière, dans
beaucoup de pays de l'Est de la France. Voy. Beaumanoir, chap. XV,
n° 14, I, p. 254 ; chap. XV, n° 30, I, p. 260. — Cout. de Vitry (1509),
chap. 4, art. 65, Cout. gén. III, p. 317. — De Ponthieu (1495), tit. 2,
art. 58, I, p. 89. — Chaulny (1510), tit. 25, art. 137, II, p. 675 etc.

[3] Glanvilla, *op. cit.*, liv. 7, n° 9 (Houard, *Traité sur les Coutumes
anglo-normandes*, I, p. 485). — Cf. La Fleta, chap. 11, n° 7 (Houard,
III, p. 16).

[4] *Regiam majestatem*, chap. 44, n° 5 (Houard, II, p. 140).

sent à leur continuel et vif désir de mettre la coutume
en harmonie avec la législation romaine, de donner
une extension plus grande au *droit commun* qui « est,
comme les sages dient, un droict qui s'accorde au
droict escrit, et à coustume de pays, et que les deux
sont consonants ensemble[1]. » Ici l'harmonie, la *con-
sonance* était facile à produire; il suffisait d'entendre
par quinze ans les quinze ans commencés et non accomplis, de faire dater la majorité du jour où le jeune
homme entre dans sa quinzième année : cela ne reve-
nait-il pas à exiger comme le droit romain quatorze ans
complets? Mais est-ce bien ainsi qu'on a procédé? J'en
ai trouvé la preuve dans deux documents du quatorzième siècle, dont le premier surtout est d'un grand
poids, dans le Style du Parlement de Dubreuil qui,
achevé en 1330, fixa, on peut le dire, la législation[2],
et en second lieu dans les Coustumes de la Ville et Septene de Bourges, qui se placent au quatorzième siècle,
à la date de 1350. Je ne puis résister au désir de trans-
crire le passage entier de Dubreuil qui, je crois, est
resté inaperçu jusqu'à ce jour : « Si minor vel in suba-
gio constitutus vellet movere causam super proprietate
et litigare super ea cum aliquo... non potest; sed abs-
que ipsius præjudicio dormiet, donec ad legitimam
ætatem pervenerit... Et reputatur pervenisse ad ætatem
legitimam quoad prædicta, si sit nobilis et habeat *annos completos 20* et *inceperit attingere 21;* si autem sit
ignobilis, sufficit *quod compleverit decimum quartum an-*

---

[1] Bouteillier, *Somme rurale,* I, tit. 1, *Que est droit?*
[2] Voy. Warnkœnig, *Französische Staats-und Rechtsgesch.,* II,
p. 67. Bâle 1848.

num et attigerit decimum quintum[1].» C'est une traduction de cette dernière expression *attigerit decimum quintum* que nous trouvons dans l'ancienne Coutume de Bourges. « L'enfant, y est-il dit, ou les enfants, se plusieurs y en a, demourront en la garde de leur mère ou de leur Amy jusques à tant qu'il *ait touché le quinziesme an*[2].» Ailleurs il est dit: *quatorze ans accomplis*[3]. Ces textes se passent de commentaires; ils montrent clairement comment on arriva à ramener à quatorze ans la majorité qui, dans les siècles précédents, était reculée jusqu'à quinze. Avant de citer les auteurs et Coutumes qui attestent ce nouvel état du droit, je veux dire quelques mots de la majorité des femmes.

25. La législation antérieure au quatorzième siècle nous offre une diversité assez grande dans la fixation de l'âge où la femme roturière devient majeure. D'après les Assises de Jérusalem, le mariage seul pouvait mettre un terme à la minorité : « L'aage de la femme, dit le livre du Plédéant, est quand elle est mariée, ou veve, ou qu'elle ait voué chasteté[4] ; » et la femme ne pouvait se marier avant l'âge de douze ans[5]. — Le *Livre de*

---

[1] Stilus Curiæ Parlamenti, cap. 17, *De causa proprietatis*, § 3, publié par Dumoulin, dans ses *Opera omnia*, t. II, p. 427-428, Paris 1681. Dans le § 1, cap. 32, *De minoribus...*, qui n'a trait évidemment qu'aux nobles, on lit aussi: « *Minor viginti annis*, donec vigesimum primum attigerit, nonpotest causam proprietatis in judicio defendere agendo vel defendendo ut supra tit. *De causa proprietatis et possessionis*, t. II, p. 442.

[2] Coustumes de la ville et Septene de Bourges, de Dun-le-Roy et du pays de Berry, art. 5. *Des pupilles et mineurs d'aage* (*Cout. génér.*, III, p. 876).

[3] Coust. de Bourges, art. 47, III, p. 880; cf. art. 71, III, p. 882.

[4] Le Plédéant, chap. 16, p. 86, éd. Foucher, 1840.

[5] Assizes de la Court. des Bourgois, chap. 141, p. 278, éd. Foucher,

Jostice et de Plet nous apprend qu'avant saint Louis
cette disposition était reçue en France relativement à
la femme noble : « Li anciens droiz, y lisons-nous, si
est tex que feme n'est à aage à terre tenir devant qu'elle
fut mariée[1]. » Je crois qu'on peut induire de là avec
assez de vraisemblance (car nous en sommes réduits
aux conjectures) que c'est par le mariage aussi qu'en
certaines contrées au moins de la France, celles de
l'Ouest, la femme roturière sortait de minorité. Mais,
d'un autre côté, je serais disposé à admettre qu'à raison de la différence profonde qui séparait le bail de la
tutelle, celle-ci établie dans l'intérêt du pupille, le bail
au profit du baillistre, la femme non noble devenait
majeure au même âge que l'homme coutumier[2], à
quinze ans[3]. Cela expliquerait pourquoi les Établissements de saint Louis et le *Livre de Jostice et de Plet* ne
parlent point spécialement de la majorité roturière des

1840. — Cf. Assizes de la Haute Court, chap. 171, 1, p. 263 et suiv ,
éd. Beugnot, Paris 1841. — Clef des Assises de la Haute-Cour, nº 222,
1, p. 595.

[1] *Li Livres de Jostice et de Plet*, liv. 12, chap. 5, § 7, p. 233.

[2] Cela semble contredit par le passage suivant du *Livre de Jostice
et de Plet :* « S'ele est hors de garde et ele n'ait point seignor, l'an
ne li doit responde devant onze ans » (liv. 3, chap. 9, § 4, p. 118);
mais ce passage est évidemment à ranger dans la classe de ceux dont
parle M. Rapetti dans sa préface, comme constituant des non-sens:
il ne peut s'appliquer, en effet, ni à la femme noble ni à la roturière;
l'une ne peut jamais sortir de garde avant douze ans; l'autre ne peut
avoir de *seignor* (*mari*) avant cet âge (liv. 10, chap. 12, p. 186).

[3] Bracton, liv. 2, chap. 37, § 2. cité par Ducange, vº *Ætas*, dit ce
qui suit quant à la majorité des femmes dans son pays : « Ætas plena
feminarum in socagio est... cum possunt et sciunt domui suæ disponere et ea facere quæ pertinent ad dispositionem et ordinationem
domus. — Quod quidem esse non poterit ante 14 vel 15 annos, quia
hujus ætas requirit discretionem et sensum. »

femmes, et cela s'accorderait surtout d'une manière
frappante avec l'Ordonnance de saint Louis de 1246,
qui n'aurait fait ainsi qu'étendre ce système à la majorité féodale, quand elle déclare qu'à l'avenir la femme
noble, quoique non mariée, sera affranchie du bail, à
quel âge? précisément à quinze ans... «Statuit et ordi-
navit, dit cette Ordonnance, quod femina non maritata,
postquam decimum quintum annum complevit, habeat legitimam ætatem ad faciendum homagium domino et habendam terram suam[1],» ce que l'auteur du
Livre de Jostice et de Plet (*loc. supra citat.*) traduit
ainsi : «Et li rois Loys vost ci fère amendement (au
droit antérieur), et establi par général concire que feme,
puisqu'elle auroit quinze ans, fust hors bail, et tenist
sa terre.» — En tout cas, il y avait d'autres pays, ceux
de la région orientale de la France, où la majorité, soit
roturière, soit féodale, des femmes était fixée, soit à onze,
soit à douze ans : nous en avons la preuve dans Beaumanoir[2], dans Bouteillier[3], dans *li Droict et lis Coustumes de Champaigne et Brie*[4] etc. — Cette opposition
entre les pays de l'Est et ceux de l'Ouest relativement à
la détermination de l'âge de la majorité roturière, la
seule qui doive nous occuper désormais, disparut en
grande partie au quatorzième siècle : partout où, sous

[1] Déclaration touchant le bail et le rachat des terres et la majorité
féodale des filles du pays de Maine et d'Anjou, à l'âge de quinze ans
accomplis, — donnée à Orléans en mai 1246 (Isambert, I, p. 251). Cf.
Établissements de saint Louis, liv. I, chap. 17 (Isambert, II, p. 383).

[2] Beaumanoir, chap. 41, n° 12, II, p. 154. chap. 15, n° 22, I, p. 256.

[3] Bouteiller, liv. I, tit. 92.

[4] ... Hom est hors davourie au quinzième an et femme le unziesme.
Ce fu jugé à Troyes l'an 1278 (Li Droict et lis Coust. de Champaigne
et Brie, chap. 5. *Cout. génér.*, III, p 211).

l'influence des idées romaines, on admit pour les hommes l'âge de quatorze ans, on fut amené logiquement à
faire cesser la tutelle des femmes à douze.

26. Quatorze ans pour les hommes, douze ans pour
les femmes, c'est donc l'âge qui, au quatorzième siècle,
marqua le point de départ de la majorité roturière.
« Est ung fils, dit la Coutume de Bourges de 1350, dis-
cerné aagé à 14 ans et une fille à 12 ans[1].» — La
très-ancienne Coutume de Bretagne, que Klimrath dit
appartenir au quatorzième siècle[2] et à laquelle Pierre
Hévin assigne la date de 1330, met les mâles hors de
tutelle à quatorze ans[3], et les filles à douze[4]. Jean des
Mares, qui écrivait vers 1363 et dont les décisions commencent par ces mots : « Il est de coutume tenue par
tout le royaume de France, » s'exprime en des termes
qui ne laissent plus place à aucun doute : « Enfans de
pooste, dit-il, sont aagez à quatorze ans, puisqu'ils
sont masles; et pucelles sont aagiées à douze ans : mes
ceux qui sont nobles sont aagiez à vingt-un ans, quand
as choses nobles et feudataires, et quand à celles qui
sont tenues en villenage à quatorze ans, comme dessus
est dit[5]. » Ce témoignage est corroboré par le *Grant*

---

[1] Coustumes de la Ville et Septene de Bourges, art. 47 (*Cout.
génér.*, III, p. 880).

[2] Klimrath, *Travaux sur l'histoire du droit français*, II, p. 15.
Paris 1843.

[3] La très-ancienne Coutume de Bretaigne, art. 79 (*Cout. génér.*,
IV, p. 220).

[4] La très-ancienne Coutume de Bretaigne, art. 80 (*Cout. génér.*,
IV, p. 220).

[5] *Décisions* de Messire Jean des Mares, publiées par Jules Brodeau
à la suite de *Coustume de la Prévosté de Paris*, décis. 249 (Brodeau, II, p. 594).

Coustumier de France[1] connu sous le nom de *Grant Coustumier de Charles VI*, qui date, lui aussi, du quatorzième siècle, et dont une édition nouvelle, impatiemment attendue depuis longtemps, vient d'être donnée par les soins de MM. Laboulaye et Dareste. Nous avons enfin pour nous l'autorité si considérable de Loisel, suivant lequel « l'âge parfait était à quatorze ans, par l'ancienne Coutume de France[2]. » — Je n'oserais affirmer qu'il n'y avait d'exception aucune à cette règle, mais je crois que c'était là au quatorzième siècle le droit commun de la France coutumière.

27. Nous avons à nous demander maintenant quelle était à cette époque la capacité juridique, et de l'enfant au-dessous de douze ans ou quatorze ans, et de celui qui avait dépassé cet âge. — Le *sous-aagé* c'était, pour De Fontaines déjà, pour Beaumanoir, pour l'auteur du *Livre de Jostice et de Plet*, le *menor*, le *minor viginti quinque annis* du droit romain, celui dont Pandectes, Code et Novelles s'occupaient en de si nombreux textes : ses actes ne pouvaient donc être frappés de nullité, ils donnaient lieu seulement à la *restitutio in integrum;* le mineur n'était relevé que s'il éprouvait un préjudice; en un mot, on appliquait à l'enfant en tutelle la règle : « *Minor non restituitur tanquam minor, sed tanquam læsus.* » — Cet enchaînement d'idées est très-facile à suivre dans le Conseil de Pierre de Fontaines : nous y trouvons d'abord l'assimilation entre le mineur de XV ans du droit français et celui de XXV ans de la loi romaine : « Nostre usage, dit le

[1] Grant Coustumier de France, liv. II, chap. 12, 34.
[2] Loisel, *Institutes coutumières*, liv. I, reg. 34, I, p. 76, éd. Dupin et Laboulaye.

vieux praticien, met molt menor tens en avoir aage,
qui le met de XV ans accompliz, que ne font les lois,
qui le metent à XXV ans accompliz [1] ». — Puis nous
voyons appliquer au pupille les textes faits pour le mineur de vingt-cinq ans. — « La loi escrite dit bien que
on ne doit mie aider au souz-agiez en toz poinz, mès on
les doit bien gardier qu'il ne soient déceuz [2]. » Cette
idée est développée ensuite tout au long en plusieurs
passages, dont je ne citerai que celui-ci : « Tu me de-
mandes molt très-bien se uns soz-aagiez avait fet aucun
marchié là où ses preuz (profit) fust tot apertement et
après demandast restablissement par sa volenté, aurait
le il? Et certes nenil car lois et usage ne prent pas
garde tant à lor volenté à faire come à leur preu, et à
garder les qu'il ne soient déceu..... [3]. » — Beaumanoir
professe la même doctrine : « Se cil qui est sous-aagé,
dit-il, vent aucune coze et jure à la vente garantir ou
baille plèges (caution), et après, quant il est en aage il
veut debatre le vente ou le marcié qu'il fist, porcequ'il
estoit sous-aagiés : nous ne noz accordons pas que li
marciés soit nus, s'il estoit de douze ans ou de plus,
quand il fist le serement; car de tel aage pot on bien
jurer. Et s'il ne fist point de serement... on doit moult
regarder le manière du marcié comment il fut fes: et
s'on voit qu'*il fust fes sans fraude et sans malice, por le*

---

[1] Le Conseil de Pierre de Fontaines, chap. 15, n° 35, p. 132-133,
éd. Marnier.

[2] Le Conseil de Pierre de Fontaines, chap. 14, n° 11, p. 85.

[3] De Fontaines, chap. 14, n° 24, p. 101. — Voy. aussi le chap. 14,
n° 10, p. 90, 91, où il faut lire : « Quant un enfès qui a meins de
XV ans... » comme le porte le manuscrit fonds Harlay, n° 432, qui
date du treizième siècle (1280-1300), puisque c'est à quinze ans que
Pierre de Fontaines fait finir le *sous-aage.*

porfit du sous-aagié ou pour se grant nécessité, on doit fere le marcié tenir et aquiter les pleges[1]. » Si nous ouvrons le *Livre de Jostice et de Plet*, c'est encore la restitution qui s'offre à nous comme le seul moyen donné au sous-âgé contre les actes passés par lui : « Se cil qui n'est pas de âge, y lit-on, *est déceuz an son fet*, ou à fet son tutor, l'en le doit restablir arrières, aagé ou il non aagé : fors en ce s'il fet ce que prodome et sage doit fere, et son tutor ausit, il ne sera mie en ce restabliz[2]; » et ailleurs : « L'en dit que l'en doit regarder la chose où il demende restablissement, se il i est conchiez (lésé); et s'il fet ce que sages hom fet, il ne doit pas estre restabliz[3]. » — La restitution devait être demandée d'ailleurs dans l'*an et jour* de la majorité[4].

28. Ces principes durent être reçus également au quatorzième siècle, où plus que jamais le droit romain fut en faveur, où Bouteillier appelait *droict haineux* les Coutumes dont les dispositions étaient contraires à celles des Pandectes ou du Code. Et, en effet, le même auteur, au titre 92 de la *Somme rurale*[5], assimile les

[1] Beaumanoir, *Coutumes de Beauvoisis*, chap. XVI, n° 8, I, p. 266-267, éd. Beugnot. (Voy. encore chap. XV, n° 22, 1, p. 256; chap. XV, n° 33; I, p. 262-263; chap. XVI, n° 11, I, p. 268).

[2] *Li Livres de Jostice et de Plet*, liv. 3, chap. 5, § 7, p. 111, éd. Rapetti.

[3] *Li Livres de Jostice et de Plet*, liv. 3, chap. 9, § 1, p. 117.

[4] *Livres de Jostice et de Plet*, liv. 3, chap. 4, § 1, p. 108; chap. 9, § 4, p. 118. — Beaumanoir, chap. XVI, n° 4, 1, p. 265. — Coutumier d'Artois, XXVIII, 25. — Grant Coutumier de Normandie, chap. 33 (*Cout. génér.*, IV, p. 16). — Établissements et Coutumes de Normandie au treizième siècle, p. 61, éd. Marnier. Paris 1839. — Cf. Loisel, *Institutes coutumières*, reg. 714.

[5] « Pupilles sont ceux qui sont en minorité si comme les hoirs masles qui sont dessous 15 ans et la femelle dessous 11 ans et selon droict écrit dessous 25 ans. »

F.   17

pupilles aux mineurs de XXV ans du droit romain :
comme le dit Charondas, « *il confond pupilles avec les
autres mineurs que le droit romain distingue.* »

29. Mais la même influence du droit romain tendait
à faire reculer l'âge de la pleine capacité jusqu'à 25 ans,
et à faire étendre ainsi à ceux qui avaient plus de 14
ou 12 ans le bénéfice de la restitution en entier. Les
anciennes Constitutions du Châtelet de Paris, qui appar-
tiennent au commencement du quatorzième siècle, ou
même à la fin du treizième, suivant M. Laferrière [1],
prouvent qu'alors déjà on donnait des curateurs aux
enfants âgés de plus de 14 ans et de moins de 25 ans :
« Si vous volez savoir, est-il dit en l'article 72, quel
différence il y a entre. Tuteur et Curateur, vous povez
respondre ensi Tuteur si est entendu quand on garde
enfans au dessouz de 14 ans. Curateur est entendu
quand on garde enfans au dessus de 14 ans ausdessus
dilz, c'est assavoir jusques à 25 ans ou plus [2]. » — La
très-ancienne Coustume de Bretagne (1330), tout en
fixant à 14 et à 12 ans l'âge de la majorité, dit qu'à cet
âge la Cour pourvoira l'enfant de curateur, jusqu'à ce
qu'il ait *vingt ans.* Il est surtout intéressant de remarquer l'opposition qui est faite par cette Coutume entre
le *droit* (droit romain, droit commun), et la *Coutume...*
« Est assavoir que nul mineur ne peut contracter ne
negocer sans le conseil de son Pasteur, jusqu'à tant
qu'il ait *25 ans* passez *par droit.* Mais par la *Coutume,*
puis qu'il a *20 ans* passez il est hors de tutelle et de

---

[1] Laferrière, *Histoire du droit français*, VI, p. 325-327.

[2] Anciennes Coust. du Châtelet de Paris, publiées par Laurière,
dans *Texte des Coustumes de la Prévosté de Paris.* Paris 1777,
art. 72, III, p. 267. — Voy. aussi art. 82, III p. 276 277.

curatelle[1]. » Le *droit* paraît même quelquefois l'emporter : ainsi l'art. 84, sous la rubrique « *Comment
mineurs et gens qui sont en pouvoir d'autruy peuvent
contracter et negocier,* » porte : « Homme ou femme
qui sont sous l'âge de 25 ans sont mineurs... ne peuvent contracter ne negocier ô nul ne ô nulle qui tienge
ne qui soit de nulle value... sans l'autorité de ceux en
qui povoir ils sont[2]. » Cette dernière partie du texte se
rapporte très-probablement à la restitution en entier,
car nous lisons dans l'art. 73 : « Quans le mineur
veut rappeler son obligement (vel son blecement) ou
l'erreur de son tuteur ou de son curateur, il eschet que
le mineur se plege, *en disant qu'il a esté déçeu*[3]. » —
On le voit, l'âge de 25 ans commence à se faire jour,
et cherche à détrôner la majorité de 14 ou 12 ans[4] :
nous allons montrer que peu à peu il y réussit.

30. Au quinzième et dans la première moitié
du seizième siècle, nous rencontrons encore de nombreuses Coutumes qui regardent comme pleinement
capables les enfants de 14 ans ou de 12 ans, suivant

[1] La très-ancienne Coust. de Bretaigne, art. 79 (*Coutumier génér.,*
IV, p. 220). Cf. aussi l'art. 71 : « ... *Selon droit,* il a quatre ans à se
adviser de rappeler la *decepte,* après que son âge est approuvé et
de coutume, il a ung an et ung jour, et non plus » (*Cout. gén.,* IV,
p. 219).

[2] Art. 84 (*Cout. gén.,* IV, p. 221).

[3] Art. 73 (*Cout. gén.,* IV, p. 219). Cf. aussi l'art. 71, *supra cit.*

[4] Aux documents que nous avons cités, il faut joindre l'art. 158 de
la très-ancienne Coutume de Bourges et Berry (1350), lequel porte :
« Tuteur est donné aux corps et aux biens, et curateur est donné
aux biens seulement ; ne le pupille ne peut de raison *aulcune chose
vendre,* sans l'auctorité de son curateur, laquelle cure dure jusques
il a passé *25 ans* » (*Cout. gén.,* III, p. 897).

les sexes[1], mais dont quelques-unes déjà accordent la restitution en entier jusqu'à 25 ans[2]. Ce sont, dans le ressort du Parlement de Paris, *au Nord* :

L'ancienne Coutume de Péronne de 1507. Somm. *Auquel temps enfans sont aagez* (Cout. gén., II. p. 620).

L'ancienne Coutume de Chaulny de 1510, tit. 25, art. 137 (Cout. gén., II, p. 675) et même la *nouvelle* de 1609, tit. 25, art. 134 (II, p. 690).

L'ancienne Coutume de Laon du *quinzième siècle*, 4e partie, chap. 4, art. 23 (Cout. gén., II, p. 452).

Au Centre et au Sud :

L'ancienne Coutume d'Orléans de 1507, art. 162 et 165 (Cout. gén., III, p. 746).

L'ancienne Coutume de Nivernais, qui fut en vigueur *jusqu'en* 1534 (voy. nouvelle Cout., art 5 et 8. Guy Coquille, II, p. 286, 287).

L'ancienne Coutume de Bourbonnais de 1494 (voy. nouvelle Cout., art. 173. *Cout. génér.*, III, p. 1244).

L'ancienne Coutume d'Auvergne suivie *jusqu'en* 1510 (voy. nouvelle Cout., chap. 13, n° 1. *Cout. génér.*, IV, p. 1186).

---

[1] Par contre, plusieurs Coutumes exigeaient déjà l'âge de *25 ans* pour les aliénations immobilières ou même pour les autres actes. Ainsi la Coutume du Grand Perche (1505) ne donne que l'administration des biens à *20 ans*, et *16 ans*; la vente et le contrat sont interdits jusqu'à *25 ans* (art. 1, 4, tit. De la Garde des Mineurs. *Cout. gén.*, III, p. 636-637). Les Coutumes d'Auxerre, 1507, (art. 218. *Cout. gén.*, III, p. 584), et de Sens, 1506 (art. 147. *Cout. gén.*, III, p. 495), fixent d'une manière générale la majorité à *25 ans*. — De même la Coutume de Berry de 1539 (tit. 1, art. 1, n° 4. *Cout. gén.*, III, p. 935).

[2] Voy. Péronne (ancienne), *Cout. gén.*, II, p. 620. Arg. Bourbonnais (nouvelle). *Cout. gén.*, III, p. 1244.

La Coutume de la Haute-Marche de 1521, chap. 12, art. 74 et 83 (*Cout. génér.*, IV, p. 1106 et 1107).

La Coutume de Loudunois de 1518, chap. 34, art. 1 (*Cout. géner.*, IV, p. 735).

L'*ancienne* Coutume de Touraine de 1507, chap. 32, art. 1 (*Cout. génér.*, IV, p. 619).

Dans le ressort du Parlement de Dijon:

La Coutume du duché de Bourgogne de 1459, chap. 6, art. 6; cf. art. 3 et 4 (*Cout. génér.*, II, p. 1174).

Cet âge de *14 ans* et de *12 ans* se retrouve aussi, avec quelques légères modifications, dans les Coutumes du Nord-Est de la France.

Les Coutumes de Douay et Orchies *antérieures à* 1628 (art. 3. *Cout. génér.*, II, p. 978), l'*ancienne* d'Artois de 1509, art. 105 (*Cout. génér.*, I, p. 250), et celle de Montrœul-sur-Mer de 1507, art. 14 (*Cout. génér.*, I, p. 139) adoptent pour la majorité les termes de *14* et *11 ans*.

Les Coutumes de Ponthieu 1495, tit. 2, art. 58 (*Cout. génér.*, I, p. 89) et de Boulenois (*ancienne*, 1493) art. 65 (*Cout. génér.*, I, p. 33) font cesser l'incapacité à *15* et *11 ans*.

Enfin, l'*ancienne* Coutume d'Amiens de 1507 tient pour *âgé et habile à demener ses causes et besongnes* un fils incontinent qu'il a atteint l'âge de 15 ans complets et une fille à 12 ans complets (art. 46. *Cout. génér.*, I, p. 126). — C'est à cet âge aussi que la majorité avait été fixée à Lille par une Ordonnance de Philippe-le-Hardi de 1388, abrogée en 1406 par son fils Jean-sans-Peur[1].

---

[1] Voy. cette dernière ordonnance dans *Franchises, Lois et Coutumes de la Ville de Lille*, publiées par Brun Lavainne. Paris 1842. Appendice, p. 438. — Cf. aussi même ouvrage, p. 81, n° 2 (Roisin).

31. Mais le vent de la réforme soufflait déjà [1], — partout on reconnaissait l'insuffisance de la protection accordée aux enfants, par suite de leur trop précoce capacité. Voyez, par exemple, la vieille Coutume d'Amiens de 1507; elle se fait l'écho de doléances probablement générales. « Combien que ladite Coutume, disent les rédacteurs, ait été gardée et observée au dit Bailliage de si grand temps qu'il n'est mémoire du contraire ne de commencement.... néanmoins *peut sembler à correction* que l'âge de 15 ans pour les enfants masles et 12 ans pour les femelles.... est trop bas âge etc. [2] » - Ces plaintes étaient trop légitimes pour qu'on pût négliger d'y faire droit. — Aussi toutes celles d'entre les Coutumes que nous venons d'indiquer, qui ont été l'objet d'une nouvelle rédaction, toutes, à l'exception de la Coutume de Chaulny, ont reculé l'âge de la capacité du mineur.

Dès 1510, la Coutume d'Auvergne (chap. 13, art. 1-3. *Cout. génér.*, IV, p. 1168), la Coutume de Nivernais en 1534, et celle d'Orléans en 1583 (tit. 9, art. 182) fixèrent la majorité à *25 ans*.

Sans aller aussi loin, la plupart des autres Coutumes par nous citées ne permirent pas au mineur de *25 ans* d'aliéner ses immeubles, sans l'autorisation d'un curateur et les solennités prescrites dans l'intérêt des pupilles. C'est ce que décident les Coutumes de Boulenois, 1550, (art. 119. *Cout. génér.*, I, p. 57), de Touraine, 1559,

---

[1] L'influence du droit canonique ne fut pas étrangère à ce mouvement : Ainsi la Cout. de Bourges de 1350 atteste que le fils qui était reçu plaidant en la Cour Laye, à quatorze ans, ne pouvait l'être *en la Court de l'Eglise*, jusques à *25 ans passés* (Cout. de Bourges, art. 47, 71. *Cout. gén.*, III, p. 880-882).

[2] Ancienne Coutume d'Amiens, art. 46 (*Cout. gén.*, I, p. 126).

(art. 351. *Cout. génér.*, IV, p. 673), de Péronne, 1567,
(art. 233. *Cout. génér.*, II, p. 639), d'Amiens, 1567,
(art. 135. *Cout. génér.*, I, p. 180-181[1]).

La Coutume d'Artois, 1544, (art. 154. *Cout. génér.*,
II, p. 271) n'exigea que *20* et *16 ans* pour que le mineur pût vendre ses immeubles, et les Coutumes de
Lille, 1533, (chap. IV, art. 1. *Cout. génér.*, II, p. 938)
et de Douay, 1627, (chap. 7, art. 1. *Cout. génér.*, II, p.
987) tinrent les enfants pour *eagez*, la première à *18*
et *15 ans*, celle-ci à *20 ans* et *18 ans ;* mais en certains
cas elle semblent aussi n'avoir fait finir la minorité
qu'à *25 ans* (voy. Cout. de Lille, chap. IV, art. 4. Cout.
de Douay, chap. VII, art. 3).

32. Mais qu'était devenue, dans les Coutumes que
nous venons de voir retarder, la plupart jusqu'à *25 ans*,
le moment où l'enfant devient libre de disposer de ses
immeubles, qu'était devenue la capacité du mineur
quant aux actes autres que l'aliénation immobilière ?
D'abord je crois que jusqu'à *25 ans* il ne put ester à
droit sans l'*autorité d'un curateur ad lites*, pourvu que
le procès fût de quelque importance : c'est ce que voulait déjà l'ancienne Coutume d'Orléans de 1509 (art.
165. *Cout. génér.*, III, p. 746), et c'est ce qui plus tard
fut constamment reconnu par les auteurs[2]. — Quant
aux autres actes, l'âge de *14* et de *12* ans fit place à
celui de *20* et *16 ans* dans la nouvelle Coutume de

---

[1] Comme nous l'avons vu, c'était déjà la disposition de l'ancienne
Coutume de Bourges et Berry (art. 158).

[2] Bourdot de Richebourg, sur Ponthieu, art. 58, tit. 2 (*Cout. gén.,*
I, p. 89, note). — Thaumas de la Thaumassière, *Anciennes et nouv.
Cout. de Berry*, p. 556. Bourges 1679. — Dillange, *Comment. sur la
Coutume de Metz*, tit. 1, art. 5, p. 7. Metz 1730 etc.

Bourbonnais, 1521, (art. 173[1]), de *20 ans* dans les
Coutumes de Péronne, 1567, (art. 233) et d'Amiens,
1567, (art. 135). Mais ce qui est surtout fort important
à noter, c'est que même après cet âge et jusqu'à celui
de *25 ans*, les Coutumes de Bourbonnais et de Péronne
accordent la restitution en entier contre les conventions qui seraient *dommageables et préjudiciables.* —
C'était là une idée toute romaine qui allait trouver
bientôt de nombreux partisans, d'ardents défenseurs, à
la tête desquels il faut placer Charles Dumoulin. Dans
ses notes sur les Coutumes de France, chaque fois
qu'il rencontre une disposition faisant arriver la majorité avant 25 ans, il ne manque pas d'ajouter: *salva in
integrum restitutione.* Ainsi Boulenois (art 119) n'exigeant l'âge de 25 ans que pour les aliénations d'immeubles et se contentant de 14 et 12 ans quant aux autres
contrats, Dumoulin permet de revenir contre ces derniers, si, passés avant 25 ans, ils sont préjudiciables au
mineur[2]. De même il n'admet pas que la capacité de
disposer des immeubles, que la Coutume d'Artois reconnaît à celui qui est âgé de 20 ou de 16 ans, soit
absolue, et qu'il ne faille pas sous-entendre le bénéfice
de la restitution en entier[3]. Et ainsi en de nombreuses
notes[4]. Cette opinion de Dumoulin fut bientôt en grand
crédit auprès des auteurs, et même devant les Parlements. — Choppin remarque, sur la Coutume d'Anjou

---

[1] *Coutumier général*, III, p. 1244.

[2] Dumoulin, *Notæ solennes ad consuetudines Gallicas*, sur Boulenois, art. 120 (*Opera omnia*, II, p. 711. Paris 1681).

[3] Dumoulin, sur Artois, art. 154 (*Opera omnia*, II, p. 712).

[4] Dumoulin, sur Anjou, art. 444, II, p. 727; sur Maine, art. 455,
II, p. 734; sur Dreux, art. 54; sur Lille, chap. 4, art. 37, II, p. 718;
sur Blois, art. 2, II, p. 734 etc.

de 1508, qui, comme celle du Maine (art. 455. *Cout.
génér.*, IV, p. 512), permettait (art. 444. *Cout. génér.*,
IV, p. 576) l'aliénation des immeubles à 20 ans et les
autres actes à 14:... « L'aliénation est cassée par le bénéfice de l'aage toutes et quantes fois que le majeur de
20 ans a esté *surpris et circonvenu* ou qu'il y a décep-
tion d'outre moitié du juste prix[1],» et il cite des arrêts
qui ont restitué pour lésion le majeur de 20 ans,
mineur de 25 : ce qui devint bientôt de jurisprudence constante[2]. Il est vrai que cela avait commencé
par faire difficulté, et Charondas le Caron regrette
encore que des arrêts aient cru devoir juger contrairement à l'opinion de Dumoulin. Il indique pour le
Maine et l'Anjou un arrêt du 17 mai 1561, et deux
arrêts, l'un du 15 février 1602, l'autre du 14 janvier
1603, qui avaient décidé que dans la Coutume d'Amiens
l'on était à 20 ans pleinement capable de faire tous
actes autres que les aliénations immobilières. Mais
voici ce qu'il s'empresse d'ajouter : «S'il n'estait l'authorité desdit Arrets, je n'estimerais qu'une Coustume eut
pouvoir de faire l'aage de majorité moindre de 25 ans
contre l'ordre et droict commun de nature[3]». Il
avait dit un peu plus haut : «Encores que par aucunes

[1] René Choppin, sur Anjou, liv. 3, tit. 5, n° 11, p. 258 (*Œuvres*,
t. III. Paris 1635). — Voy. aussi liv. 1, art. 80, p. 325, art. 40, p. 184.

[2] C'est ce qu'attestent Brodeau sur Anjou, art. 444 (*Cout. gén.*,
IV, p. 576, note *e*), sur Maine, art. 455 (*Cout. gén.*, IV, p. 512, note *e*),
et Du Pineau, *Observations, questions et responses sur aucuns
articles de la Cout. d'Anjou*, sur art. 444, p. 409 et suiv. Angers,
1646. — Voy. aussi *Journal des Audiences*, t. III, p. 910 (Arrêt du
8 août 1684).

[3] Charondas le Caron, *Pandectes ou décisions du droit français*,
liv. II, chap. 40, p. 399. Paris 1607.

Coustumes les hommes pour certains actes et les femmes pareillement comme pour faire foy et hommage soient reputez majeurs devant l'aage de 25 ans, si est-ce que tels ne sont censez generalement pour tous autres actes. » Ainsi c'est l'autorité de la jurisprudence qui seule arrête Charondas; donc dans toutes les Coutumes pour lesquelles une pareille jurisprudence n'existe pas, il veut que le mineur de 25 ans soit restitué; en même temps, il fait voir qu'il est loin d'approuver la doctrine des arrêts qu'il rapporte. Le Parlement de Paris lui-même ne persévéra pas dans cette doctrine; nous l'avons vu déjà pour les Coutumes de Maine et d'Anjou, et quant à celle d'Amiens, un arrêt du 14 août 1725 admit la restitution en entier contre les actes faits par un majeur de 20 ans[1]. En 1716, il eut même l'occasion de faire une application solennelle de ces principes à la Coutume d'Artois. Le Conseil de la province avait jugé que la majorité établie par la Coutume donnait une pleine capacité: le Parlement de Paris, saisi de l'affaire sur appel, infirma cette décision, par arrêt du 13 juillet 1716[2], et il maintint depuis sa jurisprudence dans des arrêts du 17 août 1730 et du 1er avril 1740.

Les mêmes principes prévalaient devant les autres Parlements: Brodeau, par exemple, nous apprend que

---

[1] Denizart, *Collection de décisions nouvelles*, v° *Majeur*, n° 14, t. III, p. 185. Paris 1773.

[2] Cet arrêt reçut même la sanction de l'autorité royale. Les États d'Artois s'étant pourvus en Conseil du roi contre la décision du Parlement, qui avait causé un vif émoi dans toute la province, leurs doléances ne furent pas écoutées, et l'arrêt maintenu. Voy. Denizart, *loc. cit.* — L'arrêt et la sentence du Conseil d'Artois qu'il a infirmé, sont reproduits à la fin du *Traité des tutelles et curatelles*, de Meslé. Paris 1752, p. 727 et suiv.

celui de Metz a toujours regardé la majorité de 20
ans de la Coutume de Lorraine comme une sorte
d'émancipation ne faisant pas obstacle à la restitution
en entier contre les actes et contrats passés par les
mineurs de 25 ans[1].

Il n'y eut que le Parlement de Rouen qui se singu-
larisa en cette matière: dans l'art. 38 des *Placités*
qu'il donna le 6 avril 1666, il déclara expressément
que « toute personne née en Normandie, soit masle ou
femelle, est censée majeure à *20 ans accomplis*, et
peut, après ledit âge, vendre et hypothéquer ses biens
meubles *sans espérance de restitution*, sinon pour les
causes pour lesquelles les majeurs peuvent estre resti-
tués[2]. »

Parmi les auteurs, d'Argentré, qui se piquait toujours d'honneur de penser autrement que son rival de
gloire, Dumoulin, resta à peu près seul de son avis[3]
quand il soutint que la majorité qui, par la Coutume
de Bretagne de 1539, arrivait à 20 ans, était une majorité parfaite[4]. Et il put s'écrier de dépit : « *Qui vigesimo anno non sapit, vix sapiet vigesimo quinto !* » quand,
en 1580, lors de la nouvelle révision de la Coutume,
on s'empressa de reculer jusqu'à 25 ans la fin de la
minorité[5].

[1] Brodeau sur Lorraine, tit. IV, art. 12 (*Cout. gén.*, II, p. 1103,
note).

[2] *Cout. gén.*, IV, p. 155-156.

[3] Pierre Touraille, par exemple, déclare, sur la Coutume d'Anjou,
que les notes de Dumoulin *font loi*, et que le majeur de majorité
coutumière ne contracte jamais que *sub spe restitutionis*. Paris 1639.

[4] D'Argentré, *Commentaire sur l'ancienne Coutume*, art. 457,
glose 1, n⁰ˢ 3 et suiv. Rennes 1568.

[5] Nouvelle Coutume de Bretagne, art. 483 (*Cout. gén.*, IV, p. 392).

32. C'est ainsi que les Coutumes favorisaient la doctrine des auteurs, la jurisprudence des Parlements. A
la fin du seizième siècle et au commencement du dix-
septième, beaucoup d'entre elles n'admettaient plus
d'autre terme que l'âge de 25 *ans*, et quant aux actes
de disposition, et même quant aux actes d'administration. Outre les Coutumes d'Auvergne, de Nivernais,
d'Orléans, de Bretagne, que nous avons déjà citées,
nous mentionnerons celles de Reims, 1556, (art. 15.
Cout. génér., II, p. 494), de Melun, 1560, (art. 295.
Cout. génér., III, p. 454), de Bar, 1579, art. 74.
Cout. génér., II, p. 1023), les nouvelles de Sens, 1555,
(art. 159, III, p. 518) et d'Auxerre, 1561, (art. 256.
Cout. génér., III, p. 609), les Coutumes de Sédan, 1568,
(art. 140. *Cout. génér.*, II, p. 827), de Cambray, 1574,
(tit. 6, art. 5. *Cout. génér.*, II, p. 288) et de la Gorgue,
1627, (art. 144. *Cout. génér.*, II, p. 1012). Toutes ces
coutumes fixent la majorité à 25 ans.

33. Il arriva de la sorte qu'au dix-huitième siècle
l'âge légal, l'âge de droit commun, fut de 25 ans par
toute la France coutumière, la Normandie excep-
tée; c'est un point d'histoire à l'abri de toute espèce de
doute. «Les mineurs de *vingt-cinq ans*, dit Pothier,
sont sous la puissance paternelle ou sous la puissance
de leurs tuteurs[1].» Et ailleurs : «On appelle *mineurs*
ceux qui n'ont point encore accompli leur vingt-cinquième année[2].» Ceci est conforme aussi au témoignage

---

[1] Pothier, *Traité des personnes*, tit. V, t. XIII, p. 428, éd. Siffrein.
[2] Pothier, *Traité de la procédure civile*, chap. 4, art. 2, § 1,
t. XIV, p. 392. — Voy. aussi *Introduction au tit. IX de la Coutume
d'Orléans*, n° 22, t. XV, p. 387.

de tous les anciens auteurs[1]. Sans doute, un certain
nombre de Coutumes faisaient encore cesser la minorité
au-dessous de 25 ans ou n'exigeaient expressément cet
âge que pour les ventes et impignorations d'immeubles.
Mais ces *majorités coutumières*, comme on les appelait, n'étaient plus autre chose que de véritables *éman-
cipations;* le majeur coutumier était un *mineur émancipé*. Les jurisconsultes des deux derniers siècles s'en
sont expliqués dans les termes les plus précis. — « Cette
minorité coutumière de 20 ans, dit Brodeau sur la
Coutume de Lorraine, ne produit que l'effet de l'*émancipation*, en sorte que la lésion se rencontrant aux actes
et contracts passez par mineurs de 25 ans, le bénéfice
de restitution a lieu[2]. » Maillart remarque sur la Coutume d'Artois : « Encore qu'elle dise que le mâle ayant
20 ans complets et la femelle 16, aussi bien que les
jeunes gens mariez avant ces âges[3], peuvent aliéner
leurs héritages sans décret du juge et sans autorité du
curateur, néanmoins cela n'opère pas plus qu'une
émancipation[4]. » Denizart, de même, désigne la majorité coutumière par l'expression d'*émancipation légale,*

[1] Voy. Claude Fleury, *Institution au droit français,* I, p. 238,
éd. Laboulaye et Dareste. Paris 1858. — Argou, *Institut. au droit
français,* liv. I, chap. VIII, t. I, p. 64, 10e éd. Paris 1771. — Meslé,
Traité des tutelles et curatelles, chap. 10, n° 7, p. 271-272. —
Prévost de la Jannès, *Les principes de la jurisprudence française,*
n° 12, t. I, p. 18. Paris 1759 etc.

[2] *Cout. gén.,* II, p. 1103, note.

[3] L'émancipation par mariage était de droit commun dans les pays
coutumiers. Voy. Denizart, v° *Emancipation,* § V, n° 1, t. VII, p. 500.
Paris 1788.

[4] Maillart, *Coutumes générales d'Artois,* sur art. 72. Paris 1756.

et il en traite au mot *émancipation*[1]. On peut dire la même chose de Merlin[2].

. 34. Les effets de cette émancipation étaient seulement plus ou moins étendus, suivant les Coutumes. Dans celles qui, comme la Coutume du duché de Bourgogne, 1459 (chap. 6, art. 3, 4, 6. *Cout. génér.*, II, p. 1174), de Vermandois et Laon, 1556 (art 256. *Cout. génér.*, II, p. 472), de Chauny, 1609 (tit. 25, art. 137. *Cout. génér.*, II, p. 675), de Loudunois, 1518 (chap. 34, art. 1. *Cout. génér.*, IV, p. 735), de la Marche, 1521 (chap. 12, art. 74, 83. *Cout. génér.*, IV, p. 1106, 1107), avaient conservé purement et simplement l'ancienne majorité de *14 et 12 ans*, ou comme celles de Bourbonnais, 1521, (art. 173. *Cout. génér.*, III, p. 1244), de Douay, 1627 (chap. 7, art. 1. *Cout. génér.*, II, p. 987), de Lorraine, 1594 (tit. 4, art. 13. *Cout. génér.*, II, p. 1103) etc., s'étaient contentées de l'élever, notamment à *20 ans* pour les mâles, et à *16, 18 ou 20 ans* pour les filles, dans toutes ces Coutumes on décidait que l'aliénation immobilière faite par le majeur coutumier au-dessous de l'âge de 25 ans, sans l'autorisation d'un curateur, le décret du juge et les autres formes prescrites au tuteur, était frappée de nullité. (Il va sans dire qu'il en était de même dans les Coutumes qui disposaient formellement que le mineur ne pouvait aliéner ses immeubles avant 25 ans[3].) Dumoulin voulait, en effet, que chaque fois

[1] Denizart, v⁰ *Émancipation*, § V, n⁰ 2, t. VII, p. 502. Paris 1788. Voy. aussi l'*Encyclopédie générale*, v⁰ *Majorité*.

[2] Merlin, Répertoire, v⁰ *Émancipation*, n⁰ 2. — *Adde* Meslé, *op. cit.*, chap. X, n⁰ 13, p. 283.

[3] Voy. les Coutumes citées *supra*, n⁰ 34, et de plus: Coutumes

qu'elle n'était pas exclue en toutes lettres par les termes
de la Coutume, la nullité de l'aliénation ou de l'hypothèque fût sous-entendue. Ainsi, sur la Coutume de
Bourbonnais, qui accorde la restitution au mineur de
25 ans « qui a fait aucun contrat duquel il prétende
avoir esté blecé ou souffrir dommage, » il écrit cette
note : « *Scilicet in mobilibus* in quibus valet alienatio...
et in hoc satis operatur consuetudo quæ non loquitur
de immobilibus in quibus non tollitur decretum, *alias*
non est locus restitutioni sed *nullitati*[1].» C'était la
conséquence logique de sa théorie, qui tendait à faire
passer dans notre droit la majorité de 25 ans du droit
romain; et ce devint bientôt un point de doctrine iné-
branlable. Tous les auteurs reconnurent que sous l'empire des Coutumes que nous avons indiquées le majeur
coutumier avait une action en nullité contre les ventes
d'immeubles ou hypothèques par lui consenties au-
dessous de 25 ans[2] : ils le reconnurent par cela même
qu'ils regardèrent la *majorité coutumière* comme une
émancipation de plein droit, car le mineur émancipé,
pas plus que le mineur en tutelle, ne pouvaient aliéner
valablement leurs biens immeubles : comme nous le
verrons bientôt, contre de pareils actes ils n'avaient pas
seulement la restitution pour lésion, mais l'action en
nullité.

d'Eu, 1580 (art. 166. *Cout. gén.*, IV, p. 192). — De Gorze, 1624
(tit. 1, art. 1, no 31. *Cout. gén.*, II, p. 1074). — De Metz, 1677
(tit. 1, art. 1, no 5. *Cout. gén.*, II, p. 395).

[1] Dumoulin, *Notæ solennes* sur Bourbonnais, art. 173. (*Opera
omnia*, II, p. 742).

[2] Ainsi Maillart, sur l'art. 72 de la Cout. d'Anjou, dit que la *nullité*
est imposée *par droit* aux aliénations faites par des mineurs de
vingt-cinq ans, majeurs coutumiers.

35. Pourtant il était impossible d'admettre.le même système, d'appliquer les mêmes principes, dans les Coutumes qui fixaient un âge à partir duquel (d'après leur disposition expresse) le mineur de vingt-cinq ans pouvait aliéner ou hypothèquer ses immeubles [1]. N'aurait-ce pas été une violation flagrante de la loi que de déclarer nulle une vente que la Coutume autorisait en termes formels? Aussi, en pareil cas, maintenait-on les actes de disposition du mineur : sa majorité coutumière produisait des effets plus amples qu'une émancipation ordinaire. Mais ce n'en restait pas moins une émancipation; le majeur coutumier ne cessait pas d'être mineur : en d'autres termes la vente sans doute n'était plus annulable pour cause de minorité, mais la restitution en entier continuait à appartenir au mineur en cas de lésion. « *Sublata nullitate et salva restitutione in integrum*, » disait Dumoulin sur l'art. 64 de la Coutume de Dreux; et pour les Coutumes d'Artois, d'Anjou et du Maine, cette doctrine avait été consacrée par les nombreux arrêts du Parlement de Paris, dont nous avons parlé plus haut. Du Pineau aussi la met en pleine lumière; un autre commentateur, Lhommeau, ayant prétendu que la disposition de la Coutume d'Anjou, suivant laquelle le mineur peut vendre ses immeubles à vingt ans, était tombée en désuétude, voici comme Du Pineau s'exprime : « Il se m'esprend, dit-il, car en jugeant nous ne cassons point les contrats de ceux qu'elle appelle aegez, concernans l'aliénation de leurs immeubles, s'ils ne se

---

[1] Coutume d'Artois (art. 154. *Cout. gén.*, II, p. 271). — Coutume du Maine (art. 455. *Cout. gén.*, IV, p. 512). — Coutume d'Anjou (art. 444. *Cout. gén.*, IV, p. 576) — Coutume de Valenciennes, 1619 (art. 26. *Cout. gén.*, II, p. 243).

pourvoient vers le prince par lettres de restitution, fondées *non sur la minorité, pour faire déclarer les contrats nuls*, ains sur *lésion, tromperie et circonvention* pour les annuler[1]. »

36. Sauf l'exception qui vient d'être indiquée pour certaines Coutumes, le majeur coutumier était mis sur la même ligne que le mineur émancipé par mariage ou par lettres du prince : il avait l'administration de son patrimoine, la libre disposition de ses biens meubles, le droit d'ester seul en justice s'il s'agissait d'action mobiliaire ou touchant à l'administration qui lui appartenait[2]. On lui refusait d'ailleurs, au dix-huitième siècle[3], la restitution en entier contre ses actes d'administration ou les contrats qui avaient ses meubles pour objet, tandis que précédemment cette restitution lui était accordée contre tous ses engagements quand ils n'étaient pas déjà frappés de nullité comme portant atteinte à la fortune immobilière.

37. Nous avons montré plus haut (n° 27) qu'au trei-

---

[1] Du Pineau, *Observations, questions et responses sur la Coust. d'Anjou*, sur art. 444, p. 440. Angers 1646. — Maillart dit de même sur la Coutume d'Artois (art. 72) : « Cela (la faculté d'aliéner à vingt ans), cela n'ôte que la *nullité* de vente imposée à telles aliénations par droict : mais cela ne rend pas majeurs les âgés de vingt ans, et ne leur ôte pas le bénéfice de *restitution en entier*, jusqu'à trente-cinq ans. »

[2] Merville, *Traité des majorités coutumières et d'Ordonnances*, sect. 3, p. 201. Paris 1729. — *Encyclopédie générale*, v° *Majorité*. — Dillange sur Metz, tit. 1, art. 5, p. 7. Metz 1730 etc. — Cf. Denizart, *Recueil de décisions nouvelles*, v° *Curatelle*, § 2, n° 11. Paris 1786. — Pothier, *Traité des personnes*, part. 1, tit. 6, art. 5, t. XIII, p. 454. — Meslé, *op. cit.*, chap. 9, p. 240.

[3] Voy. Pothier, *Traité de la procédure civile*, part. 5, chap. 4, art. 2, § 1, t. XIV, p. 395.

F.   18

zième siècle le pupille était assimilé au mineur de XXV ans du droit romain, et, comme ce dernier, ne pouvait revenir contre les actes consentis par lui qu'en prouvant la lésion. *Minor non restituitur tanquam minor, sed tanquam læsus*, telle était la règle qui décidait du sort des actes que passait l'enfant de moins de quinze ou de onze ans. Mais au quatorzième siècle déjà, quand sous l'empire des idées romaines, après avoir fixé la majorité à 14 et 12 ans, on chercha à emprunter au droit romain celle de 25 ans, les Coutumes qui entrèrent dans cette voie durent logiquement distinguer entre les mineurs de 25 ans et ceux de 14 ou 12 ans, traiter les premiers comme *minores viginti quinque annis*, les autres comme *pupilli*. En effet, nous avons vu la *très-ancienne Coutume de Bretagne* de 1330 donner des tuteurs au-dessous de l'âge de 14 et 12 ans, des curateurs au-dessus de cet âge, et accorder la restitution en entier pour lésion aux mineurs de 25 ans[1]. De même, les Coutumes de la Ville et Septene de Bourges et du Berry, de 1350, font rester le mineur en tutelle jusqu'à 14 ans et en curatelle jusqu'à 25 ; décidant expressément qu'*il ne peut de raison aulcune chose vendre, sans l'auctorité de son curateur*[2]. Cette Coutume doit être complétée par celle de Berry de 1539, où la restitution en entier est octroyée aux enfants pourvus de *curateurs*, contre les actes, autres que l'aliénation d'immeubles, dans lesquels ils seraient *deceux et circonvenus par leur facilité*, et où les engagements pris par des personnes

---

[1] La très-ancienne Coutume de Bretagne, art. 79, 73, 84 (*Cout. génér.*, IV, p. 220, 219, 221).

[2] Coustumes de la Ville et Septene de Bourges, art. 158 (*Cout. génér.*, III, p. 897).

en puissance de tuteur sont déclarés *du tout nuls et de
nul effet et valeur*[1]. Ainsi la distinction était clairement
marquée : jusqu'à 14 et 12 ans, le mineur avait un tuteur, et tous actes qu'il faisait seul étaient nuls ; à partir
de cet âge jusqu'à 25 ans, on lui nommait un curateur,
qui administrait les biens et dont l'assistance était requise à peine de nullité pour les aliénations immobilières : tous autres contrats faits sans son consentement
n'étaient que rescindables pour lésion.

38. Tel était alors le droit dans les Coutumes qui ne
reconnaissaient une pleine capacité qu'à 25 ans, et tel il
fut encore au seizième siècle ; car les Coutumes de Nivernais, 1534 [2]; de Berry, 1539 [3]; de Bretagne, 1580 [4]; d'Orléans, 1580 [5] etc., font cesser la tutelle à 14 et 12 ans,
pour placer le mineur sous l'autorité d'un curateur jusqu'à 25. Mais à cette époque surgit la règle : « *Tutelle et
curatelle n'est qu'un*, » suivant laquelle le tuteur devait
continuer ses fonctions tant que le mineur n'avait pas
parfait sa vingt-cinquième année. Elle fut écrite dans
la Coutume de Lorris [6] et de Montargis, 1531 [7]; dans

---

[1] Cout. de Berry, tit. 1, art. 1, nᵒˢ 16 et 17 (*Cout. génér.*, III, p. 936).

[2] Cout. de Nivernais, chap. XXX, art. 5 et 8 (*Cout. génér.*, III, p. 1153).

[3] Cout. de Berry, tit. 1, art. 1, nᵒ 14 (*Cout. génér.*, III, p. 936).

[4] Coutume de Bretagne, *nouvelle*, art. 483, 515 et 516 (*Cout.
génér.*, IV, p. 392 et 394). — Cf. *Cout. réformée* de 1539, art. 461,
492 et 508 (*Cout. génér.*, IV, p. 317, 318 et 319).

[5] Coutume d'Orléans, art. 182 (*Cout. génér.*, III, p. 789).

[6] L'ancienne Coutume de Lorris de 1494 que Thaumas de la Thaumassière a publiée dans son ouvrage : *Les anciennes et nouvelles
Coutumes de Berry et celles de Lorris commentées* (Bourges 1679) ne
contenait pas encore cette règle, quoi qu'en ait dit Meslé (p. 13), qui
a confondu cette Coutume avec la nouvelle de 1531.

[7] Coutumes de Lorris et Montargis, chap. VII, art. 7 (*Cout.
génér.*, III, p. 842).

les Coutumes d'Auxerre, 1561 [1], et de Cambray, 1574 [2].
Dumoulin la pose en ces termes : « Non facimus diffe-
rentiam inter tutelam et curam, sed durat tutela semel
suscepta usque ad vigesimum quintum annum [3] ; »
depuis elle fut admise par tous les auteurs [4] et consacrée pour la Bretagne par l'art. 23 de l'Édit de décembre 1732 [5]. La conséquence en fut que toute distinction
disparut entre les personnes âgées de moins de 25 ans
dans les Coutumes qui fixaient la majorité à cet âge,
toutes ces personnes étant également pourvues de tuteurs.

39. Mais il n'en fut pas de même sous l'empire des Coutumes à majorités coutumières : ici nous retrouvons presque sauve la distinction des *pupilli* et des *minores XXV
annis*, au point de vue du sort des actes passés par les
mineurs. Comme nous l'avons vu plus haut, la doctrine,
aidée par quelques Coutumes, avait cherché et était parvenue à faire assimiler les majeurs coutumiers aux mineurs de 25 ans du droit romain : comme ces derniers,
ils eurent besoin d'un curateur pour pouvoir aliéner
leurs immeubles, et on leur donna la restitution en entier
contre les autres obligations qu'ils contractaient, même
contre celles relatives à l'administration qui leur était
consentie, au lieu d'appartenir, comme à Rome, à un

---

[1] Coutume d'Auxerre, art. 259 (*Cout. génér.*, p. 609).

[2] Coutume de Cambray, tit. 6, art. 5 (*Cout. génér.*, II, p. 289).

[3] Dumoulin, *Tractatus contract. usurarum*, quæstio 39, n° 300,
II, p. 421. Paris 1681.

[4] Guy Coquille, *sur Nivernais*, chap. 30, art. 5, II, p. 286. —
Loisel a donné place à cette règle dans ses *Institutes coutumières*,
n° 180, I, p. 209, éd. Dupin et Laboulaye.

[5] Cet Édit se trouve à la suite du *Traité des tutelles et curatelles
de Meslé*, p. 756 et suiv.

curateur. Cela étant, on ne pouvait pas ne pas mettre
ceux qui étaient au-dessous de l'âge de la majorité coutumière sur la même ligne que les *pupilli* de la législation
romaine : forcément et logiquement on devait déclarer
nuls les engagements pris par eux sans l'assistance de
leur tuteur. Et c'est en effet ce qui eut lieu. Ainsi la Coutume de Bourbonnais de 1521 dispose en termes exprès
que « *contracts de vendition, donation, quittance ou* AU-
TRES... NE VALENT » quand ils sont faits par *enfans en la
puissance de tuteurs ou curateurs* [1], c'est-à-dire par ceux
qui n'ont pas encore atteint la majorité coutumière de
20 et 16 ans, au lieu qu'elle ne relève le majeur coutumier, mineur de 25 ans, que s'il est *blecé* ou *souffre
dommage* [2]. La même opposition apparaît clairement
dans la Coutume de Péronne de 1507 [3]. La Coutume
de Gorze [4], celles de Lorraine [5], d'Épinal [6], pour ne citer que celles-là, frappent de nullité toute obligation de
l'enfant non encore majeur coutumier, tout contrat, disent les Coutumes de Lorraine et d'Épinal à l'exemple
du droit romain, *d'où sa condition puisse être faite moindre.* Et la même nullité résulte implicitement de celles
des Coutumes qui ne s'en sont pas expliquées d'une
manière formelle : il suffit de voir en quels termes elles
caractérisent le passage de la minorité à la majorité

[1] Coutume de Bourbonnais (1521), art. 171 (*Cout. génér.*, III,
p. 1244).

[2] Coutume de Bourbonnais, art. 173 (*Cout. génér.*, III, p. 1244).

[3] Coutume de Péronne, sommaire : *Auquel temps enfants sont
aagez* (*Cout. génér.*, II, p. 620).

[4] Coutume de Gorze (1624), tit. 1, art. 1, n° 16 (*Cout. génér.*, II,
p. 1074).

[5] Coutume de Lorraine, tit. 4, art. 13 (*Cout. génér.*, II, p. 1103).

[6] Coutume d'Épinal, tit. 3, art. 10 (*Cout. génér.*, II, p. 1131).

coutumière. Mais cette distinction si nette entre les pupilles dont tous les engagements sont déclarés nuls, et
les majeurs coutumiers dont les contrats sont rescindables pour lésion, alla en s'effaçant quand au dix-huitième
siècle la majorité coutumière ne fut plus autre chose
qu'une émancipation. Alors les actes d'administration
et de disposition des meubles furent permis aux majeurs coutumiers sans espoir de restitution, et, quant
aux autres actes faits par eux, comme quant à tous ceux
passés par les enfants *sous-aagés* d'après la Coutume,
on devait appliquer les principes, les règles qui déter-
minaient la capacité du *mineur* dans les Coutumes où
l'âge de la majorité était fixé à 25 ans.

40. Quels furent ces principes, quelles furent ces
règles, voilà ce qu'il nous reste à rechercher. — La
maxime : *Tuteur et curateur n'est qu'un*, ayant dans ces
Coutumes prorogé la tutelle jusqu'à 25 ans, tous les
mineurs se trouvant maintenant en puissance de tuteur,
tous aussi devaient être traités en *pupilles :* les actes
faits par eux au-dessus comme ceux faits au-dessous de
l'âge de 14 ou 12 ans devaient être également frappés
de nullité. Ce n'étaient plus les textes relatifs aux *minores viginti quinque annis* que devaient invoquer les auteurs qui attachaient toujours une si grande importance
aux décisions du droit romain; c'étaient ceux ayant
trait aux *pupilli*, puisque tous les mineurs rentraient
désormais dans cette dernière catégorie. Et les Coutumes se prêtaient on ne peut mieux à l'établissement
de ce système : si elles ne prononçaient pas expressément la nullité des contrats passés en minorité, elles
admettaient du moins l'incapacité du mineur, et cela suffisait. — Aussi voyons-nous sans cesse poser en prin-

cipe par les auteurs que le mineur de 25 ans est inhabile à contracter, à s'obliger, que ses engagements sont *nuls*, comme l'étaient à Rome ceux du *pupillus*[1].

Mais que devenait alors la règle : « *Minor non restituitur tanquam minor, sed tanquam læsus,* » qui se rencontrait à chaque pas dans les écrits des jurisconsultes romains ? Allait-on l'abandonner ? Ce n'était guère possible. Universellement reçue en France au treizième siècle, invoquée souvent depuis, puisqu'elle recevait son application aux mineurs en curatelle, elle avait poussé dans notre droit de trop profondes racines, pour que l'on pût se soustraire à son influence. — D'un autre côté, quand on sait avec quelle absence complète de discernement nos anciens auteurs citaient souvent les textes du droit romain, on doit s'attendre à voir confondre bien facilement les mineurs de 25 ans de nos pays coutumiers avec les *minores XXV annis* de Rome, dont il aurait fallu au contraire les soigneusement distinguer. — Ce qui aidait encore beaucoup à cette confusion, ce qui la justifiait aux yeux de ceux qui s'en rendaient compte, c'est que grâce à la règle : « *Tuteur et curateur n'est qu'un,* » dont on rapprochait, en y attachant le même sens, la proposition de Modestin : « In paucissimis distant curatores a tutoribus » (L. 13, pr., *De excusat. tut.*, 27, 1), on était arrivé à se dire qu'à Rome même pupilles et mineurs de 25 ans ne différaient pas au fond, quant à leur capacité. — « J'estime à vrai dire, lisons-nous dans Legrand[2], que cette dis-

---

[1] Voy. Meslé, *Traité des tutelles et curatelles*, chap. 14, n° 6, p. 487. — Pothier, *Traité des obligations*, n° 52, I, p. 116.

[2] Legrand, *Commentaire sur la coutume de Troyes* (Paris 1737), tit. 8, art. 139, glose 2, n° 5, p. 183.

tinction entre les pupilles et pubères du droit romain demeuroit vaine, superficiaire et quasi sans effet. » — Tous ces motifs que nous venons d'indiquer devaient amener la doctrine à appliquer aux mineurs de notre ancien droit les textes qui, ayant en vue les *minores XXV annis*, exigaient la lésion pour qu'ils pussent être relevés des obligations par eux contractées. Et c'est en effet ce que nous les voyons faire [1] et ce que Legrand recommande dans les termes les plus exprès : « Nous pouvons tenir, dit-il, que tout ce qui est décidé par les Loix romaines, *non-seulement à l'égard des* PUPILLES, *mais aussi à l'égard des* PUBÈRES, *doit être observé entre nous* [2]. »

41. Le résultat auquel on aboutissait de la sorte se prévoit sans peine : il était impossible que les auteurs ne fussent pas continuellement, soit en opposition les uns avec les autres, soit en contradiction avec eux-mêmes : tantôt, considérant le mineur comme pupille, ils devaient déclarer ses actes nuls ; tantôt, l'assimilant au pubère de Rome, ils étaient conduits à ne lui accorder que la restitution pour lésion. Tel est en effet le spectacle que l'ancienne doctrine nous offre.

42. Déjà au seizième siècle, tandis que Guy Coquille réputait *nuls* « les contrats faits par le fils de famille ou autres étans en puissance de tuteur ou curateur [3], » Charondas le Caron écrivait : « ....Pour le regard des

---

[1] Cf. Meslé, *op. cit.*, chap. 14, n° 28, p. 505. — Merlin, *Répertoire*, v° *Mineur*, § 1, n° 3 etc.

[2] Legrand, *op. cit.* et *loc. cit.*

[3] Guy Coquille, *Institution au droit français* (De l'estat des personnes), p. 86, t. II, éd. Bordeaux 1703.

« autres choses qui sont faites par les *mineurs*[1] hors le
« cas de la dicte aliénation (vente d'immeubles sans
« autorité de curateur et décret de justice), ils ne sont
« toujours restituez ains *gist en cognoissance de cause*
« *s'ils ont esté deceux et circonvenus*[2]. » Et le Parlement de Paris, comme le rapporte Chenu[3], se prononçait dans le même sens par arrêt du 28 novembre 1573.

Aux siècles suivants, les mêmes contradictions se
reproduisent. — Ainsi, Legrand commence par se
prononcer catégoriquement pour la nullité des engagements du mineur : « Tous contrats et transactions
« faites par les mineurs sans l'autorité de leurs tuteurs
« et curateurs sont *nulles* sans que le mineur soit obligé
« d'avoir recours au bénéfice de restitution. » — « On
« ne peut pas douter que toutes transactions et accords
« faits par mineurs ne soient *nuls,* tant par le droit ro-

---

[1] Il faut tenir pour certain, et j'en fais ici la remarque une fois pour
toutes, que dans les pays coutumiers, depuis la naissance de la règle :
Tuteur et curateur n'est qu'un, l'expression *mineur* ne désigne
plus seulement, comme dans les pays de droit écrit , ceux qui ont
franchi l'âge de la puberté, mais tous ceux, pubères ou pupilles, qui
ont moins de 25 ans. — « Selon la commune façon de s'exprimer
« dans les pays coutumiers, dit Ferrière, on y appelle *mineurs* tous
« ceux qui se trouvent au-dessous de l'âge de 25 ans, sans distinc-
« tion des pubères d'avec les impubères ; » et il ajoute un peu plus
loin : « La raison pour laquelle ils sont confondus les uns avec les
« autres sous la même dénomination dans les pays coutumiers est
« prise de ce qu'en France, c'est-à-dire en la France coutumière, la
« tutèle dure jusqu'à l'âge de 25 ans accomplis » (Ferrière, *Traité
des tutèles*, n°s 577 et suiv., p. 290. Toulouse 1766). — Voy. aussi
Ferrière, *Dict. de droit*, II, v° *Mineurs,* p. 310. — Furgole, *Observ.
sur l'Ordonn. de 1731*, art. 7, p. 27. Toulouse 1733.

[2] Charondas le Caron, *Pandectes ou décisions du droit français*,
liv. II, chap. 40, p. 402. Paris 1607.

[3] Chenu, *Notables et singulières questions de droit*, p. 295
Paris 1620.

« main que par notre droit[1]. » — « Toutes obligations
« et ventes de biens par eux faites, soit de meubles ou
« d'immeubles, sont *nulles* etc. [2] » — Il est impossible
d'être plus affirmatif. Pourtant que lisons-nous quelques pages plus loin : « Les mineurs sont restituez
pour vente et achat de meubles, *lorsque la lezion est
énorme*[3]. » — « Le mineur sera restitué contre l'acquisition par lui faite d'un héritage, *s'il a esté lezé* etc. [4] »
— Il est impossible d'être plus inconséquent.

43. Plus on avance, plus ces inconséquences deviennent flagrantes et nombreuses : les auteurs de traités
spéciaux sur la matière, Merville, Meslé, sont loin de
s'y être soustraits. — Merville : « C'est une première
règle qu'un mineur ne peut contracter sans son tuteur,
ni de son chef et seul, quand même il serait dépourvu de tuteur; ainsi *point d'aliénation, point d'obligation, point d'engagement, point de disposition entre
vifs...; tous les actes* qu'il ferait seraient *nuls* et de *nulle
valeur*[5]. » Voilà bien le système de la nullité absolue;
mais tournez quelques feuillets et le langage changera
du tout au tout. Cette fois, « c'est une maxime constante
qu'un mineur n'est pas indistinctement restitué *tanquam
minor*, mais *tanquam læsus;* donc, s'il ne se trouve
point *lésé* dans l'acte contre lequel il réclame, il ne
sera pas relevé ni restitué, quoiqu'il ait fait et consenti

---

[1] Legrand, *Comment. sur la Cout. de Troyes*, tit. 8, art. 139,
glose 4, n°s 4, 6, p. 185.

[2] Legrand, *op. cit.*, p. 183.

[3] Legrand, *op. cit.*, art. 139, glose 10, n° 26, p. 195.

[4] Legrand, art. 139, glose 10, n° 30, p. 196.

[5] Merville, *Traité des majorités coutumières et d'Ordonnances*,
sect. 9, p. 113. Paris 1729.

cet acte en minorité!...[1] » — Meslé tombe dans la même contradiction : tantôt pour lui l'acte fait par le mineur est *nul*[2]; tantôt, au contraire, « il n'y a de sujet à rescision que ce qui est jugé tel *en connaissance de cause*, ou quand les mineurs *étant trompez* par les autres, ou s'étant trompez eux-mêmes etc.*[3], » — « le mineur est restitué *partout où il est lésé en ce qu'il a fait* etc.[4] »

44. Je pourrais multiplier ces citations; mais à quoi bon? Quand nous voyons Pothier lui-même faillir à sa logique habituelle et se contredire à fréquentes reprises, n'avons-nous pas la preuve la meilleure que peu d'auteurs ont dû échapper ici au reproche d'inconséquence? — Au n° 52 du *Traité des Obligations* et à la sect. 1, art. 2, § 2 de son *Traité du quasi-contrat negot. gestorum*, Pothier, assimilant les mineurs aux *pupilles* du droit romain, annule leurs actes. « Les mi-« *neurs*, dit-il, qui commencent à avoir quelque usage « de raison sont plutôt incapables de s'obliger en con-« tractant, qu'ils ne sont incapables absolument de con-« tracter; ils peuvent, en contractant sans l'autorité de « leur tuteur ou curateur, obliger les autres envers « eux, *quoiqu'ils ne puissent s'obliger envers les autres*[5]. » Dans le second passage nous lisons : « Il est bien vrai, « à l'égard des contrats, qu'un impubère *ne peut s'obli-« ger en contractant sans l'autorité de son tuteur, si ce*

---

[1] Merville, *op. cit.*, p. 143.

[2] Meslé, *Traité des tutelles et curatelles*, chap. 14, n° 25, p. 503 etc.

[3] Meslé, *op. cit.*, chap. 14, n° 28, p. 505.

[4] Meslé, *op. cit.* et *loc. cit.*

[5] Pothier, *Traité des obligations*, n° 52, I, p. 116.

« n'est jusqu'à concurrence de ce qu'il se trouve profiter
« du contrat. — Par exemple, si un *impubère (ou même,*
« *selon notre droit français, un mineur même pubère qui*
« *est encore sous puissance de tuteur)* a emprunté etc....
« La raison est que les contrats étant formés par le
« consentement des parties contractantes, le contrat
« fait par un impubère sans l'autorité de son tuteur
« *est nul,* faute d'un consentement valable... [1] » —
Pourtant n'est-ce pas Pothier qui dit en un autre endroit de ses œuvres : « Les mineurs sont admis à la
restitution contre *leurs conventions,* non-seulement
pour cause de lésion énorme, mais *pour quelque lé-*
sion que ce soit [2]. »

Mais voici qui est d'une conciliation plus difficile encore. Le chap. IV du *Traité de la procédure civile*
(5e partie) a pour rubrique : *Des moyens de nullité et*
des lettres de rescision, et sous l'art. 1er, *Des moyens de*
nullité, Pothier s'exprime ainsi : « IL Y A DES ACTES QUI
« SONT NULS DE PLEIN DROIT, sans qu'il soit besoin de
« lettres de rescision pour les annuler, suivant cette
« maxime : *quod nullum est ipso jure rescindi non potest.*
« Ces moyens de nullité contre un acte se tirent : 1° *de*
« *la forme;* 2° *de l'incapacité de la personne;* par exemple
« on opposera contre un contrat, quel qu'il soit, s'il est
« passé par une femme sous puissance de mari etc... On
« opposera *le même défaut d'incapacité* contre des actes
« qui contiendraient QUELQUE PROMESSE OU QUELQUE
« ALIÉNATION FAITE PAR UN MINEUR NON ÉMANCIPÉ OU

---

[1] Pothier, *Traité du quasi-contrat negotior. gestorum*, sect. 2,
art. 2, § 2, VI, p. 235.

[2] Pothier, *Traité des obligations*, n° 40, I, p. 106.

« par un interdit[1]. » — Puis l'art. 2, *Des lettres de
rescision*, porte ce qui suit: « LORSQU'UN ACTE N'EST
« PAS NUL DE PLEIN DROIT et que la partie qui a con-
« tracté par cet acte quelque engagement, et qui se
« trouve lésée, a quelque juste cause *pour se faire res-*
« *tituer...*, elle ou ses héritiers peuvent se pourvoir par
« *lettres de rescision...* — Les MINEURS, soit qu'ils soient
« encore mineurs, soit qu'ils soient devenus majeurs, et
« leurs héritiers, sont RESTITUABLES contre les actes
« qu'ils ont passés en minorité. — Ils sont pareillement
« restituables contre un cautionnement qu'ils ont con-
« tracté... En général, les MINEURS SONT RESTITUABLES
« contre quelque espèce d'acte que ce soit, PAR LEQUEL
« ILS ONT ÉTÉ LÉSÉS[2]. »

Merlin n'a pas été plus heureux que Pothier: au § 9,
n° 1, v° *Mineur*, nous le prenons à dire: « Lorsque les
actes ou les contrats sont *nuls dans la forme;* comme
lorsque le tuteur ou le curateur n'y était pas présent, il
n'est pas nécessaire d'obtenir des lettres de rescision
pour les faire annuler[3], » tandis que plus haut nous trouvons des principes de tous points contraires : « Un mineur, en pays coutumier, peut-il contracter ou s'obliger
sans être assisté de son tuteur ?» se demande Merlin,
et il répond : « La Loi 44, *De minoribus*, établit cette
règle : « Tout ce que font les mineurs de 25 ans n'*est*
« *pas nul;* il n'y a de nul que ce qui a été déclaré tel...
Il suit de ce principe que les mineurs ne sont pas abso-

---

[1] Pothier, *De la procédure civile*, part. 5, chap. 4, art. 1, t. XIV,
p. 391.
[2] Pothier, *De la procédure civile*, part. 5, chap. 4, art. 2. § 1, pr.
et t. XIV, p. 392 et 394.
[3] Merlin, *Répertoire*, v° *Mineur*, § 9, n° 1.

276

lument incapables de s'obliger, et que ce qu'ils font ne
peut être annulé qu'autant que les contrats qu'ils ont
passés *leur causeraient quelque dommage*[1]. »

45. La conséquence à laquelle on arrivait ainsi en
dernière analyse, c'est qu'après avoir proclamé nulles
les obligations du mineur ou paralysait en partie les
effets de cette nullité, qu'on la ramenait à n'être plus
qu'une restitution pour lésion, c'est que finalement les
actes faits par les mineurs ne pouvaient donner lieu à
une annulation que s'ils leur étaient préjudiciables; et
ainsi la suppression de la distinction qui précédemment existait entre les impubères et les mineurs de
25 ans, au lieu d'amener l'assimilation de ceux-ci aux
premiers, produisit le résultat inverse. Ce résultat, nous
le trouvons consacré au dix-septième siècle par des arrêts du Parlement de Paris du 21 juillet 1682[2] et du
6 février 1691[3], dont le premier, notamment, décide
« que les engagements des mineurs sont valables et légitimes en général; mais qu'ils ont cet avantage pardessus les autres qu'ils peuvent en connaissance de
cause se faire restituer. » Il est admis aussi par Duplessis[4], Argou[5], Basnage[6], Boucheul[7] etc., et au dix-

[1] Merlin, *Répertoire*, v° *Mineur*, § 1, n° 3.
[2] *Journal du Palais* (Blondeau et Gueret), II, p. 348. Paris 1755.
[3] *Journal des audiences du parlement*, par Nupied, t. IV, liv. VI, chap. 10, p. 314 et suiv. Paris 1757.
[4] Duplessis, *Traité sur la Coutume de Paris*, liv. I, art. 223-224, p. 405. Paris 1699.
[5] Argou, *Institution au droit français*, liv. I, chap. 7, 1, p. 37; liv. IV, chap. 14, 11, p. 484. Paris 1771.
[6] Basnage, *Traité des hypothèques*, chap. 3, n° 3, p. 16 et suiv. Paris 1724.
[7] Boucheul, *Corps et compilation sur la coutume de Poitou*, art. 315, n° 6. Paris 1727.

huitième siècle présenté comme un point de doctrine
certain par Ferrière[1], Rousseau de Lacombe[2], Lebrun[3],
Bourjon[4], Denizart[5] etc.

46. Il est d'ailleurs vrai de dire que le principe de la
restitution en entier pour lésion fut appliqué d'une manière très-large, trop large même. On ne se contenta
pas de donner cette restitution contre tous actes quel-
conques du mineur, fussent-ils faits avec l'assistance
du tuteur ou curateur[6], on regarda de plus comme en
étant un fondement suffisant la lésion qui résultait
d'un *cas fortuit* survenu postérieurement au contrat[7].

47. La règle que les contrats passés par les mineurs ne
sont pas nuls, mais seulement rescindables en cas de
lésion, ne reçut exception qu'à l'égard de certains d'entre
eux qui étaient soumis à des formalités protectrices, ou
aussi que l'on réputait trop dangereux pour qu'il fallût mettre la preuve de la lésion à la charge du mineur.
Ainsi les immeubles ne pouvaient être aliénés, à peine

[1] Ferrière, *Corps et compilation sur la coutume de Paris*,
art. 239, glose 2, n° 12, t. III, p. 508. Cf. art. 240, glose 3, n° 33,
III, p. 546. Paris 1714. — *Dictionnaire de droit*, t. II, v° *Mineurs*,
p. 312.

[2] Rousseau de La Combe, v° *Restitution*, sect. 2, n° 1, p. 575 et
576.

[3] Lebrun, *De la communauté*, liv. 2, chap. 1, sect. 4, n° 16,
p. 159; sect. 5, n° 10, p. 163. Paris 1709.

[4] Bourjon, *Droit commun de la France*, t. 1, p. 45. Paris 1747.

[5] Denizart, *Collect. de décisions nouvelles*, v° *Mineur*, t. III,
p. 293, 8e éd. Paris 1773.

[6] La restitution était donnée aussi contre les actes faits par le tuteur, même, jusqu'à la fin du dix-septième siècle, contre les actes
d'administration.

[7] Argou, *Instit. au droit français*, liv. I, chap. 7, p. 37. Paris
1771. — Lebrun, *Des successions*, liv. III, chap. 8, sect. 2, n° 30,
p. 560. Paris 1743.

de nullité de la vente, qu'après avis de parents, permission de juge, publications, estimation d'experts, enfin décret. Le mineur, d'un autre côté, ne pouvait décharger valablement son tuteur de rendre compte une fois la tutelle finie[1], ni emprunter[2], ni accepter ou faire une donation, ni accepter une hérédité ou y renoncer[3], ni donner quittance de capitaux[4]; dans tous ces cas il était admis à faire déclarer *nul* l'engagement qu'il avait contracté, sans avoir d'autre preuve à fournir que celle de sa minorité.

Mais ces actes mêmes, il faut bien le remarquer, n'étaient pas annulés sous prétexte que le mineur en aurait été absolument incapable : la base de la nullité était une *présomption de lésion*, présomption, du reste, qui n'était susceptible d'être combattue que dans les cas d'emprunt ou de réception de paiement. Ainsi, là même on ne s'écartait pas, au fond, du principe que le mineur n'a que la restitution en entier contre ses actes. — Les auteurs s'en expliquent très-clairement[5], et la meilleure preuve en est que si dans une vente d'immeubles, faite par le *mineur seul*, les formalités prescrites avaient été remplies, cette vente n'était plus que rescindable pour lésion, tout comme si le tuteur y avait concouru[6].

48. Si, jetant un coup d'œil en arrière sur le chemin

---

[1] Voy. par exemple Legrand sur Troyes, art. 139, glose 2, p. 182-183.

[2] Cf. Bretonnier sur Henrys, liv. I, chap. 4, II, p. 164. Paris 1738.

[3] Rousseau de La Combe, v° *Restitution*, sect. 2, n° 1, p. 575-576.

[4] Argou, *op. cit.*, liv. 4, chap. 9, p. 72.

[5] Conclusions de l'avocat général Gilbert dans une cause jugée en 1645, rapportées par Rousseau de La Combe, v° *Restitution*, sect. 2, p. 576. — Voy. aussi Rousseau de La Combe lui-même, *loc. cit.* etc.

[6] Meslé, *op. cit.*, chap. 14, n° 8, p. 490.

que nous venons de parcourir à travers les pays de
droit écrit ou coutumier, nous nous demandons quelle
devait être, lors de la chute de l'ancien régime, la condition et la capacité du mineur, voici les points essentiels auxquels nous pourrons nous arrêter.

Dans les pays de droit écrit, l'enfant jusqu'à l'âge
de puberté, de quatorze à douze ans, a un tuteur ; à
cet âge, il est émancipé de plein droit et capable dès
lors d'administrer ses biens et de disposer de ses meubles ; mais il a jusqu'à vingt-cinq ans un curateur pour
l'autoriser dans certains actes importants (l'aliénation
immobilière notamment) et pour l'assister de ses conseils dans les autres.

Au-dessous de l'âge de puberté, c'est le tuteur qui
agit; au-dessus, c'est le mineur.

Les actes que l'impubère qui a déjà quelque raison
fait seul ne sont obligatoires pour lui qu'autant qu'il
n'en résulte pas la moindre lésion, ce que le tiers qui
veut se prévaloir de ces actes est tenu de prouver.

Les contrats passés par le mineur (à l'exception de
ceux pour lesquels l'autorisation du curateur est spécialement requise) ne sont que rescindables pour lésion, et c'est au mineur à établir qu'ils lui sont préjudiciables.

Dans les pays de droit coutumier (sauf en Normandie),
les enfants sont *mineurs* jusqu'à *vingt-cinq ans*, et jusqu'à cet âge le *droit commun* les fait rester en tutelle.
Dans certaines Coutumes seulement ils sont *émancipés
de plein droit* avant 25 ans (*majorités coutumières*) et
alors aptes, comme les pubères des pays de droit écrit,
à administrer leur patrimoine et à disposer de leurs
biens mobiliers, ou même, dans quelques pays, capables

d'aliéner leurs immeubles sans formalités aucunes, sous le seul bénéfice de la restitution en entier. Ils reçoivent des *curateurs aux causes*, qui doivent les autoriser à ester en jugement et peuvent être appelés à les assister dans leurs contrats. — Les actes qu'ils font ne donnent jamais lieu qu'à la rescision pour lésion, à moins qu'ils aient été passés au mépris de certaines formes prescrites (aliénations d'immeubles dans les Coutumes qui ne les permettent pas expressément aux majeurs coutumiers), ou qu'ils soient trop dangereux ou trop importants par eux-mêmes (acceptation d'hérédité, emprunt, quittance de capitaux), auquel cas les tiers devraient prouver qu'ils ont tourné au profit du majeur coutumier.

Les mineurs de 25 ans, non émancipés, sont, *en théorie*, déclarés *absolument incapables* de contracter : les obligations contractées par eux sont frappées de *nullité*. — Mais on corrige immédiatement cette première proposition; bien plus, on la détruit de tout point, en ajoutant que le mineur *ne peut être restitué que s'il prouve qu'il est lésé*. Après avoir proclamé bien haut la nullité des actes du mineur, on ne la laisse subsister qu'en certains cas où l'on PRÉSUME *la lésion*.

C'était là une contradiction manifeste et choquante, que les rédacteurs du Code civil auraient pu, et qu'ils auraient dû faire disparaître; mais ils n'y ont pas pris garde, ils l'ont conservée sans s'en douter, ils l'ont reproduite dans les art. 1124 et 1305, à l'étude desquels nous allons passer.

DROIT NOUVEAU.

Quelle est, en règle[1], d'après le Code civil, la capacité de contracter du mineur émancipé?

———

49. Après l'exposé impartial que nous avons fait de la condition du mineur dans l'ancien droit, la dernière partie de notre tâche est bien facilitée ; car cette question que nous nous posons maintenant : Quelle capacité le législateur moderne a-t-il entendu reconnaître au mineur? a-t-il admis ou rejeté la règle : « *Minor non restituitur tanquam minor, sed tanquam læsus ?* » elle doit trouver sa solution dans les recherches historiques auxquelles nous venons de nous livrer. — On s'en souvient, l'ancienne jurisprudence, dans les pays de droit écrit comme dans les pays coutumiers, s'était constamment occupée du

———

[1] Sur l'intéressante question de savoir quelle est la capacité exceptionnelle du mineur de s'obliger dans son contrat de mariage (art. 1309-1398), voy. : Cass., 23 février 1869 (Dalloz, 69, I, 179). — Cass., 10 décembre 1867 (Dalloz, 67, I, 475). Riom, 11 juillet 1864 (Dalloz, 67, I, 476). Limoges, 29 janvier 1862 (Dalloz, 62, II, 39). — Grenoble, 5 août 1859 (Dalloz, 62, II, 39). Limoges, 10 juillet 1862 (Dalloz, 62, II, 40). — Req. rej., 25 janvier 1859 (Dalloz, 59, I, 407). — Cass., 20 juillet 1859 (Dalloz, 59, I, 279). — Cass., 13 juillet 1857 (Dalloz, 57, I, 334). — Cass., 5 mars 1855 (Dalloz, 55, I, 404). — Cass., 12 janvier 1847 (Dalloz, 47, I, 225). Agen, 25 avril 1831 (Sir., 31, II, 154). — Cass., 7 novembre 1826 (Sir., 27, I, 45). Bordeaux, 25 janvier 1826 (Sir., 26, II, 245). Nîmes, 26 janvier 1825 (Sir., 25, II, 312) etc. — Voy. aussi Thiry, *Du contrat de mariage des mineurs.* Bruxelles 1863 ; surtout p. 20 et suiv.

mineur agissant seul; constamment elle avait fait figurer sa personnalité à côté de celle du tuteur. Bien plus, le droit coutumier, dont les rédacteurs du Code ont si souvent suivi les principes, pendant longtemps n'avait connu aucune distinction entre les actes du tuteur et ceux faits par le pupille sans l'assistance de ce dernier. Les uns et les autres de ces actes donnaient toujours et ne donnaient jamais lieu qu'à la rescision pour lésion, sauf le cas où l'omission de certaines formalités protectrices faisait naître exceptionnellement une action en nullité. Il est vrai qu'au dix-huitième siècle il n'en fut plus tout à fait ainsi; mais l'innovation ne porta que sur les actes d'administration du tuteur, qui reçurent une stabilité plus grande, qui furent soustraits à l'action en rescision pour lésion ; la capacité du mineur ne fut aucunement changée.

50. Ainsi, dans le dernier état encore de la législation coutumière, le mineur paraît sans cesse par lui-même : s'occupe-t-on des actes faits en minorité, on ne manque jamais de prévoir deux cas : celui où le tuteur agit, celui où c'est le mineur.

Est-ce le tuteur ? les actes d'administration sont inattaquables, les autres actes qui rentrent dans ses pouvoirs sont rescindables pour cause de lésion, ou nuls, suivant que les formes prescrites pour leur accomplissement ont été ou non observées par lui.

Est-ce au contraire le mineur qui est en scène, est-ce lui seul qui est intervenu dans l'acte ? en ce cas, on parle, il est vrai, bien haut d'incapacité, on proclame nulle la convention qui a été passée : mais ne se hâte-t-on pas aussi d'ajouter que l'incapacité ne pourra être invoquée, que la nullité ne sortira effet qu'autant que le maintien du contrat serait préjudiciable au mineur? Cela ne revient-il pas à dire que le mineur avait la rescision pour lésion contre les actes faits par lui? Il fallait, comme pour le tuteur, que les formalités légales eussent été omises pour qu'il pût y avoir ouverture à nullité. Telle est la règle qui se dégage d'une manière éclatante de tout l'ensemble de notre ancienne jurisprudence coutumière.

51. Eh bien! je ne crains pas de le dire, à moins de fermer les yeux à la lumière, il est impossible de ne pas voir que ce système a passé dans le Code, avec cette seule modification que l'observation des formes spéciales exigées en certains cas par la loi, met obstacle à la rescision pour lésion; que ce soit d'ailleurs le tuteur ou le mineur qui ait contracté. J'espère démontrer sans peine ce que j'avance.

52. Les art. 450 à 468 du Code s'occupent des pouvoirs du tuteur. Le tuteur! il est le représentant légal du mineur dans tous les actes de la vie civile, il a le gouvernement général de sa personne et de ses biens, il est mis à la tête du patrimoine de son pupille, il est pour ainsi dire substitué à ce dernier, jusqu'à ce que vienne l'âge de la majorité. A ce droit si large, la loi n'a apporté de limitation que celle qui lui était dictée par le désir de sauvegarder les intérêts du mineur. Certains actes, les dispositions à titre gratuit, le compromis (art. 1003, 1004; cbn. 83 et 1013 Pr.), furent interdits au tuteur; d'autres, les ventes immobilières, les transactions etc., furent subordonnés à l'autorisation (avec ou sans homologation de justice) d'un pouvoir pondérateur, du conseil de famille, ou même à l'accomplissement de certaines formalités spéciales. Il n'y a

point d'autres restrictions au pouvoir du tuteur dans les art. 450 et suiv. Le tuteur agit donc en véritable *dominus*, en maître du patrimoine, pourvu que, se conformant aux prescriptions de la loi, il s'entoure, le cas échéant, des garanties qui doivent protéger le mineur[1]. Qu'est-ce à dire, sinon que, sous cette seule condition, les actes du tuteur qui ne lui sont pas formellement interdits sont aussi parfaits, aussi inattaquables que s'ils avaient été faits par le pupille lui-même devenu majeur ? Et en effet, nulle part, dans toute la section VIII, il n'est trace de la rescision pour lésion [2]. Admettre cette action, n'aurait-ce pas été illogique au premier chef, quand de par la loi on proclamait le tuteur *représentant du mineur dans tous les actes de la vie civile*?

53. Voilà pour le tuteur : sa mission est tracée, ses pouvoirs définis, le Code n'aura plus à en parler au point de vue qui nous occupe. Au contraire, rien n'est décidé quant au mineur agissant lui-même, quant au sort des engagements ainsi contractés par lui. Mais ce sera la matière des art. 1124-1125, 1304-1314. Dans l'art. 1124, on commence par ranger le mineur dans la

---

[1] Ce principe est formulé avec beaucoup d'énergie dans un arrêt récent de la Cour de cassation : — « Attendu, dit la Cour, que pour tout ce qui tient à l'administration de ses biens, le pupille est tellement représenté par son tuteur que le *fait de ce dernier est considéré comme le fait de l'autre;* — que le mineur est, relativement aux actes que le tuteur passe dans la limite du mandat qu'il tient de la loi, dans la *position du mandant* relativement aux actes que le mandataire passe dans la limite de ses pouvoirs... » (Cass., 8 juin 1859. *Devill. et Car.*, 59, II, 567).

[2] Au contraire, l'art. 466, al. 1, dit expressément que le partage fait en conformité des prescriptions légales obtiendra à l'égard du mineur *tout l'effet qu'il aurait entre majeurs.* — De même, art. 840 et 463.

classe des incapables de contracter. Il n'y a là rien qui
nous étonne : c'est la reproduction de la doctrine ancienne. Le législateur a marché fidèlement sur la trace
des jurisconsultes du dix-huitième siècle : tous, Pothier
en tête, avaient posé en principe l'incapacité du mineur ; les rédacteurs du Code les ont imités. Mais il
était impossible de ne pas songer à la règle : « *Minor
non restituitur tanquam minor, sed tanquam læsus* » ; il
était impossible d'oublier que, dans l'ancien droit, les
actes faits par le mineur, quelque incapable qu'on le
déclarât, ne pouvaient être annulés que si la preuve
d'une lésion était fournie, ou si les formes légales avaient
été négligées. Si on voulait adopter le même système,
il fallait s'en expliquer par une disposition spéciale ; au
contraire, entendait-on que l'incapacité du mineur fût
absolue, il suffisait de l'art. 1124 rapproché de l'art.
1108. Eh bien ! le législateur s'en est-il tenu à l'art.
1124 ? Non, il l'a fait suivre d'un art. 1125 ainsi conçu :
« Le *mineur*, l'interdit et la femme mariée ne peuvent
attaquer, pour cause d'incapacité, leurs engagements
que dans les cas prévus par la loi. » — *Dans les cas
prévus par la loi*, cela appelle de toute nécessité un
texte nouveau, un texte qui détermine, qui précise les
effets de l'incapacité du mineur. Pour l'interdit, il y a
l'art. 502, pour la femme mariée l'art. 215, pour le mineur il y a les art. 1305-1314. On chercherait vainement dans tout le Code d'autres dispositions qui puissent
se rapporter à la question soulevée, mais laissée en suspens par l'art. 1124 ; ce sont donc bien ces art. 1305-
1314 qui sont le siége de notre matière.

54. Le doute d'ailleurs n'est pas permis : d'une part
et comme nous devions nous y attendre, nous trouvons

là (à une seule exception près, écrite dans l'art. 1314)
tout ce qu'enseignait l'ancien droit sur les conséquences
de l'incapacité du mineur agissant seul; d'un autre
côté, nulle ambiguité dans les termes : depuis l'art. 1304
jusqu'à l'art. 1314 on ne rencontrera pas un texte qui
ne se réfère d'une façon directe, claire, certaine, au mineur lui-même, au mineur lui seul, paraissant sur la
scène juridique, figurant dans les contrats, s'obligeant,
obligeant les tiers; pas un texte qui s'occupe du tuteur.
Tout n'était-il pas réglé quant à celui-ci? on avait dit
quels actes il pouvait faire, quels exigeaient certaines
formalités, et l'on ne voulait plus (comme le montre
l'art. 1314) que ces derniers actes pussent donner
lieu à la rescision pour lésion. C'était donc bien du
mineur seul qu'il pouvait être question, du mineur
qu'on avait déclaré incapable dans les cas prévus par
la loi : le moment était venu de dire quels sont ces cas.
Aussi voyez toute la section qui commence par l'art.
1304 et finit par l'art. 1314!

55. Voyez d'abord l'art. 1304! Le délai de dix ans ne
court, à l'égard des actes faits par les mineurs, que du
jour de la majorité. *Les actes faits par les mineurs!* il
n'est point question de ceux du tuteur. Pourquoi? c'est
que ces derniers sont en principe inattaquables, c'est
qu'il faut déjà l'omission des formes en certains cas requises pour que l'on puisse songer à une action en
nullité; au lieu qu'en règle générale tous les contrats
que le mineur a passés seuls peuvent donner naissance,
ou à une action en nullité, ou à une action en rescision pour cause de lésion. L'art. 1305 l'explique. Après
les termes employés dans l'article précédent, on devait
se demander quand le mineur pouvait revenir contre

les actes par lui consentis. Le législateur répond en consacrant le principe ancien que, toute condition, toute question de forme à part, le mineur aura la restitution en entier pour faire tomber ses conventions quelles qu'elles soient, s'il prouve qu'elles lui sont préjudiciables. Veut-on d'ailleurs de nouvelles preuves que par *les actes faits par le mineur* l'art. 1304 veut désigner le *mineur agissant seul*, et que l'art. 1305 n'est que l'explication de ces mots ainsi entendus? Voici d'abord le deuxième alinéa de l'art. 1305 qui offre au mineur émancipé l'action en rescision contre toutes conventions excédant les bornes de sa capacité. Or si ce deuxième alinéa se rapporte évidemment à un mineur qui contracte en personne, comment pourrait-il ne pas en être de même du premier, auquel il est lié d'une manière intime, inséparable? Je sais bien qu'on a prétendu que dans les deux cas il devait s'agir d'un mineur s'obligeant avec l'assistance, soit de son tuteur, soit de son curateur. Mais notre droit connaît-il donc l'*auctoritas tutoris?* N'est-ce pas le tuteur lui-même qui doit paraître, qui doit paraître seul? Et dès lors, si l'art. 1305 avait dû accorder la rescision contre ses actes, est-ce du mineur non émancipé, agissant avec l'assistance de son tuteur, qu'il aurait pu y être parlé? — Je poursuis ma démonstration. — A côté des actes faits par les mineurs, l'art. 1304 mentionne *ceux faits par les interdits.* L'art. 1305, au contraire, garde sur ces derniers un silence complet. Eh bien ! je le demande, ce silence serait-il explicable s'il fallait admettre cette synonymie par elle-même déjà si étrange entre les termes *actes faits par les mineurs* ou les *interdits* et ceux d'*actes faits par leur tuteur?* La tu-

telle des interdits n'est-elle pas, de par l'art. 509, soumise aux mêmes règles que celle des mineurs ? Le tuteur de l'interdit et celui du mineur n'ont-ils pas la
même mission, les mêmes pouvoirs; leurs actes ne de-
vraient-ils pas être sujets aux mêmes causes de rescision
ou d'annulation? Comment se fait-il donc que l'art. 1305
ne mette pas sur la même ligne, comme l'art. 1304,
comme l'art. 1312, comme l'art. 1314, et les mineurs
et les interdits? Une seule réponse, mais péremptoire,
est possible : tous ces textes, les art. 1304, 1312, 1314,
contiennent des règles communes aux uns et aux
autres, aux interdits et aux mineurs; différemment en
est-il de l'art. 1305, qui ne peut s'appliquer, lui, qu'aux
mineurs, car il déclare rescindables seulement pour lésion les contrats passés par eux, tandis que l'art. 502
frappe d'une nullité absolue ceux que les interdits pourraient faire.

56. Et maintenant tous les articles qui suivent
viennent renforcer les preuves que nous venons de
fournir ! Tous n'ont qu'un seul objet, qu'un seul but :
déterminer quand et dans quelle mesure le mineur est
capable de s'obliger par lui-même, par ses propres
actes. L'art. 1307 surtout me semble fournir un argument irrésistible. Est-ce le mineur assisté de son tuteur
qui pourra faire une déclaration de majorité ? — Mais
pourquoi insister davantage? il suffit de lire les textes
eux-mêmes pour voir que partout c'est la personnalité
du mineur, et sa personnalité seule, qui est mise en
avant.

57. Remarquons, au reste, que le législateur, après
avoir posé dans l'art. 1305 le principe de la rescision
pour lésion qu'il empruntait à l'ancien droit, n'a fait dans

les articles suivants que développer la théorie que les
jurisconsultes du dix-huitième siècle y avaient rattachée,
la précisant sur certains points, la complétant sur
d'autres, mais n'y introduisant qu'une seule modification vraiment importante, celle qui résulte de l'art. 1314.
Cet art. 1314, ainsi que l'art. 1311, doivent encore arrêter quelque temps notre attention.

58. Dans l'art. 1305 ou avait cru inutile d'indiquer
expressément que si l'acte fait par le mineur était de
ceux qui ne sont permis au tuteur qu'avec l'observation
de formes spéciales, l'omission de ces formes entraîne-
rait la nullité, sans qu'il fût nécessaire d'établir la lésion. Cela n'avait jamais fait difficulté dans l'ancienne
jurisprudence, et cela ne pouvait en faire davantage
pour un législateur qui s'inspirait des mêmes idées, qui
consacrait les mêmes principes. Dans la pensée des rédacteurs du Code, comme dans celle de nos vieux auteurs, les conditions, de l'accomplissement desquelles
dépend la validité de certains actes passés en minorité,
ces conditions sont imposées aussi bien au pupille qu'au
tuteur. Les actes du pupille comme ceux du tuteur
peuvent échapper à l'action en nullité s'ils ont été entourés des garanties légales; mais c'est aussi à cette condition seule qu'ils y peuvent échapper : en un mot, il
n'y a aucune application possible de la règle : « Minor
non restituitur tanquam minor, sed tanquam læsus, »
si l'acte est nul en la forme. Et voilà pourquoi l'art.
1305 a pu être conçu en ces termes si larges : « La
simple lésion donne lieu à la rescision en faveur du mineur non émancipé *contre toutes sortes de conventions* : »
on sous-entendait évidemment *qui ne sont pas soumises
à des formes spéciales;* car, ces formes omises, l'acte se-

rait nul; remplies, il ne serait pas même rescindable pour cause de lésion, par suite de l'innovation introduite par l'art. 1314. — D'ailleurs, si le législateur regardait comme allant de soi que le mineur n'avait pas l'action en rescision dans les cas où les conditions de forme avaient été par lui négligées, par cette toute simple raison que le contrat alors était frappé de nullité, il a eu du moins l'occasion de s'expliquer à cet égard dans les deux articles que nous avons déjà cités, l'art. 1311, l'art. 1314.

59. L'art. 1311 oppose formellement aux *engagements sujets à restitution* ceux *nuls en leur forme.* De quelles formes peut-il être question, sinon de celles déterminées par les art. 457 et suiv.? Et remarquez l'impossibilité qu'il y aurait à soutenir que ces mots *engagement nul en sa forme* ne se rapportent qu'au seul cas où c'est le tuteur qui a agi sans observer les règles que la loi lui trace! Abstraction même de la place que l'article 1311 occupe au milieu d'une section dont nous avons montré la portée unique, sa rédaction ferait disparaître toute ambiguité, s'il pouvait en exister une. — « Le mineur, y est-il dit, n'est plus recevable à revenir contre l'engagement qu'il avait souscrit en minorité, lorsqu'il l'a ratifié en majorité, soit que cet engagement fût nul en sa forme, soit qu'il fût seulement sujet à restitution. » — On ne peut être plus clair ni plus précis : ne déclare-t-on pas en toutes lettres que l'engagement a été *souscrit par le mineur?* Au reste, les deux termes de l'alternative, *soit que, soit que*, sont inséparables et ne peuvent se rapporter qu'à l'engagement d'une même personne; or ce ne sont que les actes du mineur agissant seul qui *sont sujets à restitution.*

60. L'art. 1314, de son côté, fait voir nettement
(comme aussi l'art. 484) que les prescriptions des
art. 457 et suiv. sont communes au pupille et au tuteur, et qu'ainsi l'un pas plus que l'autre ne peut y
contrevenir, à peine de nullité. Il est vrai que pour
tous les auteurs l'art. 1314 ne prévoit que l'hypothèse
du tuteur contractant lui-même au nom de son pupille;
mais je ne crois pas cette interprétation exacte. Nous
savons que dans l'ancien droit, quand toutes les précautions si nombreuses dont devaient être entourés
les actes importants faits pendant la minorité avaient
été prises, ou par le tuteur, ou par le mineur lui-
même, la restitution en entier pour lésion n'en était
pas moins accordée à ce dernier. Ceci devait être
changé par la nouvelle législation; les rédacteurs
du Code voulaient qu'en pareil cas l'acte fût iné-
branlable. Mais fallait-il pour cela une disposition expresse? Quant au tuteur, non; oui, quant au mineur.
Quant au tuteur, pouvait-il y avoir le moindre doute
sur la stabilité de ses actes? Ne résultait-il pas de
toute la section VIII, *De l'administration du tuteur*,
liv. I, tit. X (comme nous l'avons montré en son lieu),
que le tuteur, représentant légal de son pupille,
agit aussi valablement qu'un propriétaire pourrait le
faire, pourvu qu'il se conforme aux prescriptions légales? Un texte formel n'aurait-il pas été indispensable pour que l'on pût songer seulement à donner
une action en rescision contre ses actes? — Mais
quant au mineur, il n'en était plus de même. Il y avait
un texte, un texte conçu en des termes fort larges,
qui restituait pour cause de lésion le mineur non
émancipé *contre toutes conventions,* le mineur éman-

cipé *contre toutes celles qui excèdent les bornes de sa capacité*. Sans doute, on n'avait voulu désigner par là que les conventions qui n'exigent pas des formes spéciales; mais un pareil sous-entendu ne devait pas paraître suffisant pour introduire une exception notable à la doctrine ancienne que l'on venait de consacrer. Il convenait de déclarer que si, le mineur non émancipé, exceptionnellement, le mineur émancipé, comme c'est la règle, passent un contrat en observant les conditions de forme requises dans leur intérêt, l'art. 1305 n'est point applicable. C'est là le sens, c'est là le but de l'art. 1314. — Je prévois une objection. Comment expliquer, dira-t-on, si cet article ne se réfère point aux actes du tuteur, qu'il y soit fait mention de l'*interdit?* Mais s'il est possible que le mineur non émancipé arrive à remplir les formalités exigées par la loi, pourquoi la même possibilité n'existerait-elle pas pour l'interdit qui se trouve dans un intervalle lucide, et si l'acte du mineur est, à cette condition, inattaquable, pourquoi celui de l'interdit ne le serait-il pas également? Or c'est là une exception à l'art. 502, qui avait besoin d'être écrite, et qui l'a été dans l'art. 1314. — Maintenant je ne veux pas prétendre que cet art. 1314 n'est pas rédigé en des termes assez généraux pour qu'il ne soit permis de l'étendre aux contrats passés par le tuteur, j'accorderais même que cette extension a été dans la pensée du législateur, mais je n'en tiens pas moins que c'est principalement, que c'est avant tout, en vue des actes faits par le mineur lui-même que cette disposition a été inscrite dans le Code.

61. Si la moindre incertitude pouvait subsister sur le système que je viens de développer et que je crois

fermement celui du législateur, les travaux préparatoires devraient la dissiper. Nous retrouvons dans
ces documents, si précieux pour l'intelligence des
textes, toute la marche des idées que j'ai indiquée
dans ce qui précède.

62. Sur le titre X, *De la minorité, de la tutelle et de
l'émancipation*, on commence par avertir que la minorité sera réglée, sous le Code, par les principes de
l'ancien droit. — « Ce n'est point une législation nouvelle qui vous est soumise, dit M. Huguet dans son
rapport au Tribunat[1], ce n'est point un système *nouveau*
qui vous est présenté; c'est un choix de préceptes,
de maximes et de règles déjà éprouvés par l'expérience des siècles et que la raison a justifiés depuis
longtemps; c'est un choix fait, soit dans le droit écrit,
soit dans le droit coutumier, des meilleures institutions
sur cette matière. » — L'Exposé des motifs de M. Berlier porte de même[2] : «La plupart des dispositions rédigées sur ces points divers s'écartent peu de l'ancien
état de la législation et leurs différences n'ont pas
même besoin d'être analysées. Nous en dirons à peu
près autant des VIIIᵉ et IXᵉ sections relatives à l'administration du tuteur et à la reddition des comptes
de tutelle. » — Mais en même temps M. Berlier relève
les innovations que l'on a cru devoir introduire :
« Cependant, continue-t-il, il est quelques objets d'un
ordre supérieur et sur lesquels il nous a semblé que
nous devons plus particulièrement fixer votre attention. Ainsi, *par exemple*, le projet contient des vues

---

[1] Locré, *Législation civile, criminelle et commerciale de la
France*, t. VII, part. 2, somm. 8, nº 1, p. 247.
[2] Locré, t. VII, part. 2, nᵒˢ 14, 15, p. 238-239.

nouvelles au sujet des transactions qui peuvent avoir
lieu durant la tutelle. Les principes admis jusqu'à ce
jour, sans repousser ces transactions, en rendaient
l'usage impraticable, car *elles ne pouvaient valoir
qu'autant qu'elles profitaient au pupille* et que celui-ci
s'en contentait. De là la ruine de plus d'un mineur;
de là aussi de nombreuses entraves pour beaucoup de
majeurs... Il convenait de mettre un terme à de si
grands inconvénients, et le projet y a pourvu en im-
primant un caractère durable aux transactions pour
lesquelles le tuteur aura été autorisé par le conseil de
famille... etc. »

Les différents passages que nous venons de citer
mènent à cette conclusion que tous les actes du tuteur
sont à l'abri de la rescision pour cause de lésion :
les actes d'administration, parce que l'on a adopté en
règle le système de l'ancien droit ; les actes accomplis
avec les formes spécialement exigées, par suite de la
modification apportée sur ce point aux principes jusque-
là en vigueur. Et on obtint ce résultat, comme l'Exposé de M. Berlier le prouve, en gardant le silence
sur l'action en rescision [1].

63. Que l'on parcoure ensuite tous les travaux préparatoires auxquels ont donné lieu les art. 1305 et
suiv., on ne trouvera pas une parole qui ait trait au
tuteur ; on verra que toutes les explications présentées et par les orateurs du gouvernement et par les
tribuns, ont pour seul objet la capacité personnelle

[1] Comme il le dit lui-même, M. Berlier ne parle des *transactions*
qu'à titre d'exemple. Ce choix s'explique, car c'est contre ces actes
que, sous l'ancienne législation, la restitution était le plus facilement
accordée.

du mineur ; que toutes tendent à renfermer dans ses
véritables limites la disposition de l'art. 1124. Mais
d'abord montrons que sur cet article déjà on a déterminé le sens et la portée de l'incapacité qu'il établit,
qu'on a annoncé par avance les art. 1305 et suiv.;
et que c'est dans cette prévision aussi que l'art. 1125
contient les termes : « *dans les cas prévus par la loi.* »

64. Dans le projet primitif il y avait un art. 22
ainsi conçu [1] :

Art. 22. « Les engagements contractés par les impubères sont radicalement nuls.

« Ceux contractés par les mineurs, les interdits,
les femmes mariées, ne peuvent être attaqués que par
eux *dans les cas prévus par la loi* etc. »

Or pourquoi cette distinction fut-elle supprimée?
Bigot-Préameneu, dans son Exposé des motifs, nous
l'apprend [2] :

« ..... Les mineurs, dit-il, sont regardés, à cause de
la faiblesse de leur raison et à cause de leur inexpérience, comme incapables de connaître l'étendue de
leurs engagements ; *on peut contracter avec eux ; mais
s'ils sont lésés, on est censé avoir abusé de leur âge.* —
*Leur capacité cesse pour tout acte qui leur est préju-
diciable.*

« L'incapacité du mineur *n'étant relative qu'à son
intérêt*, on n'a pas cru nécessaire d'employer la distinction entre les mineurs impubères et ceux qui ont
passé l'âge de puberté.

« ..... Il faudrait, si l'on voulait prononcer à raison
de l'âge, *une incapacité absolue de contracter ;* il fau-

[1] Voy. Locré, XII, p. 96.
[2] Locré, XIII, part. 2, VIII, n° 18, p. 321 et suiv.

F.   20

drait fixer une époque de la vie, et comment discerner celle où on devrait présumer un défaut total d'intelligence? Ne faudrait-il pas distinguer les classes de la société où il y a moins d'instruction? Le résultat d'une opération aussi compliquée et aussi arbitraire ne serait-il pas de compromettre l'intérêt des impubères au lieu de le protéger? *Dans leur qualité de mineurs, la moindre lésion suffit pour qu'ils se fassent restituer; ils n'ont pas besoin de recevoir de la loi d'autre secours.* »

65. Sur les art. 1305 et suiv., le même orateur s'exprime en des termes identiques[1].

« *Il résulte de l'incapacité du mineur non émancipé qu'il suffit qu'il éprouve une lésion* pour que son action soit fondée: s'il n'était pas lésé, il n'aurait pas d'intérêt à se pourvoir; et la loi lui serait même préjudiciable si, sous prétexte de l'incapacité, un contrat qui lui est avantageux pouvait être annulé. *Le résultat de son incapacité est de ne pouvoir être lésé, et non de ne pouvoir contracter. Restituitur tanquam læsus, non tanquam minor.* »

Je relèverai enfin dans le rapport du tribun Jaubert ce passage fort net[2]:

« Pour ce qui est des femmes mariées non autorisées et des interdits, ils n'auraient besoin que d'invoquer leur incapacité.

« A l'égard des mineurs, *des explications étaient nécessaires pour les obligations conventionnelles en général, car, par exemple, ce qui concerne l'aliénation de leurs immeubles a des règles particulières.*

[1] Locré, XIII, part. 2, VIII, n° 174, p. 391 et suiv.
[2] Locré, XII. *Éléments du Commentaire* X, n° 64, p. 494.

« Il est bien vrai qu'en règle générale un mineur est déclaré incapable de contracter; mais un mineur peut être capable de discernement; le lien de l'équité naturelle peut se trouver dans un contrat passé par un mineur.

« Voilà pourquoi la loi a dû distinguer. — S'il s'agit d'un mineur non émancipé, *la simple lésion donne lieu à la rescision en sa faveur. Il ne sera pas restitué comme mineur, il pourra l'être comme lésé.* »

66. J'ai souligné entre autres cette phrase : « Des explications étaient nécessaires pour les *obligations conventionnelles en général* etc. » C'est qu'il en résulte clairement que dans la pensée du législateur l'art. 1305 n'est point fait pour les actes requérant des formalités particulières, et qu'ainsi l'absence de ces formalités entraîne la nullité sans qu'il soit besoin de justifier d'aucune lésion, tandis que leur accomplissement, par contre, empêche le mineur de jamais revenir sur le contrat par lui passé. Pour le tribun Jaubert, les mots *toutes conventions* dont se sert l'art. 1305 signifient tellement *toutes conventions qui ne sont point assujetties à des conditions de forme*, qu'il regarde presque l'art. 1314 comme superflu.

« *Hors les cas spécialement exprimés*, dit-il sur cet article[1], les mineurs ne peuvent être admis à la restitution. La restitution est un bénéfice extraordinaire et une exception. Toute exception doit être fondée sur une loi précise.

« Cependant il était convenable de rassurer pleinement ceux *qui traiteraient avec des mineurs* en suivant

---

[1] Locré, XII. *Éléments du commentaire* X, n° 66, p. 497.

les formalités prescrites. Cette précaution, si elle n'é-
tait pas nécessaire, est du moins utile, à cause de
cette idée si invétérée et qui s'est si souvent réalisée,
qu'il n'y avait pas de sûreté à traiter avec les mineurs. »

Remarquons encore combien plus l'art. 1314 aurait
paru peu nécessaire s'il n'avait dû se rapporter qu'au
cas où c'est le tuteur qui agit lui-même!

67. L'opinion que je viens de soutenir peut se ramener à ces trois propositions:

1° Le mineur est *capable*, comme le tuteur, de tous
actes pour lesquels aucune formalité n'est spécialement
prescrite; mais, passés par lui seul, ces actes sont rescindables en cas de lésion, au lieu que, passés par le
tuteur, ils sont inattaquables.

2° Les actes permis au tuteur avec certaines formalités le sont au mineur sous les mêmes conditions :
les formalités remplies, ils sont à considérer comme
s'ils avaient été faits par une personne majeure et maî-
tresse de ses droits.

3° Si les formalités dont il vient d'être parlé ont
été omises, les actes sont annulables, indépendamment de toute lésion, qu'ils émanent du tuteur ou du
mineur seul.

De ces propositions, la première et la dernière ont
été vivement contestées ; la deuxième ne peut l'être en
présence de l'art. 1314; mais on a prétendu généralement que la loi ne s'occupait pas du cas qu'elle règle,
que l'art. 1314 n'avait en vue que le tuteur. En cela on
s'est trompé, comme nous avons essayé de le démontrer, et cette erreur a été cause en partie qu'on n'est
pas arrivé à s'entendre sur les deux autres proposi-

tions. Nous allons faire une revue rapide des objections qui se sont produites, et que, pour la plupart, je crois avoir réfutées à l'avance.

Première proposition.

68. A notre première proposition, un certain nombre d'auteurs voudraient en substituer une autre diamétralement opposée[1]. Suivant eux, l'engagement du mineur non émancipé est annulable par cela seul qu'il a été contracté sans l'assistance du tuteur, et il est rescindable pour lésion quand le tuteur y a concouru ou qu'il l'a même passé personnellement. Ainsi, nullité des actes du mineur, action en rescision pour lésion contre ceux du tuteur.

[1] Voy. : MM. Troplong, *De la vente*, I, n° 166. — *Des hypothèques*, I, nᵒˢ 488 et suiv. — Demante, *Programme du cours de droit civil*, II, n° 781 et suiv., éd. du *Cours analytique*, continué par M. Colmet de Santerre, t. V, nᵒˢ 268 et suiv.; p. 505 et suiv. (1869). — Magnin, *Traité des minorités, tutelles et curatelles.* Paris 1835, II, n° 1137. — Toullier, VI, nᵒˢ 105 et suiv.; VII, nᵒˢ 527 et 573. — *Thémis*, t. III, p. 348. — Bastia, 12 juin 1855 (*Devilleneuve et Carette*, 55, II, 670). — Cass., 5 décembre 1838 (*Dev. et Car.*, 38, I, 945). Ce dernier arrêt, en décidant que l'héritier mineur qui a accepté la succession sous bénéfice d'inventaire peut, de même que l'héritier majeur, se faire restituer contre son acceptation, et que pour cela *il lui suffit d'être lésé*, a évidemment consacré l'opinion de Toullier, Magnin etc. Dans notre système, en effet, l'acceptation faite avec les formes et conditions requises par l'art. 461 est inattaquable; faite sans ces formes et conditions, elle est nulle. Il n'y a pas de place pour la rescision. Accorder cette action contre une acceptation régulière, comme dans l'espèce, c'est admettre qu'en principe tous les actes *régulièrement passés* pendant la minorité sont rescindables, à moins de disposition contraire de la loi, et que l'art. 783 se réfère à ce principe; c'est admettre par suite aussi la nullité des engagements pris par le mineur seul.

69. Avant d'entrer dans la réfutation de ce système, disons un amendement que M. Demante a cru devoir y apporter, après en avoir été un des plus éminents défenseurs. Cet amendement supprime toute distinction entre les actes du mineur et ceux du tuteur; les uns et les autres seraient rescindables pour cause de lésion [1]. La doctrine, quoi qu'il paraisse, n'est pas nouvelle: c'était là ce qu'enseignait l'ancien droit avant qu'on eût soustrait les actes d'administration du tuteur à la restitution en entier. Mais précisément au dix-septième siècle ce changement avait été fait, cette stabilité plus grande avait été imprimée aux contrats passés par le tuteur. Comment admettre dès lors que les rédacteurs du Code, qui ont adopté (M. Demante le concède maintenant) les règles en vigueur dans le dernier état du droit, quant aux actes du mineur, soient allés tirer de sa poussière une doctrine depuis longtemps oubliée, abandonnée, reconnue mauvaise? Ils auraient foulé aux pieds l'expérience des siècles passés, au moment même où, lui rendant un juste hommage, ils faisaient faire un pas de plus à l'innovation commencée au dix-septième siècle, en refusant l'action en rescision contre les actes, soit du mineur, soit du tuteur, qui sont entourés de garanties spéciales! — Au reste, cette opinion intermédiaire tombe naturellement avec celle dont elle est issue, et à laquelle elle emprunte les arguments qui lui sont nécessaires pour le besoin de sa cause: une fois prouvé que l'art. 1305 ne s'applique point au tuteur, M. Demante est des nôtres. J'aborde

---

[1] Demante, *Programme*, II, n° 782, note 1, 3e édit. — Édition de M. Colmet de Santerre, t. V, n° 270, note 1, p. 507 (*Cours analytique*, 1869).

donc, sans plus tarder, l'examen du premier système.

70. Le raisonnement fondamental qu'on nous oppose
est celui-ci : L'art. 1124 déclare le mineur *incapable*,
comme l'interdit, comme la femme mariée; or, aux
termes de l'art. 1108, la capacité est de l'essence de
la convention; donc toutes les obligations contractées
par le mineur seul sont frappées de nullité, et les
art. 1305 et suiv. se rapportent au tuteur et uniquement
au tuteur. S'il en était autrement, ajoute-t-on, si
l'art. 1125, si les art. 1305 et suiv. restreignaient l'incapacité du mineur au cas de lésion, n'y aurait-il pas
une contradiction inexplicable, une antinomie insolu-
ble entre ces textes et l'art. 1124? Après avoir décidé
que le mineur est incapable, que ses actes sont nuls,
on finirait par dire qu'il est capable, que ses actes ne
sont rescindables qu'en cas de lésion!

71. Pour répondre à cette argumentation, il me suf-
firait de renvoyer à l'exposé que j'ai fait de ma propre
doctrine. J'insisterai pourtant sur ces quelques points :

1° Le sens de l'art. 1124 nous a été clairement ré-
vélé par les travaux préparatoires, sa rédaction expli-
quée par les antécédents historiques. Par les travaux
préparatoires, nous avons vu que le mineur devait être
incapable, non de contracter, mais de se léser en contractant. Mais pourquoi alors ce texte si général? pourquoi prononcer une incapacité absolue dont on fera
consister plus tard le seul effet dans une restitution en
entier pour cause de lésion? L'étude de l'ancien droit
nous l'a appris : nous retrouvons ici une inconséquence
à laquelle tous les auteurs du dernier siècle nous
avaient habitués, à laquelle Pothier lui-même, le grand

jurisconsulte, n'avait pas su se soustraire. L'art. 1125
a donc bien véritablement pour mission de ménager
l'avenir, d'écarter par ces mots *dans les cas prévus par
la loi*, l'idée d'une incapacité absolue, que la combinaison des art. 1124 et 1108 fait naître. Ce qui
le prouve encore, c'est l'impuissance de nos adversaires à expliquer ces expressions de l'art. 1125 d'une
manière satisfaisante. N'ont-ils pas été jusqu'à soutenir qu'il fallait entendre par là que l'art. 1124 ne
prévoit que les *contrats ordinaires?* que ce sont là les
cas prévus par la loi, où la nullité est admise, à la
différence de ceux qui, non prévus par l'art. 1124 (mais
prévus par d'autres textes, art. 1308, 1309 etc.) ne
donnent point lieu à une action en nullité! — L'interprétation est quelque peu forcée! on l'a senti; mais
regarde-t-on comme plus naturelle celle qu'on a proposée ensuite? — *Les cas prévus par la loi*, cela ren-
verrait à l'art. 1304, à l'art. 1311 : cela signifierait que
la nullité cesse quand dix ans se sont écoulés, quand
une ratification est intervenue! Dans ce sens, il aurait
fallu dire au moins que *le mineur ne peut attaquer ses
engagements dans les cas prévus par la loi*. Mais est-il
possible d'imaginer un langage plus obscur et plus in-
correct que celui qu'on attribue au législateur? Si sa
pensée avait été celle qu'on lui prête, il eût été si simple de l'exprimer par les mots : *sous les conditions prescrites par la loi*. Voici d'ailleurs un passage de l'Exposé des motifs de Bigot-Préameneu, d'où ressort
bien qu'on n'a pas songé, en rédigeant l'art. 1125, aux
conditions d'exercice de l'action en nullité[1]. « Au nom-

---

[1] *Exposé des motifs*. Locré, XII, p 323.

bre des droits et devoirs respectifs des époux se trouve
l'inhibition à la femme... de donner, d'aliéner etc. —
Cette incapacité civile ne s'étend point *au delà de ce qui
est exprimé par la loi*[1]. »

2° Les art. 1304 et suiv., même l'art. 1314, s'occupent exclusivement du mineur; outre la preuve indirecte
qu'en fournit la combinaison des art. 1124 et 1125,
rapprochés de l'ancien droit et éclairés par les discus-
sions du Corps législatif et du Tribunat, une preuve
directe et irrésistible en est offerte par leur texte même.
Et puis, les travaux préparatoires ici encore nous viennent, en aide, grâce aux explications qu'ils nous donnent, soit sur les art. 1305 et suiv., soit sur les art. 450-
468. Nos adversaires, enfin, ont-ils bien songé au reproche d'extrême inconséquence qu'ils font peser sur
le législateur? Quoi! il aurait déclaré hautement qu'on
avait eu tort jusque-là d'accorder la restitution contre
les actes les plus importants, contre les ventes immobilières, les partages etc., il aurait modifié sur ce point
la législation existante, et pour les actes d'administration du tuteur, pour des actes d'une gravité bien moindre, pour des actes que l'ancien droit lui-même avait
mis à l'abri de toute rescision, il aurait restitué le mineur! Ce qui était vrai quant aux premiers de ces actes,
cessait-il de l'être subitement dès qu'il s'agissait des
autres? Ce que le tribun Jaubert disait excellemment
des ventes ou partages « qu'on est souvent forcé de
traiter avec les mineurs, et que des mineurs ont souvent besoin qu'on traite avec eux, qu'il faut donc que
l'intérêt des tiers soit garanti, lorsque les tiers ont

[1] Il est manifeste que Bigot-Préameneu renvoie à l'art. 217.

suivi les formes prescrites par la loi [1], » ces considérations ne peuvent-elles donc s'appliquer aux actes d'administration du tuteur? Quand aucune forme n'est
prescrite, l'intérêt des tiers ne doit-il donc pas être garanti, dès qu'ils se sont adressés à celui qui est constitué mandataire légal du mineur? Et les rédacteurs du
Code qui, dans l'intérêt des tiers, se sont écartés des
principes anciens, ont-ils pu oublier cet intérêt, ont-
ils pu lui porter atteinte, là où le droit antérieur lui-
même s'en était souvenu et l'avait respecté?

72. Que deviennent après cela les divers arguments
dont on s'est efforcé d'étayer ce premier et principal raisonnement, pour prouver encore : 1° que la loi a effectivement voulu et bien fait de vouloir que le mineur
fût absolument incapable; 2° qu'elle a, et avec non
moins de raison, donné la rescision pour lésion contre
les actes émanant du tuteur? Prenons ces deux séries
d'arguments secondaires.

73. 1°. — I. Que vient-on parler d'assimilation entre
le mineur et l'interdit? que vient-on invoquer l'art. 509?
Oui! l'interdit est assimilé au mineur, mais en ce sens
qu'il a un tuteur comme lui, et qu'à ce tuteur s'appli-
quent les règles de la *tutelle des mineurs!* Au delà
toute assimilation doit cesser. Nos adversaires se mé-
prennent d'ailleurs étrangement s'ils pensent assimiler
l'interdit au mineur; c'est le mineur, au contraire, qui,
dans leur système, est assimilé à l'interdit! La preuve,
c'est que, ne trouvant pas pour le mineur de texte analogue à l'art. 502, ils argumentent de l'art. 509 afin de
rendre commune au mineur et à l'interdit une dispo-

---

[1] Rapport du tribun Jaubert dans la séance du 13 pluviôse an XII
(Locré, t. XII. *Élém. du comment.* X, n° 66, p. 497).

sition qui n'est écrite qu'en vue de ce dernier. Nous pouvons donc enfermer leur opinion dans ce dilemme : si l'incapacité absolue du mineur est établie par l'art. 1124, et que l'art. 509 a le sens qu'on lui prête, à quoi bon l'art. 502? — Et si la nullité des actes du mineur ne découle pas des art. 1124-1125, peut-elle résulter davantage des art. 502 et 509? n'y aurait-il pas là une assimilation du mineur à l'interdit, et non de l'interdit au mineur?

74. II. Que vient-on dire ensuite que la loi, n'ayant pas, comme le droit romain, distingué plusieurs espèces de mineurs, fixé l'âge où l'enfance finit, où la puberté commence, a dû étendre la même incapacité absolue à tous ceux qui n'ont pas atteint encore l'âge de la majorité? — On oublie complétement ce qui a été dit et fait avant la rédaction définitive du Code. N'avait-on pas proposé d'abord de faire des impubères une classe à part, de frapper leurs actes d'une nullité de plein droit? Et pourquoi ce projet fut-il abandonné, si ce n'est que « *dans leur qualité de mineurs, la moindre lésion suffit* aux impubères pour qu'ils se fassent restituer; qu'ils n'ont pas besoin de recevoir de la loi d'autre secours [1]? » Ainsi, loin que l'on puisse dire que tous les mineurs ont été par le législateur traités comme des impubères, il faut reconnaître que la distinction entre pubères et impubères a été supprimée pour que tous soient restituables seulement en cas de lésion. Quant à l'*infantia*, voici en quels termes M. Bigot-Préameneu explique le silence de la loi : « Supposera-t-on, dit-il, qu'une personne ayant la capacité de s'obliger contracte

[1] Bigot-Préameneu, *Exposé des motifs* des art. 1124 et suiv. (Locré, part. 2, VIII, n° 18, t. XIII, p. 322).

avec un enfant qui n'ait pas encore l'usage de la raison ?... On n'a point à prévoir dans la loi ce qui est contre l'ordre naturel et presque sans exemple[1]. »

75. III. On est tout aussi mal fondé à prétendre que le fait par le mineur d'agir seul constitue une *violation de forme*. Une violation de forme ! mais on tombe dans une déplorable confusion entre la *forme* et la *capacité!* Je l'ai dit déjà, notre législation ne connaît pas l'*auctoritas tutoris*; le tuteur est institué pour représenter la pupille et non pour l'assister. Et l'on voudrait que le défaut d'assistance fût une violation de forme, quand l'assistance n'est pas une forme légale ! Une personne est chargée de faire un acte, une autre le fait : l'acte est-il vicié en la forme ? Évidemment non ! toute la question est de savoir si celui qui a agi avait ou non pouvoir suffisant, suffisante capacité. Or la loi, comme nous l'avons vu, a consacré le pouvoir du mineur de contracter personnellement, en ne lui accordant la restitution que contre les actes qui lui sont préjudiciables.

76. IV. Je ne m'arrêterai pas aux arguments qu'on a voulu puiser dans les art. 484 et 485 : leur faiblesse est depuis longtemps reconnue. Il ne suffit pas que l'engagement du mineur ait été contracté pour des prix justes, il faut de plus qu'il ne soit pas exagéré, qu'il ne porte pas une atteinte quelconque à sa fortune. Le mineur non émancipé n'a donc besoin ni d'une action en nullité, ni de l'action en réduction du mineur émancipé, pour revenir sur des dépenses trop légèrement faites : l'action en rescision pour lésion lui

[1] Bigot-Préameneu, *Exposé des motifs* de l'art. 1124 (Locré, *loc. cit.*).

est ouverte. — Cette action, d'autre part, ne saurait être confondue avec l'*action en réduction :* celle-ci se fonde sur l'*excès*, celle-là sur la *simple lésion ;* par le succès de l'une, l'acte est réduit, mais subsiste ; par le succès de l'autre il tombe ; la dernière peut être arrêtée par la bonne foi des tiers ; l'action en rescision est indépendante de cette bonne foi. Le retrait de l'émancipation (art. 485) a donc un intérêt réel : émancipé, le mineur n'avait la rescision pour lésion que contre les actes *excédant sa capacité ;* replacé en tutelle, elle lui sera accordée contre celles mêmes de ses conventions qui précédemment n'étaient que réductibles.

77. 2° Si nous passons maintenant à la seconde partie de l'argumentation de nos adversaires, où ils cherchent à établir que la loi a, et fort sagement, soumis à la restitution pour lésion les contrats passés par le tuteur lui-même, il nous est encore facile d'écarter les moyens fort peu solides qu'on nous oppose.

78. I. On en appelle à l'ancien droit et au droit romain. Dans ces législations, dit-on, le mineur avait la restitution contre tous les actes du tuteur, contre les actes mêmes qui étaient entourés de garanties spéciales et nombreuses. La loi nouvelle n'a pu répudier complétement cette doctrine ; nulle part elle n'a agi de la sorte ! — Il serait difficile d'imaginer un argument plus malheureux. Ignore-t-on quel fut le dernier état de l'ancienne jurisprudence ? Ne sait-on pas que les principes du droit romain longtemps observés avaient reçu alors une grave atteinte ? que les actes d'administration du tuteur avaient précisément été soustraits à l'application de ces principes sous l'empire desquels on voudrait les placer aujourd'hui encore ? — Et si le Code,

comme nous le croyons aussi, a conservé, dans ses
parties essentielles, le droit antérieur, ce ne peut être
que le droit en vigueur lors de la chute de l'ancien
régime. Il nous en a fourni lui-même une preuve directe,
en refusant l'action en rescision contre les actes mêmes
auxquels ne s'était pas étendue l'innovation faite au
dix-septième siècle, ceux exigeant des formes particulières.

79. II. L'ancien droit ne présentant aucun appui, on
se retourne vers le Code. Si, dit-on, tous les actes *régulièrement faits*, soit par le tuteur, soit par le mineur
non émancipé, soit par le mineur émancipé, ne donnaient pas lieu en principe à la rescision pour lésion,
la loi contiendrait-elle une disposition spéciale pour
chaque cas où elle refuse cette action? Et pourtant
c'est ce que nous voyons! pour le tuteur, dans les
art. 463, 466, 840, 1314; pour le mineur non émancipé, dans les art. 1309 et 1398; pour le mineur émancipé enfin, dans les art. 481, 487, 1308. Quant au principe lui-même, il est posé dans l'art. 1305. N'est-ce pas
aussi par application de ce principe que les art. 2252 N.
et 481 Pr., l'un en suspendant la prescription, celui-ci
en ouvrant au mineur la voie de la requête civile, prennent soin que les négligences du tuteur ne puissent
préjudicier à son pupille? Et les art. 942 et 1074 ne
seraient-ils pas des dispositions parfaitement inutiles,
s'ils ne renfermaient des exceptions à ce même principe, si, en règle, le mineur ne pouvait être restitué
que contre les actes qu'il a faits seul, contre les négligences auxquelles le tuteur a été étranger?

80. Je pourrais me contenter de répondre qu'un argument *a contrario* est toujours un bien faible moyen,

et qu'ici surtout rien ne s'oppose à ce que les textes
que l'on présente comme exceptionnels ne soient bien
plutôt des applications de la doctrine que nous croyons
être celle du législateur. Mais il ne me sera pas même
difficile de justifier la présence dans la loi de ces différentes dispositions. Qu'est-ce d'abord que les art. 463,
466, 480? Pourquoi y est-il dit que l'acceptation de
la donation, que le partage, faits conformément aux
règles par eux tracées, auront *à l'égard du mineur le
même effet qu'à l'égard du majeur?* Le motif est fort
simple. La loi nouvelle, à la différence de l'ancienne,
ne voulant plus accorder la rescision contre les actes du
tuteur soumis à des formes spéciales, a gardé le silence
sur cette action, mais en même temps elle a fait ressortir l'innovation introduite, en s'expliquant sur le
sort de quelques-uns des actes sur lesquels elle la faisait porter. — Et l'art. 1314? Oh! celui-ci ne se rapporte pas même au tuteur! il prévoit le cas du mineur
agissant seul, donc n'agissant pas *régulièrement*, et
ainsi il est la condamnation de l'opinion qui veut s'en
prévaloir. Mais ce texte s'appliquât-il au tuteur, que
nous ferait? Comme les art. 463, 466, 840, il consacre-
rait le changement apporté à l'ancien droit, et comme
ces textes aussi, il nous fournirait un puissant argument
a fortiori, en réponse à l'argument *a contrario* qu'on
en tire, puisqu'il serait incompréhensible, nous l'avons
dit déjà, que le législateur, en modifiant dans le sens
de l'art. 1314 la doctrine ancienne, n'eût pas, comme
cette dernière, refusé la restitution contre les actes d'administration du tuteur.

81. On prétend que les art. 1309 et 1398 seraient
inutiles dans notre système! Mais s'agit-il dans ces

textes du tuteur contractant lui-même ou du mineur agissant sous son autorité? Ne règlent-ils pas, au contraire, la capacité du mineur faisant des conventions matrimoniales, avec l'assistance des personnes dont le consentement est requis pour la validité de son mariage, et parmi lesquelles le tuteur peut fort bien ne pas se trouver?

82. Reste le mineur émancipé; restent les art. 481, 487, 1308. Qu'y a-t-il d'étonnant, je le demande, que l'art. 481 annonce par avance la règle de l'art. 1305, la règle que le mineur émancipé n'a pas la rescision contre les actes d'administration qu'il fait? Une règle deux fois écrite est-ce donc chose rare dans notre législation? Les art. 1309, 1398 et 1095, les art. 791, 1130 et 1600, pour ne citer que ceux-là, ne nous en offrent-ils pas de frappants exemples? Au lieu de croire à un double emploi, faut-il aller jusqu'à dire que l'art. 1305 n'a en vue que les actes faits par le mineur émancipé *avec l'assistance de son curateur?* Mais ces actes n'excèdent pas les bornes de sa capacité telle qu'elle est déterminée *au titre de la minorité de la tutelle et de l'émancipation*, mais bien telle qu'elle l'est en l'art. 481 ! Le mineur émancipé assisté de son curateur est aussi *capable* de passer les actes qui exigent cette assistance que de faire seul ceux que l'art. 481 lui permet sans condition aucune. L'explication qu'on donne de l'art. 1305 est donc en contradiction avec le texte même de cet article. Remarquez aussi ce qu'il y aurait d'illogique à permettre au mineur émancipé d'attaquer sous prétexte de lésion les actes dans lesquels il a été assisté de son curateur, quand on lui dénie toute action contre ceux où il a figuré seul comme ad-

ministrateur de son patrimoine et contre ceux-là aussi, les plus importants de tous, qu'il a accomplis en observant les prescriptions spéciales de la loi! — Quant aux art. 487 et 1308, il est évident qu'ils ne prêtent pas plus que l'art. 481 à l'argument *a contrario* qu'on y veut puiser.

83. Que dirons-nous maintenant des autres textes dont nos adversaires cherchent à se prévaloir? Il a été assez souvent et assez péremptoirement répondu à l'objection tirée des art. 2252 et 481, Pr., pour que nous n'ayons guère à nous y arrêter. L'art. 2252? il ne s'occupe nullement d'un contrat passé par le tuteur, et s'il préserve le mineur des effets de la négligence possible de ce dernier, c'est par une faveur toute spéciale, tout exceptionnelle, critiquable peut-être, et à laquelle la loi même a apporté de fréquentes exceptions (art. 1663, 1676, 2252, 2278, N.; art. 444, Pr.). Et l'art. 481, Pr., n'admet-il pas l'État, les communes, les établissements publics, à se pourvoir, tout comme le mineur, par la voie de la requête civile; sans que l'on songe à en conclure que ces personnes morales ont l'action en rescision contre les actes régulièrement passés par leurs administrateurs? — Qu'importent enfin les art. 942 et 1074? Quoique le mineur ne soit pas restitué contre les actes de son tuteur, ne pouvait-on pas douter s'il ne le serait point contre des négligences, contre des omissions souvent fort préjudiciables? Et en s'expliquant à cet égard par des dispositions formelles, le législateur n'a-t-il pas suivi l'exemple de l'ancien droit? L'art. 942 est emprunté à l'Ordonnance de février 1731 (art. 14, 28, 29, 32), et près de l'art. 1074 se trouve un texte analogue, l'art. 1070 qui est

F.   21

la reproduction de l'art. 32 (tit. 2) de l'Ordonnance d'août 1747. Que nos adversaires veuillent aussi nous dire pourquoi, dans leur système, cet art. 1070 refuse expressément la restitution au mineur appelé à une substitution contre une omission qui est le fait du grevé. Y aurait-il quelque art. 1305 décidant qu'en principe les actes ou négligences du grevé ne sont point opposables au mineur?

84. Ceux qui s'appuient sur l'argument *a contrario* que je viens de réfuter sont, du reste, les premiers à répudier certaines conséquences auxquelles il mène logiquement, et à avouer ainsi son peu de solidité. Si tous les actes du tuteur que la loi n'y a pas formellement soustraits sont sujets à la rescision pour lésion, ne semblerait-il pas que la transaction, que la renonciation à une hérédité dussent être rescindables? Eh bien! tout le monde est d'accord pour dénier au mineur la restitution contre ces actes. Si l'on a hésité davantage quant à l'acceptation d'une succession, si quelques arrêts notamment l'ont fait tomber sous le coup de la rescision, c'est qu'ils ont cru que « si l'art. 783 ne parle que du majeur, c'est que lui seul, pour être relevé de l'acceptation d'une succession, est tenu de prouver que cette acceptation est le résultat d'un dol, tandis qu'il suffit au mineur d'établir qu'il est lésé[1] : » en quoi ils se sont trompés, car l'art. 783, en ne parlant que du majeur, indique seulement que le mineur

---

[1] Req. rej., 5 décembre 1838 (*Dev. et Car.*, 38, I, 945). — Bordeaux, 17 février 1826 (*Sir.*, 26, II, 316). *Contra*, Toulouse, 29 mai 1832. (*Dev. et Car.*, 32, II, 352). *Voir dans le premier sens* Toullier, IV, n° 335, p. 354.

peut faire annuler l'acceptation si les formes et conditions prescrites par l'art. 461 n'ont pas été observées.

85. III. Je ne répondrai pas longuement aux diverses
considérations que l'on fait valoir contre nous et grâce
auxquelles on espère prouver que le législateur, dans
sa sagesse, n'a pu refuser au mineur un moyen de protection aussi indispensable que la rescision pour lésion.
Qu'est-ce souvent que le tuteur? dit-on, — un étranger auquel la loi impose une charge très-lourde, fé-
conde en soins, en soucis, en peines de toute sorte,
et cela, sans compensation aucune. Ne peut-on pas
attendre d'un pareil mandataire une administration
défectueuse, des actes trop légèrement faits? Et quand
ces actes sont pour le mineur d'une grande importance, quand ils lui causent un préjudice considérable,
il n'aurait aucun moyen de s'en faire relever! — Vraiment, on s'exagère de singulière façon les dangers que
court le mineur, et, en voulant le préserver de dommages quelque peu imaginaires, on l'expose à d'autres
très-réels. On craint la légèreté, l'imprévoyance du tuteur? Mais de cette légèreté, de cette imprévoyance,
n'est-ce pas lui qui le premier pourrait porter la peine?
Ne répond-il pas, aux termes de l'art. 450, des domma-
ges-intérêts pouvant résulter d'une mauvaise gestion?
Ensuite, qui voudra traiter encore avec le mineur, si
tout acte, quelque nécessaire qu'il soit, peut, au bout
de dix, de vingt, de trente ans même, être attaqué sous
prétexte de la plus minime lésion? A force de protection, le mineur sera en quelque sorte hors la loi, et
nous retomberons dans tous les inconvénients si graves, si déplorables, dont l'ancien droit n'avait cessé de
gémir. Le tuteur, les tiers demanderont vainement à

remplir certaines formes qui fassent obstacle à la rescision, certaines conditions protectrices: il n'y en a
que pour les actes les plus importants, leur sera-t-il répondu; pour les autres, les plus fréquents, les plus
nécessaires, la loi ne veut que l'assistance du tuteur.
Et alors que les tiers s'adressent au tuteur, qu'ils traitent avec lui, comme la loi le désire, ils se placeront
sous le coup de la rescision; à la menace de cette action, nul moyen d'échapper. — On le voit, le système
que nous croyons être celui du Code, et qui déclare
inattaquables tous les contrats régulièrement souscrits
par le tuteur, est le seul logique; ce qu'on pourrait dé-
sirer seulement, c'est que des actes tels que les acqui-
sitions d'immeubles en emploi de deniers pupillaires
ne fussent pas indistinctement permis au tuteur,
mais que leur utilité dût être au moins reconnue par
le conseil de famille.

86. Si, comme M. Demolombe l'a fait remarquer,
l'opinion que nous venons de combattre a des partisans
très-convaincus, si M. Troplong a pu qualifier *céré-
brines* les objections soulevées contre elle; si M. Demante considère comme *évident* que les actes passés
par le tuteur dans la forme légale sont valables, mais
sujets à restitution pour lésion, il n'en est pas moins vrai
que la plupart des auteurs ont rejeté cette doctrine[1]

---

[1] MM. Aubry et Rau, III, § 335, p. 179, note 3; p. 184, note 8. —
Demolombe, *Traité de la minorité*, I, nos 821 et suiv., p. 623 et suiv.
— Colmet de Santerre, *Cours analytique continué*, V, no 270 *bis*,
p. 507 et suiv. Paris 1869. — Massé et Vergé, III, § 582, p. 473, note 3.
— De Fréminville, *Traité de la minorité et de la tutelle*. Clermont
1845, II, no 827. —Larombière, *Traité des obligations*, IV, art. 1305,
nos 7 et suiv. — Pont, *Revue de législation et de jurisprudence*, XXI
(1844), p. 217 et suiv — Solon, *Des nullités*, I, nos 74 et suiv. —

et que, d'abord chancelante[1], la jurisprudence est fixée dans notre sens depuis un mémorable arrêt de la Cour de cassation, en date du 18 juin 1844[2]. C'est ainsi, par exemple, que le tribunal de Péronne a décidé « que les obligations contractées par le mineur n'étant point frappées d'une nullité absolue, mais seulement sujettes à rescision pour cause de lésion, la vente consentie à un mineur est réellement translative de propriété au profit de celui-ci, et que par suite la résolution de cette vente opérant une nouvelle mutation est passible du droit proportionnel d'enregistrement » (Loi du 22 frimaire an VII, art. 68)[3].

Troisième proposition.

87. Notre troisième proposition est, on s'en souvient, que « si les formalités prescrites en certains cas dans l'intérêt du mineur ont été omises, l'acte est annulable, qu'il émane d'ailleurs du tuteur ou du mineur seul. » — Quelques auteurs ont soutenu, au contraire, que l'action en nullité ne peut jamais apparte-

Proudhon et Valette, II, p. 459 et suiv., 470. — Marcadé, IV, sur art. 1305. — Fréd. Duranton, *Revue étrangère et française de législation*, 1843, p. 345 et 689 etc.

[1] *Dans notre sens*, Toulouse, 13 février 1830 (Sir., 31, II, 314). Bastia, 26 mai 1834 (Sir., 35, II, 27). — *En sens contraire*, Cass., 5 décembre 1838 (*Dev. et Car.*, 38, I, 945).

[2] Civ. rej., 18 juin 1844 (*Dev. et Car.*, 44, 1, 497). — *Dans le même sens, depuis:* — Cass., 19 février 1856 (Dalloz, 56, I, 86). — Req., 8 août 1859 (Dalloz, 59, I, 361). — Cass., 24 avril 1861 (*Dev. et Car.*, 61, I, 625). — Cass., 25 mars 1861 (Dalloz, 61, I, 202). — Paris, 18 juillet 1864 (Dalloz, 64. Table, v° *Obligation*, n° 15. *Dev. et Car.*, 64, II, 290). Lyon, 18 juin 1865 (Dalloz, 66, II, 53. *Contra*, Bastia, 12 juin 1855 (*Dev.*, 55, II, 670).

[3] Tribunal de Péronne, 30 janvier 1857 (Dalloz, 57, III, 42).

nir au mineur contre les engagements qu'il prend lui-même ; contrats passés sans l'observation des formes légales, contrats affranchis de toute condition de forme, il n'y a point à distinguer : les uns et les autres ne sont que rescindables pour lésion. Il faudrait que l'acte fût fait par le tuteur pour que l'omission des formalités spéciales pût entraîner la nullité[1].

Nous avons déjà indiqué plus haut la plupart des motifs pour lesquels cette opinion nous paraît insoutenable.

L'ancien droit, qui avait prévu le cas où le mineur ferait seul un contrat soumis à des formes protectrices, lui donnait l'action en rescision pour lésion s'il avait rempli ces formes, l'action en nullité s'il les avait négligées.

Donc les rédacteurs du Code, s'ils eussent voulu remplacer cette action en nullité par l'action en rescision, n'auraient pas manqué de manifester leur intention par une disposition formelle, de même qu'ils ont déclaré expressément que, les formalités observées par le mineur, l'acte est inattaquable.

Au lieu de cela, Malleville nous dit que la lésion est présumée, que le contrat est nul, quand le mineur omet les formes prescrites[2].

---

[1] Marbeau, *Traité des transactions*. Paris 1832, n° 42. — Merlin, *Questions de droit*, III, v° *Hypothèques*, § 4, n°s 2 et suiv. — Duranton, *Traité des contrats*, 1, chap. 2, sect. 2, § 1. (Ce dernier auteur est revenu sur son opinion dans le *Cours de droit civil*, X, n°s 286 et suiv.) — Cass., 30 mai 1814 (Sir., 14, I, 201). — Cf. Cass., 4 vendémiaire an X (Sir., Addit. au t. II, p. 321-323). Poitiers, 12 messidor an XI (Sir., Addit. au t. III, p. 489).

[2] Malleville, *Analyse raisonnée de la discussion du Code civil*, II, p. 139.

Au lieu de cela, l'art. 1314 parle de *formalités re-quises à l'égard des mineurs*, c'est-à-dire de formalités dont l'inobservation entraîne la nullité, et nous savons que ce texte s'occupe du mineur agissant seul.

Au lieu de cela enfin, l'art. 1311 mentionne des actes du mineur *nuls en leur forme*, ce qui, comme nous l'avons montré [1], ne peut se rapporter qu'à ceux faits par le mineur lui-même, par le mineur lui seul, au mépris des formes requises.

Ces points reconnus, l'argument qu'on a déduit de la généralité de l'art. 1305 tombe de lui-même [2].

Toutes sortes de conventions, cela signifie, quant au mineur non émancipé, toutes conventions pour lesquelles des formes spéciales ne sont point exigées.

Toutes conventions qui excèdent les bornes de sa capacité, cela veut dire, pour le mineur émancipé, tous actes qu'il ne peut faire seul, mais qui néanmoins ne sont point soumis à des formalités particulières (cf. art. 482).

Et pourquoi ces expressions si compréhensives? Pour faire ressortir vivement combien le mineur, sur ce point, diffère du majeur, pour rendre saillante l'opposition qui existe entre les art. 1305 et 1313. Le mineur, en règle, est restitué contre *toutes conventions*, quand le majeur, lui, ne peut l'être que *dans les cas et sous les conditions spécialement exprimés dans le Code.*

Rappelons enfin que cette explication de l'art. 1305 est conforme aux déclarations du tribun Jaubert, qui limite la restitution pour lésion *aux obligations conven-*

---

[1] Voy. *supra*, n° 59.

[2] Voy. d'ailleurs *supra*, n° 58.

tionnelles en général, ajoutant : « Ce qui concerne, par exemple, l'aliénation des immeubles a des règles particulières[1]. »

88. Mais, dit-on, comment admettre que les formes prescrites au tuteur le soient également au mineur? Eh quoi! le législateur aurait prescrit à ce dernier de s'adresser lui-même au conseil de famille, à la justice? Il aurait considéré comme possible, comme régulier même, le fait d'un pupille qui, laissant là son tuteur, demande l'autorisation de vendre ses immeubles, de les hypothéquer? Il aurait ainsi placé le conseil de famille et le tribunal dans la nécessité de juger le mérite de la demande que le mineur seul leur soumet? — Et puis, pourquoi exiger du mineur l'accomplissement de formalités dont l'omission ferait annuler l'acte? Quand il agit, ce n'est, ce ne peut être, aux yeux de la loi, qu'accidentellement, et alors la rescision pour lésion lui suffit; en tous cas possibles, il *n'a pas besoin de recevoir d'autre secours!* Pour le tuteur il en est tout différemment. Mandataire légal, ses actes sont en principe inattaquables; contre eux nulle rescision pour lésion; mais mandataire étranger, imposé au mineur et non librement choisi, il ne devait pouvoir souscrire des contrats importants, sans avoir été autorisé au moins par le conseil de famille; et comme sanction des conditions et formes qu'on lui prescrivait, la nullité était nécessaire. Mais accorder au mineur l'action en nullité contre ses propres actes! La loi, pour en arriver là, aurait dû oublier les principes mêmes dont elle s'était inspirée quand, dans l'art. 1305,

---

[1] Voy. *supra*, nos 65-66.

elle avait subordonné la restitution du mineur à la preuve d'une lésion! Ou bien ne serait-il pas vrai, dès qu'il s'agit de certains contrats importants, que le *lien de l'équité naturelle* se forme! que le mineur n'est incapable qu'autant qu'il justifie la présomption d'inexpérience, de faiblesse, qui appelle sur lui la protection de la loi? Cette protection, enfin, ne dépasserait-elle pas les bornes de la justice, si, non contente de mettre le mineur à l'abri de toute lésion, elle lui offrait un moyen de faire tomber des actes originairement avantageux et qui n'ont cessé de l'être qu'à la suite d'un événement casuel que nulle sagesse humaine ne pouvait prévoir ou détourner?

89. L'argumentation semble puissante; à mon sens elle n'est que spécieuse. D'abord, nous ne prétendons nullement que le législateur a *prescrit* au mineur certaines formes, qu'il lui a dit : « Agissez, mais observez les mêmes formalités que votre tuteur. » Non, car voici, au contraire, quel nous paraît l'esprit de la loi : l'accomplissement des formes exigées par les art. 457 et suiv. est la condition *sine qua non*, sous laquelle certains actes importants sont autorisés pendant la minorité; si cette condition est ou ne peut être réalisée, l'acte est complétement défendu. Que le mineur, maintenant, parvienne, *en fait*, à observer, comme le tuteur, les règles tracées à celui-ci, quelle raison y aurait-il de refuser pleine efficacité au contrat? mais, dans le cas contraire aussi, les choses doivent se passer comme si l'acte avait été fait par le tuteur, sans les garanties dont la loi veut qu'il soit entouré. Sans doute, cette dernière hypothèse sera de beaucoup la plus fréquente; sans doute, le mineur ne pourra guère se conformer aux

prescriptions légales, ne pourra guère remplir les formalités requises ; mais alors qu'il le laisse ! C'est le vœu de la loi. Est-ce une raison, en tout cas, pour que l'acte fait par lui sans aucune des précautions que le tuteur est obligé de prendre ne donne naissance qu'à une action en rescision pour lésion ? une action où c'est au mineur qu'incombe la charge des preuves, preuves fort difficiles, souvent impossibles à fournir, et dans l'appréciation desquelles une latitude si grande est laissée au juge ? N'accorder que cette action au pupille qui a agi lui-même, quand on déclare annulables, indépendamment de toute lésion, les actes passés par son tuteur, ne serait-ce pas encourager les mineurs à contracter seuls, à prendre seuls les engagements les plus graves ? et cela au mépris des formalités qui ont autant pour but d'empêcher qu'ils ne soient privés d'un bénéfice que de les préserver d'une lésion ! d'assurer la conservation de leur fortune, en la soustrayant aux pertes qui peuvent résulter de cas fortuits, d'événements imprévus, que de faire qu'elle ne soit diminuée par des contrats désavantageux !

90. Ce que nous venons de dire de l'action en rescision montre combien nos adversaires sont mal fondés à soutenir que cette action est suffisante au mineur, aussi bien quand il a fait irrégulièrement un acte exigeant des formalités spéciales que dans le cas où le contrat souscrit par lui rentre dans la classe des actes d'administration. Si, dans cette dernière hypothèse, la loi a regardé l'action en rescision comme un moyen de protection assez énergique, si elle a fait une certaine part au *lien de l'équité naturelle* qui se forme, si elle a pensé que le mineur avait suffisamment démenti la pré-

somption d'incapacité naturelle qu'elle fait peser sur lui, en passant un contrat qui ne fût pas lésif en lui-même, s'il lui a semblé enfin que les dommages éventuels pouvant résulter plus tard de ce contrat ne devaient pas entrer en ligne de compte, il nous faut nous soumettre à cette décision, quoiqu'elle n'échappe peut-être pas à la critique ; mais, en tout cas, nous ne pouvons en induire que le même système a été adopté quant à des actes beaucoup plus importants, à la vente d'immeubles, au partage etc. Là, en effet, le danger étant plus grand, la protection devait être plus étendue : ce n'était plus au mineur que pouvait être abandonnée l'appréciation du plus ou moins d'opportunité de pareils actes, ce n'était plus lui qui pouvait prévoir les bénéfices que ces actes l'empêcheraient de réaliser, ou les pertes qu'ils pourraient lui attirer dans l'avenir ; il y avait enfin de trop puissants intérêts en jeu pour que l'on pût les faire dépendre d'une preuve aussi délicate que celle de la lésion. Toutes ces considérations devaient conduire le législateur à ce résultat que si la famille, si la justice n'avaient pas approuvé l'acte, si des formes protectrices n'avaient pas été observées, la lésion fût toujours présumée et l'action en nullité ouverte au mineur. Et n'avons-nous pas une preuve irrécusable que ce résultat fut accepté, fut consacré par la loi ? Si l'action en rescision était une sauvegarde suffisante, pourquoi ne l'eût-on pas donnée aussi contre les contrats passés par le tuteur au mépris des formes requises ? N'y aurait-il pas eu parité de motifs ? bien plus, n'y aurait-il pas eu un *a fortiori* évident ? car voyez où aboutit le système que nous combattons ! Le tuteur, qui peut faire *irrévocablement* tous les actes d'administration, est tenu, s'il veut consentir tout autre acte, de remplir certaines formes, *à peine de nullité* [1]. Et le mineur, qui est restituable pour lésion contre les actes d'administration faits par lui seul, n'aurait que la même action en rescision pour lésion s'il a violé les formes et conditions imposées au tuteur! En présence de contradictions aussi choquantes, on comprend que l'opinion qui y mène ait trouvé peu de crédit auprès de la doctrine [2], ait été condamnée par la jurisprudence [3].

[1] Le principe que la violation des formes prescrites au tuteur entraîne la nullité, indépendamment de toute lésion, a été posé avec beaucoup d'énergie par la Cour de cassation, dans des circonstances où les premiers juges avaient reconnu que l'annulation *serait désastreuse pour le mineur!* Malgré cela, la Cour a annulé : « Attendu, dit l'arrêt, que le défaut d'autorisation et d'homologation entraîne une nullité qui vicie les actes d'aliénation à leur origine même, et que les mineurs peuvent justement les attaquer sans obligation pour eux de prouver qu'il en résulte à leur préjudice une lésion quelconque ; — attendu qu'en décidant le contraire et en se fondant, pour écarter la nullité proposée, sur ce que dans l'espèce la vente attaquée était dans l'intérêt de toutes les parties, et que d'ailleurs elle offrait des résultats favorables aux demandeurs, l'arrêt dénoncé a méconnu les caractères juridiques et la portée légale de la nullité invoquée, et a ainsi expressément violé les art. 457, 458 et 459, Casse — (Cass., 25 mars 1861. Dalloz, 61, 1, 202). — Cf. aussi Cass., 22 frimaire an XII (Sir., 4, II, 658). — Cass., 26 août 1807 (Sir., 7, I, 437).

[2] Voy. les auteurs cités en note du n° 86.

[3] Voy. Cass., 13 juillet 1857 (Dalloz, 57, 1, 334). Paris, 18 mars 1839 (Sir., 39, II, 178). — Cass., 16 janvier 1837 (Sir., 37, I, 102). — Rennes, 17 novembre 1836 (Sir., 37, II, 354). — Amiens, 29 juillet 1824 (Sir., 24, II, 243). Cf. Cass., 8 août 1864 (Dalloz, 64, 1, 475).

POSITIONS.

DROIT ROMAIN.

I. Tout pupille *infantia major* peut acquérir la possession sans l'*auctoritas* de son tuteur.

II. Le débiteur injustement absous par le juge cesse d'être obligé, même *naturaliter*, vis-à-vis de son créancier.

III. Le jugement rendu sur une action réelle ne constitue pas une *justa causa usucapionis* au profit du demandeur qui a triomphé.

IV. La Novelle 99 n'accorde pas le *beneficium divisionis* aux débiteurs corréaux; elle n'a en vue que des débiteurs conjoints qui se sont liés *expressément* par une intercession réciproque.

DROIT CIVIL FRANÇAIS.

I. L'art. 959 ne comprend pas les donations faites par l'un des futurs époux à l'autre : elles sont révocables pour cause d'ingratitude.

II. L'emphytéose temporaire n'existe plus comme droit réel.

III. Le propriétaire ne peut pas se soustraire à l'obligation de l'art. 663, en abandonnant la mitoyenneté du mur existant, ou la moitié du terrain nécessaire pour la construction d'un mur nouveau.

IV. Quand un propriétaire a joui pendant trente ans de vues établies à moins de 1^m,90 ou de 0^m,60 (art.

678, 679), son voisin ne peut pas l'en priver par des constructions ou plantations faites à une distance moindre que la distance légale.

V. Le tiers détenteur d'un immeuble hypothéqué, qui a payé la dette dont cet immeuble était grevé, n'est pas subrogé contre la caution ; la caution qui a acquitté la dette l'est contre le tiers détenteur.

DROIT CRIMINEL.

I. Les délais de la prescription de l'action publique sont applicables à l'action civile qui naît d'un délit, que cette action soit portée devant les tribunaux de répression ou devant les tribunaux civils.

II. L'excuse de provocation peut être admise en cas de délit contre un fonctionnaire agissant dans l'exercice de ses fonctions.

DROIT ADMINISTRATIF.

I. Les Compagnies concessionnaires de chemins de fer et de canaux sont soumises, à raison du sol, des accessoires et dépendances, à la taxe additionnelle établie par la loi du 20 février 1849 sur les immeubles de main-morte.

II. Les grandes masses de forêts de l'État ne peuvent être aliénées qu'en vertu d'une loi spéciale; elles sont prescriptibles depuis la promulgation du Code civil.

Vu, pour l'impression, par le soussigné, doyen, président de l'acte public. Strasbourg, le 20 octobre 1869.

C. AUBRY.

Permis d'imprimer.
Le Recteur, A. CHÉRUEL.

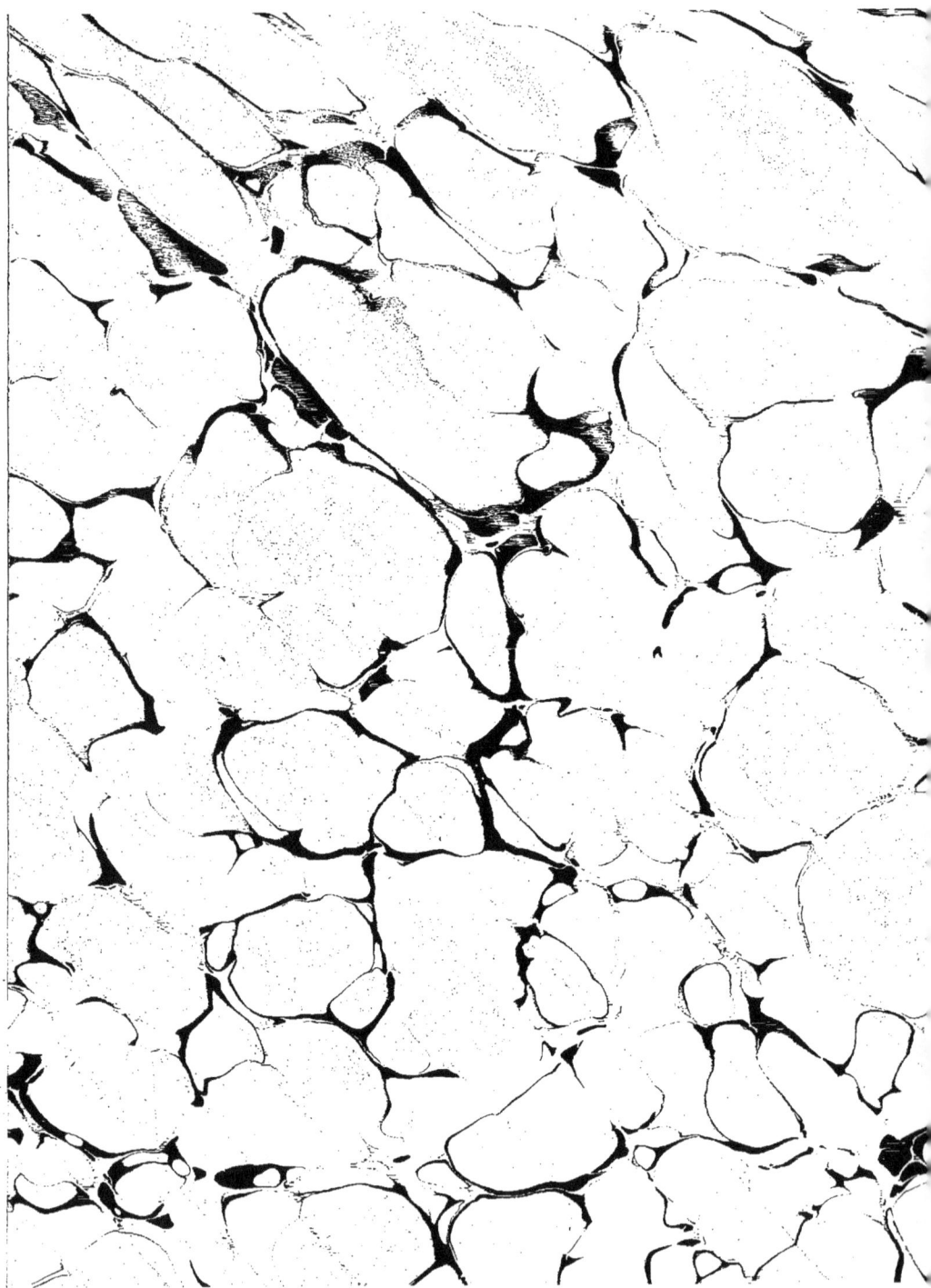

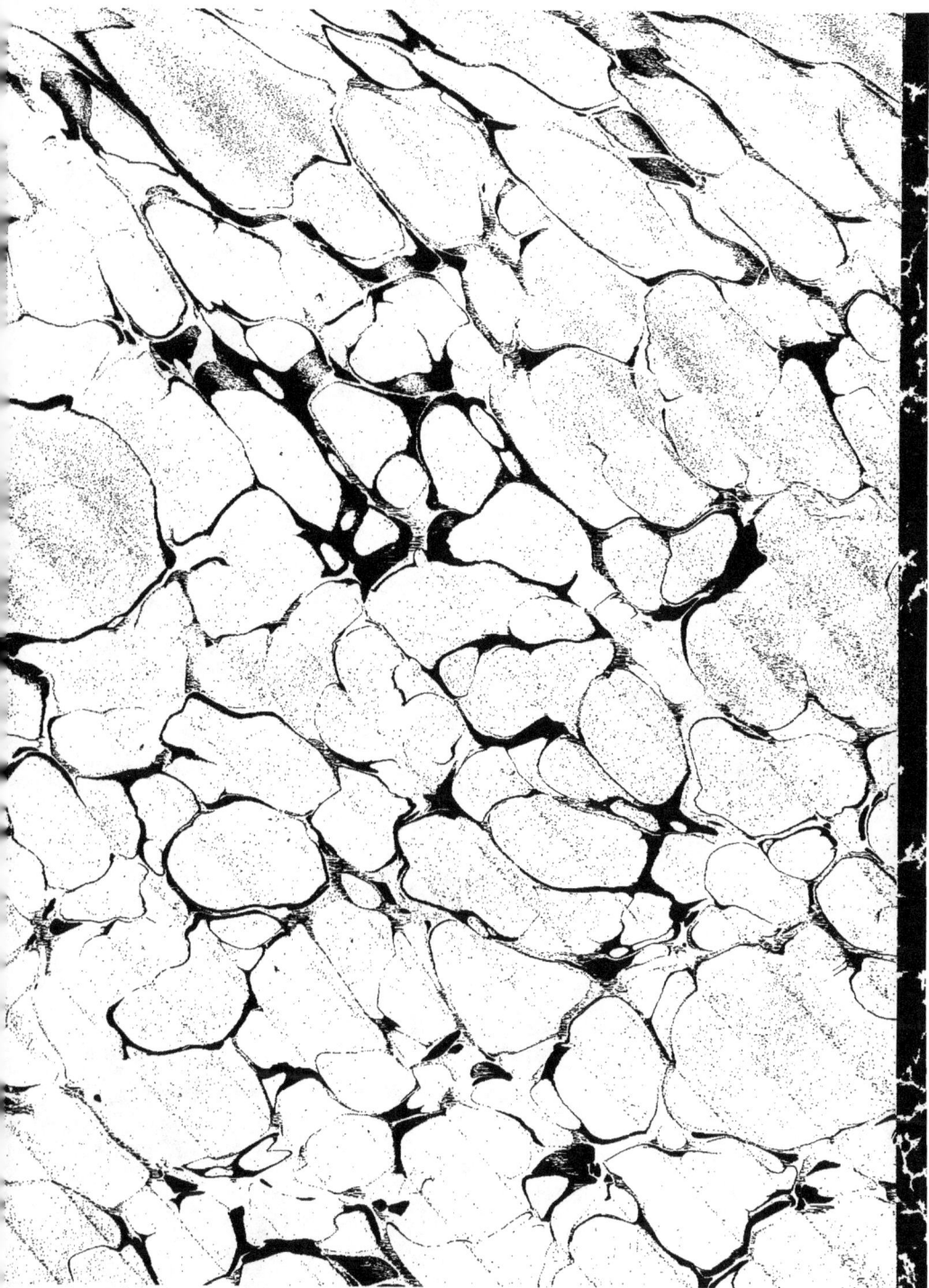

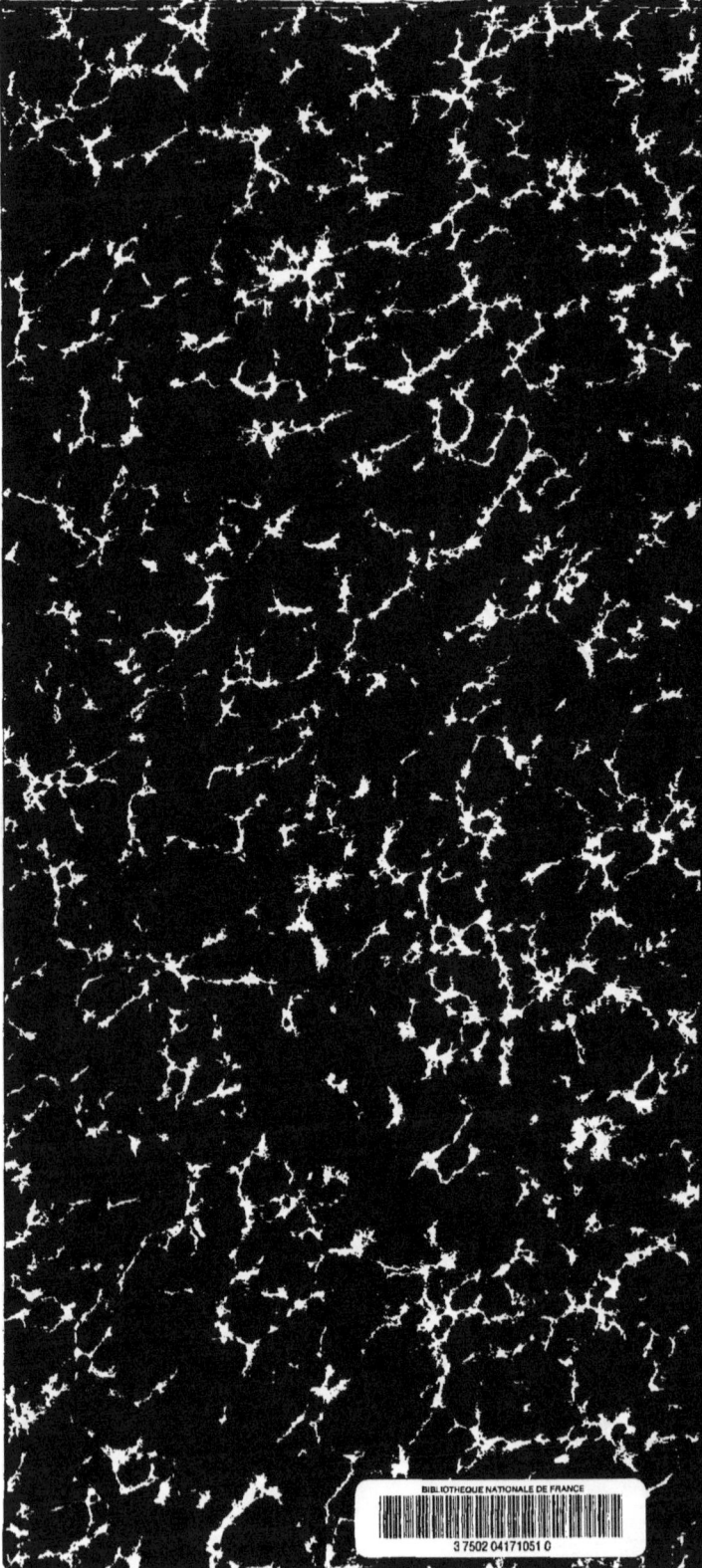